暨南大学华文学院出版基金资助

语言与文化依恋研究

Research on Language and Cultural Attachment

伍丽梅 著

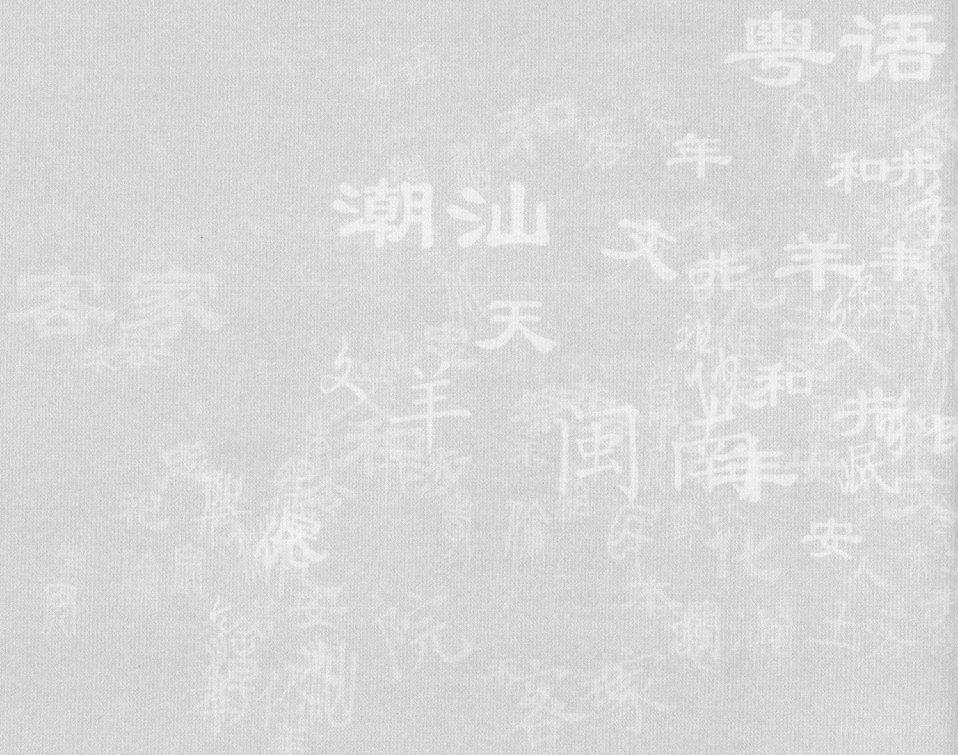

暨南大学出版社

JINAN UNIVERSITY PRESS

中国·广州

图书在版编目（CIP）数据

语言与文化依恋研究 = Research on Language and Cultural Attachment / 伍丽梅著． -- 广州：暨南大学出版社，2025．6． -- ISBN 978-7-5668-4168-1

Ⅰ．H0-05

中国国家版本馆 CIP 数据核字第 20251W9G45 号

语言与文化依恋研究
YUYAN YU WENHUA YILIAN YANJIU
著　者：伍丽梅

出 版 人：阳　翼
策　　划：黄圣英
责任编辑：郑晓玲
责任校对：刘舜怡　陈慧妍
责任印制：周一丹　郑玉婷

出版发行：暨南大学出版社（511434）
电　　话：总编室（8620）31105261
　　　　　营销部（8620）37331682　37331689
传　　真：（8620）31105289（办公室）　37331684（营销部）
网　　址：http://www.jnupress.com
排　　版：广州尚文数码科技有限公司
印　　刷：广州市友盛彩印有限公司
开　　本：787 mm×1092 mm　1/16
印　　张：11.5
字　　数：224 千
版　　次：2025 年 6 月第 1 版
印　　次：2025 年 6 月第 1 次
定　　价：69.80 元

（暨大版图书如有印装质量问题，请与出版社总编室联系调换）

前　言

　　在经济全球化、社会信息化与文化多样化深入发展背景下，旅居者和移民群体日渐增多。一方面，处于跨文化情境中的个体面临着一种混合型的情感挑战；另一方面，移民的母语文化传承也成为社会的普遍关切，由此推动研究者从新的角度阐释跨文化情境中的情感与身份问题，依恋理论被引入阐释个体与文化的情感联结。作为 21 世纪出现的新兴理论，文化依恋理论凸显个体与文化的情感联结，为研究个体身份认同、跨文化适应以及文化教育与传承问题提供了一个新的研究视角。

　　语言是文化的重要载体。个体接触文化、通过与文化的相互作用形成情感联结，这一过程往往是在一定语言环境中发生的。个体借助语言进行思维，对文化社团进行喜好判断；此外，个体使用语言进行交际，建立群体关系。由此可推，语言与文化依恋关系密切，文化依恋的形成离不开语言。然而，目前直接考察语言与文化依恋关系的研究尚不多见。

　　本书以语言与文化依恋关系为主题，从理论和实证两个层面展开探讨。全书包括三章：

　　第一章介绍文化依恋研究的概况，简述依恋研究的发展历史，从内涵、意义、测量、类型与机制五个角度梳理文化依恋的理论与实证研究。

　　第二章对语言与文化依恋的关系进行理论分析，从情感角度分析语言的认同功能，详细说明文化依恋情感功能及检验的实验范式，并从社会身份、个体发展与认知加工三个角度对语言与文化依恋的关系展开分析。

　　第三章对语言与文化依恋的关系展开实证研究，包含五个具体研究，选取不同群体，分别考察语言文字符号、方言掌握或保持对文化依恋、族群认知的影响。

　　这五个研究是我带着学生一起完成的，学生主要负责数据收集和初稿撰写，这些工作也是他们毕业论文的基础。其中，研究一"文化符号对大学生情绪的调节作用"由刘泽坤完成实验工作，研究二"语言符号与所处文化情境对双语者疼痛共情的影响"由姜美霞完成实验工作，研究三"语言与户籍对客家镇潮汕青年文化依恋的影响"由陈飞燕完成实验工作，研究四"语言演变差异与族群／方言名称对族群信息加工的影响"由黄楠芯和张小林共同完成实验工作，研究五"印尼华裔来华留学生汉语方言面貌与族群认同的关系"由张小林完成数据收集工作。在实验工作进展过程中，张积家教授和张金桥教授提出了非常宝贵的意见，使研究质量明显提升。在此一并表示感谢！

　　由于本人水平有限，书中难免存在不足之处，敬请读者批评指正。

伍丽梅

2025 年 5 月

目 录

第一章
文化依恋概述

第一节　依恋研究的由来

一、恒河猴的依恋研究

1958 年，美国心理学家哈洛（Harlow Harry）报告了一项基于恒河猴的"爱的发现"研究，该研究被认为是改变心理学的 40 项研究之一。

哈洛在早期研究中注意到，由人类抚养的幼猴非常依恋笼子底部铺着的布垫子（棉花垫子）。布垫子一旦被拿走，幼猴就反应强烈，尖叫着四处乱窜。即使是只有一天大的幼猴，也会表现出这种状况。几个月大的幼猴反应更强烈。基于上述观察，哈洛假设，幼猴除了基本的生理需求外，还有接触柔软舒服物质的基本需求。

哈洛设计了代母，以实验方式对上述假设进行了检验。哈洛为刚出生的幼猴准备了大小和外形相似、能不停提供奶水并自带发热装置的两个代母，两个代母的唯一区别在于外在质地——一个是木头外面包裹着毛巾的绒布"妈妈"，另一个是用铁丝网做成的铁丝"妈妈"。两个代母分别放在单独的房间，这两个房间彼此相通，也与幼猴的笼子相通。参与实验的 8 只刚出生的幼猴被随机分成两组，一组由绒布"妈妈"喂养，一组由铁丝"妈妈"喂养。哈洛把幼猴放在笼子里，记录幼猴与两个代母的接触时间。持续 5 个月的实验得到了非常极端的结果。经过最初几天的调适后，无论由哪个代母喂养，所有幼猴几乎整天（每天 16—18 个小时）与绒布"妈妈"待在一起。那些由铁丝"妈妈"喂养的幼猴，只有在吃奶的时候才迫不得已离开绒布"妈妈"，一吃完奶就迅速回到绒布"妈妈"身边。幼猴与代母的接触时间表明了幼猴需要接触柔软舒服物质。此外，虽然两组猴子食量与体重增长速度基本一致，但由铁丝"妈妈"喂养的幼猴对牛奶消化不良，且经常腹泻。两组猴子的行为特征进一步说明幼猴对接触柔软舒服物质的需求。

为了深入检验这种接触柔软舒服物质对幼猴的作用，哈洛增加了一些实验变量。其一是恐惧物。在幼猴的笼子里放置各种能引发幼猴恐惧的物体，如上紧发条的玩具打鼓熊。对于幼猴来说，打鼓熊身形与自己一样大，还能发出巨大的响声，甚是可怕。当幼猴发现这些可怕的事物时，它们第一时间跑向并抱住绒布"妈妈"，寻求安慰与保护。随着幼猴年龄的增长，这种反应变得愈发强烈。而且，不管是哪个代母喂养的幼猴，当它们觉得害怕时，都会跑到绒布"妈妈"那里获取安全感。

其二是被称为"旷场"的新环境。哈洛把幼猴放进一个陌生的房间里，里边放着各种各样的物品，如积木、毯子、带盖子的容器等。一般来说，这些物品都是猴子喜欢的玩具。哈洛把两组幼猴放进同一个房间里，并设置了三种条件：①仅出现绒布"妈妈"；②仅出现铁丝"妈妈"；③两者都不出现。结果发现，所有幼猴在陌生环境看到绒布"妈妈"后立即冲向"她"，抱住"她"，抓住"她"，用身体蹭"她"。一会儿以后，这些幼猴似乎获得了安全感与勇气，离开"妈妈"摆弄陌生环境中的各种物品，然后返回到绒布"妈妈"怀里，循环反复。然而，所有幼猴在陌生环境看到铁丝"妈妈"或是没看到代母，都充满恐惧，出现哭叫、缩成一团等情绪化行为。

其三是分离时间。5个月大的幼猴经历了与绒布"妈妈"分离（最长的分离时间为30天），之后它们在"旷场"中重逢，幼猴马上冲向绒布"妈妈"，爬在"她"身上，紧紧抓住"她"，在重聚的3分钟内，只与绒布"妈妈"玩耍。

哈洛对恒河猴的研究表明，接触柔软舒服物质是幼猴的基本需求，幼猴通过接触柔软舒服物质形成安全感，由此，哈洛把这种现象称为"接触安慰"。哈洛认为"接触安慰"在依恋关系的形成中比乳汁更重要，并将这种情感上的接触与交流总结为爱的本质。

二、人类的依恋研究概述

（一）儿童依恋

依恋是个体与另一特定个体持续而长久的情感联结。依恋的实质是关系，依恋理论最初关注的是早期关系。

弗洛伊德是西方心理学界中较早对早期关系展开详细探讨的心理学家。基于精神分析临床工作，他提出俄狄浦斯情结（Oedipus Complex）与伊拉克特拉情结（Electra Complex）来解释幼儿对异性父母的依恋及对同性父母的嫉妒等复合情绪。根据经典的精神分析理论，对异性父母的依恋主要源于幼儿的性驱力，一般在两岁之后才会出现。作为一名儿童精神分析学家，弗洛伊德的女儿安娜·弗洛伊德根据自身保育工作经历，提出心理发展的关键在于母子依恋。弗洛伊德的学生埃里克森指出个体的人格发展与社会关系密切相关，即使是0—1岁婴儿，也会因得到抚育者（主要为母亲）的关爱而对世界产生信任。上述理论虽然或多或少涉及母婴关系，但尚不足以彻底解释清楚母婴关系。更为重要的是，这些理论并没有把喂养与依恋分离开来。

1937年，纽约精神分析师David Levy发表了一份基于一个8岁女孩的观察研究报告。该女孩因私生女的身份自出生后在不同的寄养点生活，直到6岁半才被人领养。虽然慈爱的养父母对女孩的照顾充满关爱，但被收养一年半后，女孩内心还是如刚来一般冷漠。结合对其他类似孩子的观察，Levy 提出了"初级情感性饥饿（Primary Affect Hunger）"概念来解释这种现象，即孩子成长早期因缺乏与母亲的日常接触而产生情感饥饿。虽然 Levy 的研究并没有引起关注，但是类似的问题已进入其他学者的视野。1948 年，英国精神分析师 John Bowlby 以 44 个少年盗贼犯的性格与家庭生活分析为基础，提出这些极端案例的罪魁祸首是成长早期的母子分离。由于该研究涉及发展学和生物学，Bowlby 与早年分离研究、进化生物学、动物行为学、认知科学、信息加工理论等领域的先锋学者展开对话。经过充分的积累，Bowlby 引入"依恋（Attachment）"一词，用以描述母婴之间的感情纽带。

在人类发展的历史长河中，脆弱的婴儿赖以生存的必要条件是向某个稳定的强壮、年长对象寻求持续的保护，以避免受到伤害。因此，为了确保面临危险时能够得到有效的保护，进化选择的压力导致个体产生了一种与生俱来的系统——依恋系统。这一系统激发了脆弱的个体向更强大的保护者寻求身体或心理上的亲近动机，尤其是在他们感受到压力或威胁的时候（Bowlby，1969、1973）。这样的行为倾向提高了个体生存的可能性，并允许编码依恋系统的基因在代际传递。在 Bowlby 看来，婴儿出生后一年逐渐表现出来的一整套行为——吮吸、黏附、跟随、哭泣和微笑，甚至牙牙学语，都是本能反应。这些本能反应的主要目的是靠近成年同类，以利于自身存活。而这一套本能反应的结果就是依恋，即婴儿与母亲形成感情纽带。1958 年，Bowlby 正式提出依恋理论。该理论认为，婴儿具有与其他人类个体建立联系并依附于他们的内在本质需求，这种需求独立于食物和温暖的需求，且与食物和温暖的需求同等重要和原始。由于该需求与外在客体相关，Bowlby 将之称为"原初客体依附（Primary Object Clinging）"。

依恋理论假设：儿童生来具有依恋养育者的倾向，早年在原始依恋关系中受到的伤害会导致其终身的不安全感，产生扭曲心理，影响维持人际关系的能力。Bowlby 进一步提出，儿童亲子依恋的发展存在关键期。如果在这个时期母婴分离，亲子依恋关系就不能正常稳定地建立，儿童的社会情感必然受到负面影响，如情感冷漠、性格孤僻、对他人缺乏信任，这些问题可能会持续终身。

依恋理论主要建基于精神分析师对病患的研究，如何采取科学的方式了解儿童依恋的发展，似乎并不属于精神分析师的工作范围。这也是本书将恒河猴依恋研究放在人类依恋研究之前的原因。虽然研究恒河猴比研究人类相对简单，但是人类对自我发展的探索从不止步，有关人类依恋的科学测量技术不久之后就出现了。

Mary Ainsworth 曾作为 Bowlby 的助手与之共事三年半，在此过程中，她树立了自己的研究目标——参照动物行为学模型来考察人生第一年的母婴关系对孩子的意义。1964 年，Ainsworth 设计了陌生情境（Strange Situation）实验，检验其提出的"安全基地（Security Base）"概念。Ainsworth 认为，有安全感的婴儿会把依恋对象作为安全基地，在感到恐惧或焦虑时，安全基地可以作为其避难所；婴儿相信依恋对象能够对他们的要求做出反应，且依恋对象有能力成为自己的安全基地。Ainsworth 在早期研究中通过深入孩子家庭，实地观察了解孩子的依恋行为，然而，可能由于孩子身处熟悉的家庭环境中，安全基地的功用并不明显。在哈洛"旷场"实验的启发下，Ainsworth 创设了陌生情境实验来评估母子依恋关系。在 Ainsworth 当时的工作单位约翰斯·霍普金斯大学心理学系里有个游戏室，墙上装着观察用的单面玻璃，房间里放着 3 把椅子，地上有许多玩具。陌生情境实验就在这个游戏室进行，该实验程序包括 8 个阶段：第一阶段，实验者向母亲和孩子进行简单介绍。第二阶段，母亲和孩子进入游戏室，此时大部分孩子会离开母亲探索新环境，即走到玩具旁边玩耍。第三阶段，陌生人进入游戏室，在面对陌生人时，一些孩子会中断先前的探索行为，走向母亲。第四阶段，母亲离开游戏室，孩子大多会哭泣、沮丧，即使陌生人还留在游戏室里。第五阶段，母亲重回游戏室，孩子会接近母亲并与之亲密接触，情绪也随之平复；若母亲将孩子抱起，会被告知要将孩子放回地上，此时，孩子会重拾对玩具的兴趣，陌生人再悄悄离开游戏室。第六阶段，母亲再次离开游戏室，孩子会比第一次分离更焦虑。第七阶段，陌生人返回游戏室并安抚孩子，但孩子一般很难被陌生人安抚好。第八阶段，母亲再度回到游戏室，孩子会比之前更渴望与母亲亲近。虽然存在个体差异，但 Ainsworth 的假设还是得到了实证数据的支持。除此以外，Ainsworth 还有两个重要发现：其一，在母子分离期间，不安全型儿童极度悲伤。其二，这些孩子看到母亲回来，既迫切想与母亲亲近，又愤怒地抗拒母亲。他们用脚踢母亲，不让母亲抱，哭着挣脱母亲，由此，他们无法从与母亲的身体接触中获得安抚。

Ainsworth 等（1978）基于 23 个孩子的陌生情境实验数据，把亲子依恋类型划分为三大类：安全型依恋（Secure Attachment Style）、回避型依恋（Avoidant Attachment Style）、矛盾型依恋（Ambivalent Attachment Style）。具体来说，在陌生情境实验中，安全型依恋的孩子难过时会积极寻找母亲，与母亲团聚时保持身体接触，很容易被安抚；回避型依恋的孩子难过时会回避母亲，似乎对母亲毫不在意；矛盾性依恋的孩子在分离结束后会难以平静下来，既发怒又寻求安抚（Ainsworth et al., 1978; Shaver & Mikulincer, 2009）。可见，安全型依恋的孩子把母亲作为安全基地，而对于回避型依恋与矛盾型依恋的孩子来说，母亲的安全基地作用大打折扣。

Bowlby（1973）将"安全基地"调整为"安全基地图式（Secure Base Schema）"。"图式"是一种程序化的内在表征（Internal Representation）。具体来说，个体在成长早期与可得的、反应性强的依恋对象的互动能使依恋对象成为个体的安全基地。个体从中体验到安全感，即个体认为依恋对象在自己需要时是可以提供支持的。由此，婴儿形成安全的依恋风格，具有好奇心和自信去探索周围的环境（Mikulincer & Shaver，2007）。安全基地图式包括陈述性知识、程序性知识和预期。陈述性知识包含自我认识（如，我是值得被爱的）和对依恋对象与自己的关系的认识（如，妈妈是爱我的）；程序性知识是指安全基地策略（我如果遇到困难，能向我的依恋对象寻求帮助），当依恋对象是可得及可靠的，即依恋对象能及时有效地提供个体所需帮助，那么个体在接近依恋对象时会体验到一种安全感；预期是指个体对求助的有效性与支持的可靠性的估计，安全感的获得可提升个体安全基地策略的通达性（Mikulincer et al.，2011）。

安全基地图式的建立有赖于儿童与依恋对象的有效互动。事实上，不管与依恋对象的互动是否有效，儿童与早期照顾者（一般为依恋对象）互动的体验都会使他们获得人际交往知识并产生心理表征，成为"内部工作模型（Internal Working Model）"。"内部工作模型"是依恋理论又一基本概念，为往后把儿童与早期照顾者形成的依恋类型运用到宏观人际关系处理的研究奠定了基础。换言之，有关婴儿对依恋对象的一系列期望和信念的内部工作模型将成为未来所有亲密关系的模板，贯穿于整个儿童期、青春期乃至成年期。

（二）成人依恋

如何检验早年形成的内部工作模型在人生后期也发挥作用？相关研究主要从两个角度展开：

其一，依恋对亲密关系的影响。Weiss（1982）提出长期单身与不安全型依恋有关，大多数长期单身的年轻人都没有成功地获得安全的恋爱关系，这很可能是因为他们的恋爱关系是早期亲子依恋经历的产物。Hazan 和 Shaver（1987）根据 Ainsworth 等（1978）提出的三种依恋类型为成年人设计了亲密关系经历量表（Experiences in Close Relationships Inventory，简称 ECR），要求人们回想自己最重要的恋爱关系，并决定三种类型中哪一种最符合其自我描述。后续研究发现，这一测量方法及其若干变体与一系列理论上相关的人格特征、行为和亲密关系中的经历相关联（Shaver & Clark，1994；Shaver & Hazan，1993；李同归、加藤和生，2006）。虽然一些研究将该测量和童年与父母相处经历的回顾性报告联系起来，但基于这一测量的大部分研究都集中在依恋模式对个人适应和成人关系的影响上。

其二，依恋的代际传递。Ainsworth 的学生 Main 等（1985）基于言语反映内心世界的信念，围绕成人"依恋心理状态"（成年人对其童年与父母关系的当前表述）影响其养育子女的行为的可能性，设计了成人依恋访谈（Adult Attachment Interview，简称 AAI）。研究者通过对为人父母者进行关于其童年家庭关系的访谈，在访谈记录中捕捉可量化的特征以评估其成人依恋类型，并与其子女在陌生情境实验中的依恋类型进行对照。结果发现，两种独立评估存在相关，即根据父母访谈得到的依恋类型与其子女在陌生情境实验被评估的依恋类型相关。这种关联得到了重复验证（Van IJzendoom，1995）。对应于 Ainsworth（1967）提出的安全型、焦虑型和回避型依恋风格，Main 等把成人依恋风格划分为三类：安全型（Secure）、倾注型（Preoccupied）、淡漠型（Dismissing）。在陌生情境实验中，被归类为回避型的婴儿，其主要照顾者为淡漠型，对依恋相关的记忆和情感不屑一顾；被归类为焦虑型的婴儿，其主要照顾者为倾注型，会焦虑地专注于与依恋有关的问题；而被归类为安全型的婴儿，其主要照顾者为安全型，对依恋相关的记忆和情感是"自由和自主的"。结果表明，成人的依恋心理状态通过影响其养育子女的行为来影响年幼子女的依恋模式，从而产生依恋类型的代际传递。

（三）地方依恋

人类总是生活在一定地理环境中，并很早就认识到，地理环境为人类提供了生存空间与一些基本条件。人们创造了"敬地情结（Geopiety）"一词，表达人对自然界和地理空间的深切敬重之情。对于哺育一方的河流，人们称之为"母亲河"。

人与地方发生关联，形成人地关系。关于人地关系的调查表明，居住时间与邻里关系是这种关系最有效的预测因素（Kasarda & Janowitz，1974）。Tuan（1974）指出外部环境是人类快乐的源泉，并将这种情感联结命名为"恋地情结（Topophilia）"。随后，人与地方的情感联结得到更多关注。Gerson 等（1977）提出了"地方依恋（Attachment to Place）"的表述，但没有给出明确定义。相关术语随之陆续出现，如"社区依恋（Community Attachment）""地方认同（Place Identity）""地方依恋（Place Dependence）""地方感（Sense of Locality）"。Shumaker 等（1983）对"地方依恋"的定义是：人们与其居住地之间的情感联结。Williams 和 Roggenbuck（1989）提出"地方依恋（Place Attachment，简称 PA）"概念，又译为"场所依恋"，表示个人与特定地方相互作用所形成的情感联结。这种情感联结来源于个人的价值观、认知、经验等，并受到地方的特质和属性影响。

区别于婴儿依恋或成人依恋，地方依恋的研究者认为，人们并非因为"地方"中存在依恋对象或社会支持而产生依恋，"物理场所独立于社会支持系统向个体提供情感支持"（Giuliani，2003）。地方依恋体现了人与地方在情感上的一种深切联结，是一种经过文化与社会特征改造的特殊的人地关系（古丽扎伯克力等，2011），具有普遍性和稳定性（庄春萍、张建新，2011）。

对于地方依恋的概念结构，学界主要存在二维观和三维观两种认识。二维观认为，地方依恋具有地方依赖和地方认同二维结构（Williams & Roggenbuck，1989；Williams & Vaske，2003）。三维观则有不同的因素组合。例如，地方依恋包括社会联系（Social Bonding）、地方认同和地方依赖（Kyle et al.，2005）。又如，地方依恋包含人、心理过程和地方三个维度（Scannell & Gillord，2010）。其中，人作为行动者，其影响因素包括群体层面和个体层面，如文化、历史或个体经历等；心理过程作为内部加工，包括情感、认知和行为三大方面；地方作为依恋对象，其影响因素包括地方特征（如社会象征、自然环境、建筑特点）等。

从地方依恋的构成因素中可以发现，地方依恋与地方认同有关联，但两者并不一定同向变化或同步产生。例如，现实中，个体依恋某个地方，但并不认同自己属于这个地方；反之亦然。研究者认为地方依恋产生于地方认同之前，对居住地的依恋越强，地方认同的作用越显著（Knez，2005）。自发或非自发改变居住地对地方依恋有显著的即时影响（Immediate Effects），而地方认同却保持不变；只有与环境有长期的交互作用，地方认同中才会包含对新地方的建构（Wester-Herber，2004）。地方依恋并非只产生于长久生活在某地的居民。非原住民的地方依恋在地方认同之前产生（Hernández et al.，2007）。虽然新居住地不具备紧密的社区联结纽带和社会文化联结纽带，但地方依恋中或许更为重要的情感联结纽带弥补了这一缺陷。非原住民因自然环境吸引、工作生活需要移居某地，更容易对该地产生情感联结，而这与居住时长无关（Maria，2008）。

地方依恋的相关研究表明，在人口流动频繁的当代社会背景下，地方依然是人们的依恋对象。地方依恋是人类生存的重要部分，这种因人与地方发生密切联结而产生的在情感上融入地方的感知，为个体的心理健康、人与环境的和谐发展提供了支持与保障。

（四）依恋的神经基础

研究者借助认知神经技术展开婴幼儿和成人依恋的相关研究，依恋风格的个体差异被视为认知与情感的脑部回路的差异（Fox & Hane，2008；Yap et al.，2019）。

一方面，回避型依恋评分与大脑愉悦模块活动的增加呈负相关。一项磁共振功能成像研究发现，健康成年人在看到陌生人快乐的表情和自身的主观表现获得积极的社会反馈时，其与动机及愉悦系统密切相关的腹侧纹状体（Ventral Striatum）和腹侧被盖区（Ventral Tegmental Area）的活动会随着其成人依恋问卷（Adult Attachment Questionnaire）的回避得分增加而减少（Vrticka et al.，2008）。基于成人依恋访谈被归类为回避型依恋的母亲，在看到自己孩子微笑的图像时，其腹侧纹状体和内侧眶额叶（Media Orbitofrontal Cortex）的活动也会减少（Strathearn et al.，2009）。研究者通过内部工作模型量表（Internal Working Model Scale）评估实验参与者的依恋类型，并采用不同数量货币奖励的任务考察儿童和青少年依恋类型与大脑对奖励的反应之间的关联。结果发现，回避型依恋者的腹侧纹状体活动与奖励刺激（赢钱）之间存在负相关；在高额货币奖励条件下，实验参与者〔包括一些反应性依恋障碍患者（Reactive Attachment Disorder of Childhood，简称 RAD）〕与正常参与者相比，其尾状核（Caudate）和伏隔核（Nucleus Accumbens）的活动减少（Takiguchi et al.，2015）。

另一方面，焦虑型依恋与大脑厌恶模块活动的增加呈正相关。在关系评估问卷（Relationship Scales Questionnaire）中被评估为焦虑型依恋的青少年，在面对负面社会信息（如任务失败）时，其杏仁核（Amygdala）、海马体（Hippocampus）、前脑岛（Asanterior Insula）和腹侧前扣带（Ventral Anterior Cingulate）的活动增加（Vrticka et al.，2015）。类似地，另外两项磁共振功能成像研究分别基于关系评估问卷与关系结构问卷（Relationship Structures Questionnaire）评估为焦虑型依恋的成人，对消极情绪面孔的杏仁核激活增加（Norman et al.，2015；Redlich et al.，2015）。与之相关的是，一项采用亲子关系量表（Parental Bonding Index）的研究选取已成为母亲的成年人为对象，要求她们回忆母亲对自己的照顾情况。结果发现，报告对母亲的照顾感觉较弱者的海马体灰质体积减少（Kim et al.，2010），同一区域的灰质体积随着评估一般依恋水平的关系结构问卷的焦虑得分增加而减少（Quirin et al.，2010）。采用关系评估问卷或修订版亲密关系经历问卷（Experiences in Close Relationships Questionnaire-Revised）评估为焦虑型依恋者，其杏仁核、左脑岛和左额下回岛盖部（Pars Opercularis of Left Inferior Frontal Gyrus）灰质体积增加，前侧区极（Anterior Temporal Pole）灰质体积减少（Acosta et al.，2018；Redlich et al.，2015）。

在相关认知神经研究基础上，研究者尝试建立依恋神经解剖学模型（Neuro-anatomical Model of Human Attachment）说明依恋的神经机制，该模型由两个与情绪相关的模块（厌恶和接近）和两个认知模块（情绪调节和心理表征）组成，依恋的个体差异决定了不同模块功能的发挥（Long et al., 2020）。

（五）小结

综上，个体依恋的形成起源于其婴幼儿时期与主要照顾者的互动，在此过程中形成的"内部关系模式"贯穿其一生，构成其依恋风格，影响其与他人的亲密关系。安全型依恋的内在机制是以安全基地图式为构成要素的内部工作模型（李彩娜等，2013）。安全型依恋对个体的情绪调节、社会认知与适应等方面产生显著的积极作用。

第二节　文化依恋的内涵

传统的依恋研究聚焦于个体间的关系，然而，随着经济全球化、社会信息化与文化多样化深入发展，旅居者和移民群体日渐增多。一方面，处于跨文化情境中的个体面临着一种混合型的情绪挑战，如恐惧（排斥和拒绝）、焦虑（与是否被接受有关）、愤怒（对歧视的反应）、宽慰（被接受时）、舒适（在文化中感受到安全）；另一方面，移民的母语文化传承成为普遍关切，由此推动研究者从新的角度阐释个体在跨文化情境中的情感与身份问题。Hong 等（2006）认为跨文化适应的解决方案类似于婴儿生存与成长的解决方案——与环境中的个体形成安全依恋，并引入依恋理论阐释个体与文化的情感联结。

文化依恋的概念最早出现在国家认同研究中，指个体对国家、传统习俗、历史符号（例如国旗、货币）的自豪感（Routh & Burgoyne, 1998）；随后扩展至跨文化情境，指个体和文化相互作用形成的情感联结（Hong et al., 2006）。

根据依恋理论，依恋对象为个体提供支持与保护，由此可推，为个体提供情感支持和保护的社会群体也可以成为依恋对象。作为依恋对象的个体与社会群体对个体的支持作用是相同的（Hong et al., 2006）。实际上，个体依恋往往是在一定社会环境中和群体交往过程中形成的。一方面，在社会环境（如学校、社团或单位）里，个体在社会群体中的适应与发展一定程度上类似于婴儿在家庭中的成长，发展同群体中特定他人的依恋关系有助于个体更好地适应环境。有研究发现，个体与群体的密切联系和个体与重要他人的密切联系一样多（Smith et al., 1999），个体将内群体融入自我以寻求与内群体的紧密联系（Smith & Henry, 1996）。另一方面，由共享相似经历和体验的个体所构成的社会群体也可以向个体提供情感支持，缓解其在现实生活中的紧张与不安。

群体作为依恋对象一般具有三个特点：第一，群体作为一个社会支持系统，成员之间能够相互接纳、理解、支持与帮助；第二，群体共享信念、价值观、行为准则，这种普同感与归属感满足了个体的情感需求；第三，群体以符号、语言的方式为个体提供安全感，个体将积极的群体体验逐渐内化为心理表征，以内在的方式与群体联结，不断获得存在感与价值感（Smith et al., 1999）。由此可见，群体为个体提供支持与保护，其力量的根源是群体共享信念、价值观、行为准则，体现为具体的行为（如相互接纳、理解、支持或帮助）和抽象的符号系统（如共同的图腾或语言）。群体依恋是个体与其所属群体深刻、稳定的情感联结，群体成员之间相互影响和相互依赖的心理状态。

群体依恋关系符合三个条件：首先，个体把群体作为寻求和保持亲近的目标；其次，个体在压力状态下寻求群体的支持和保护；最后，个体在适应外部世界时把群体作为安全基地（Fraley & Shaver, 2000）。由于社会群体往往共享相同的文化，如意识形态的价值观念、生活方式、行为方式、民族习俗、宗教观念，又如符号系统的文字、图腾等，因此文化群体所提供的安全感可以表现为抽象化的形式，即文化依恋。

第三节　文化依恋的意义

不管是亲子依恋、成人依恋、群体依恋，还是地方依恋，依恋对象均为可触及的有形的人（群）或地方。个体与这些具体的人或物发生实际的互动，从而建立了亲密的情感联结。当遭遇困难感到压力时，个体可以回归父母或恋人的怀抱，或者回到群体或熟悉的地方，借助亲密的接触激活安全基地图式，重获安全感。概而言之，一方面，个体与依恋对象的交互是依恋建构与作用的重要环节；另一方面，发挥安全基地作用的依恋对象是可直接接触的，即使安全基地的激活不一定需要直接的身体接触，也是以关于依恋对象心理表征的建立为前提，该前提建基于个体与依恋对象前期实际而具体的密切接触。考虑到文化与个体的互动往往是抽象的，那么，文化依恋的意义何在？或者说，文化何以能成为依恋对象？

要回答此问题，首先要对文化进行界定。然而，这并非易事。文化作为一个术语，人类学、社会学、哲学等不同领域诸多学者对其内涵进行了认真的探讨，有关界定繁多。从词源的角度看，英文单词"culture"源于拉丁文"culus"，意为耕种、培养，最初用于农业领域，表示对农作物的栽培和对牲畜的驯养（Peter，2009）。随着时代的发展，"culture"的语义逐渐扩展转变，并用于人的身上，表示以人为主客体的教养等人类主动性行为。由此，"文化"一词在西方语境是从形而下的物质层面转义到形而上的精神层面。

在甲骨文中，"文"与"化"是分别出现的。根据《说文解字》的解释："文，错画也，象交文。""文"的字形笔画纵横交错，暗合花纹的形态，本义为"交错画的花纹"。许慎在《说文解字·叙》中提出："仓颉之初作书，盖依类象形，故谓之文；其后形声相益，即谓之字。文者，物象之本；字者，言孳乳而浸多也。"文字当中，通过象形的方法造出来的叫作"文"，通过会意、形声的方法造出来的叫作"字"。由本义引申，"文"主要有三层含义：其一，指包括语言文字在内的各种象征符号，进而具体化为文物典籍、礼乐制度。其二，由纹理之说引申为彩画、装饰、行为修养之意，与"质""实"相对。其三，在前两层意义的基础上，进一步引申为美德善行。"化"的甲骨文是一正一反的人形，会颠倒变化之意，本义为"变化、改变"。后来字形变化，其中一人形演变为"匕（huà）"字。（见图1-1）"匕"为匕首、兵器，也指工具，比喻方式、方法。《说文解字》解释为"化，教行也"，意为通过一定的方式、方法使人的思想、行为发生变化，即教化。

| 甲骨文 | 金文 | 篆书 | 楷书 |

图1-1 汉字"文"与"化"的字形演变

在古代汉语中，"文"与"化"也会共同出现。例如，《周易·贲卦》之《彖传》言："观乎天文，以察时变；观乎人文，以化成天下。"以"人文"而"化成天下"是指用礼仪、风俗、典籍教化天下苍生，由此可见，"文"与"化"虽未连成一词，但含当今"文化"所指之意。"文"与"化"联结成词，目前学界所掌握的最早出处是西汉史学家刘向所著的散文《说苑·指武》。书中言："圣人之治天下也，先文德而后武力。凡武之兴，为不服也，文化不改，然后加诛。"此处的"文化"是指以文治为法、以礼乐典章制度为依据而教化臣民，其意义与当今"文化"之所指接近。西晋学者束皙《补亡诗·由仪》中有"文化内辑，武功外悠"。此处"文化"与"武功"相对，表示"以文教化"，其意与当今词义相似。自汉朝到明朝，"文化"一词以相对固定的意义被使用，意指某一朝政权在其军事征服之外的政绩，如文学、艺术、教育等。19世纪末，英文单词"culture"从西方引入。先贤翻译时运用了"文化"一词与之对应，用以表示一个民族、社会、国家的人民共享的某种意识形态。例如，《清史稿·属国传一·朝鲜传》言："琉球自入清代以来，受中国文化颇深，故慕效华风如此。"清末，"文化"的含义与英文"culture"逐渐趋同。民国初年，杂文集《清稗琐缀》论及甲午海战时言："中日之役，今二十年矣。犹忆初接仗时，报纸有捏造战胜新闻者，谓黑旗兵刘永福，用溺器实炸药，浮水面，击沉日本兵轮……中人之稍读书者，其议论之奇特，正复相似，于以知无文化之民，思想范围至隘，不期而如出一辙。教育不普及，祸未艾也。"（辜鸿铭，1988）此处"文化"的含义指向个体，表示"个人受教育水平"，与现代汉语"文化"的"运用文字的能力及一般知识"义项相近。

综上，"文化"至少包含两个主要意义：其一，从人类整体而言，文化是"吾人生活所依靠的一切"（梁漱溟，1987），包括所有人类社会创造的物质要素和精神要素。这是广义的文化，而狭义的文化仅指精神要素。其二，从人类个体而言，文化是基于社会成员共有的生活方式而形成的一系列典型反应。所谓典型是指反应必须被某一群体、某一长期存在的传统认可，而反应则包括心理与行为。

一般认为，广义的文化可以划分为三个方面：一是物质文化。由于自然界不能自发地满足人的需要，因此人通过改变自然物的形态和属性及彼此的联系方式来实现自身的目的并满足自身的需要，创造了生产工具、交通工具、美食、服饰等物质。二是制度文化。人在改造自然物的过程中必须与他人进行交往，由此形成了群体和社会，并逐步形成为形塑人们互动行为的一系列约束，即规则。这些规则被称为制度，制度使他人的行为变得更可预见（柯武刚、史漫飞，2000），如生活制度、家庭制度、社会制度、语言规则等。三是精神文化。在构建物质文化的同时，人把物质文化及其构建过程内化，并在此基础上形成一系列观念体系，诸如道德上、精神上、经济上的价值体系。

物质文化属于物质范畴，而物质大多具有可见的外显形态，由此，物质文化被称为显性文化。相对来说，不管是制度文化还是精神文化，本质上都属于意识范畴，被称为隐性文化。其中，精神文化以观念的形式存在于人脑，没有形态限制；也可以一定的符号体系外化在物质载体上，以社会化的形式存在，如制度文化。换言之，制度文化本质上也属于精神文化。因此，如费孝通所言，文化总体上可分为"文化的物质面和精神面"。

奥地利哲学家波普尔（1987）将现实划分为三个相互影响的世界：世界Ⅰ是物理世界，由包括生物的物理客体和事件组成；世界Ⅱ是意识世界，由心灵主体及其感知事件组成；世界Ⅲ是知识世界，由思想内容组成。思想内容可被物质化，如语言；也可采用语言等符号表达的人的仪式的固定对象，如图腾。实质上，思想内容的世界是人类精神产物的世界。尽管世界Ⅲ作为精神产物在本质上属于意识范畴，但相对于主观的世界Ⅱ，世界Ⅲ具有客观实在性与独立自主性。一方面，世界Ⅲ离不开物质载体；另一方面，世界Ⅲ的存在不受人的主观意志支配。简而言之，虽然人们依靠主观意识发现与创造知识，但客观的知识是确实存在并独立于主观意识的。

在划定文化内涵的基础上，我们可以进一步探讨个体与文化的互动。文化具有丰富的形态或表现方式，其中包括具有实物形态的人造物质，如物理产品和精神产品，个体与这些人造物质可以发生实际的密切接触，如小孩抱着洋娃娃睡觉、学生阅读名著。因此，个体与文化的互动并非都是抽象的。

当然，文化最为核心的部分，并不在于外显的人造物质，它只是利用这些物质来表达一种精神意义，这种精神意义具有内在和谐、平衡和自我满足的特点，发挥着不让人感到受挫、偏离方向或冷漠的普遍功能。美国人类学家萨丕尔将它称为真文化。美国政治学家亨廷顿在《文化的重要作用：价值观如何影响人类进步》一书的"前言"开宗明义："文化若是无所不包，就什么也说明不了，因此，我们是从纯主观的角度界定文化的含义，指一个社会中的价值观、态度、信念、取向以及人们普遍持有的见解。"价值观是文化的核心并持久发挥重要作用。对此，美国哲学家拉兹洛（1986）从需要的角度进行论述："归根结底，文化是受价值引导的体系。由于文化同人类生物需要的满足无关，同人类再生产的需要也无关，由此可见文化满足的不是躯体的需要，而是价值标准的需要。价值标准决定文化实体内人们对理性、感情体验的深刻意义、想象的丰富和信仰的深度的需求。一切文化都同这种超生物的价值标准相应。"马克思曾把哲学视为"文化的灵魂"，作为世界观和方法论的哲学观念不但蕴含着智慧，而且承载了人们对人生、社会乃至整个世界的意义的认识或价值判断（郝立新，2014）。

作为文化核心的世界观，需要回答四个问题：我是谁；我的人生处境是什么；我为什么受苦；解救的方法是什么（Walsh & Middleton，1984）。由此，对于个体来说，世界观不仅描述了人类的本性，还说明了人与外在世界的关系以及人在世界中的地位；与此同时，世界观还会为人类所经验到的问题提供诊断，并开立解决问题的处方（黄光国，2006）。

在人类所经验到的诸多问题中，死亡焦虑是最为普遍的终极问题之一，而深藏于文化之中的世界观为人们提供了解决方案。具体来说，人类由于意识到自身必然死亡而感到焦虑与恐惧，缓解对死亡的恐惧是人类构造的文明社会中大多数行为的根本动机。恐惧管理理论（Terror Management Theory）假设，虽然对死亡的焦虑与恐惧是个体焦虑与恐惧的最根本来源，但是人们在日常生活中并未为此感到焦虑，这是因为人类在进化过程中演化出抵御焦虑的防御机制——文化世界观与自尊（Pyszczynski et al.，1999）。个体相信并遵守自己所持有的文化世界观，这一信念解释了存在的意义与行为的合理性，从而使个体获得了一种超越个人一生的永恒感；与此同时，个体相信自己所遵守的价值标准是文化世界观的一部分，也相信自己能遵守这些价值标准，当个体的价值标准被文化世界观所认同时，个体会体验到价值感与意义感，从而缓解了焦虑（Becker，1971）。个体在人生初期尚未意识到死亡这一终极现实是因为父母的爱护提供了焦虑缓冲功能，然而，随着个体成长并逐渐意识到父母无法为自己消除死亡这一不可避免的威胁，个体安全依恋的主要基础便从父母转变为文化（Pyszezynski et al.，2004）。这是因为，文化中的价值观为个体提供了验证其存在价值和意义的基础。换言之，即便世界观与个体的互动往往是抽象的内化过程，与文化的情感联结也能为身在其中或心在其中的文化成员提供心理安全，这就是个体文化依恋的意义。

有关不同文化的心理治疗分析发现，对主要由心理因素引起的心理问题的治疗，能够产生效果的关键因素在于心理治疗的实施方式必须与患者的世界观相契合（Draguns，1975）。由此可见，人们对深藏于文化中的世界观是相当敏感的，通过言语沟通即可了解并形成判断，虽然这种认知过程并不一定发生在意识层面；与此同时，个体只接受建立在安全感基础上的影响，这种安全感以个体之间世界观同频共振为前提。事实上，当安全需要得不到满足时，个体就会出现对自己母体文化的质疑、回避甚至放弃。关于鄂温克猎民移民适应的研究发现，当文化身份被重新划分而不能再维系生存时，鄂温克猎民移民会对自己的"猎民身份"进行"重构"，即当母体文化不能给移民提供基本保护时，个体会回避甚至放弃这一文化身份（谢元媛，2005）。

文化以其内核为其成员提供安全感，满足其安全需要。而文化成员以抽象形式对某种文化形成文化依恋。之所以说文化依恋是象征性的，是因为正如个体（尤其是成人）在形成关于依恋对象的心理表征后不需要直接的身体接触（例如看恋人的照片）也能满足情感需要一样，面临文化适应压力的个体不必直接返回原有的文化环境中，也可以通过抽象的文化符号（例如在异国看到祖国的国旗）获得安全感。

简而言之，文化依恋代表个体与所属文化的情感联结。这种联结，一方面使个体把有关文化认知整合至自我定义中，形成归属感；另一方面为个体在跨文化过程中提供内在支持，使其有效整合不同文化体验，唤起安全感。文化依恋不同于文化认同、文化自信与文化适应（李雅宁等，2024）。文化依恋凸显个体与文化的情感联结，为研究个体身份认同、跨文化适应以及文化教育与传承问题提供了一个新的研究视角。

第四节　文化依恋的测量

文化依恋的理论基础源于传统亲子依恋理论，由此，文化依恋的测量方法主要借鉴传统的依恋量表。

文化依恋访谈问卷是 Hong 等（2006）参照成人依恋访谈模式编制的半结构化访谈问卷。访谈采取一对一的形式，共有 19 个相互衔接的问题，如要求访谈对象用 5 个词语来形容自己在两种或两种以上的文化中生活和学习的经历和体验，并以实例佐证。此外，该问卷还涉及个体对在不同文化环境中遭遇拒绝、排斥和歧视经历的阐述。

文化依恋风格自评量表（Cultural Attachment Style Scale）是 Hong 等（2013）在亲密关系经历量表基础上改编而成。该量表将依恋风格分为焦虑和回避两个维度，前者反映个体对于被文化群体抛弃的担心程度，后者反映个体对文化群体的拒绝与不信任程度。该量表第一版共有 34 个项目来测量个体对不同文化的情感体验，其中有 16 个项目测量依恋焦虑，其余 18 个项目测量依恋回避，采用 Likert 7 点计分法进行自评。随后，Hong 等对量表进行缩减，命名为文化依恋分类量表（Cultural Attachment Categorical Scale）。该量表共有 20 个项目，各有 10 个项目测量依恋焦虑和依恋回避，采用 Likert 5 点计分法进行自评。

上文介绍的文化依恋量表是根据传统依恋的特点并通过改编传统的依恋问卷而得。国内研究者结合中华文化背景编制了本土化的文化依恋量表。梁丽和杨伊生（2022）在文献分析和参考相关问卷的基础上形成了最初的 45 题文化依恋项目池，内容分析显示这些题目涉及文化正向评价、文化积极情感和文化亲近行为三个维度。在此基础上，通过专家的内容效度评定与学生的可读性评定，研究者编制了 30 题的文化依恋初始问卷。经过项目分析和探索性与验证性因子分析，最后形成包括文化 – 自我关联度、文化积极情感和文化亲近行为三个维度总共 16 题的文化依恋量表。

传统的依恋测量工具相当丰富，既有面向不同年龄段的工具，如成人依恋访谈、儿童依恋访谈（Child Attachment Interview）；也有侧重于依恋的不同主题的量表，如内部工作模型量表、分离焦虑测验（Separation Anxiety Test）。相较而言，有关文化依恋的测量工具数量少，涉及的主题也不多。文化依恋的研究离不开测量工具，有关文化依恋测量工具的研究方兴未艾，本土化工具逐渐形成，如文化依恋问卷（梁丽、杨伊生，2022）、母体文化依恋量表（Pishghadam & Kamyabi，2009）。可以预期，文化依恋测量工具的不断丰富会为相关研究奠定坚实基础。

第五节　文化依恋的类型

在亲子依恋研究中，依恋类型大致可以划分为安全型依恋和非安全型依恋，后者包括矛盾型依恋、回避型依恋以及后期提出的混乱型（Disorganized）依恋（Main & Solomon，1986）。混乱型依恋是指一些婴儿在陌生情境实验中所表现的行为难以归类到前期提出的三种依恋类型。

由于内部工作模型是个体适应社会的基础，因此具有相对稳定性。即使其形成于人生早期，也难以随着年龄增长而改变，甚至年龄越大越难变化（Bowlby，1980），因此，基于内部工作模型的依恋类型具有向更高年龄段延展的可能性。研究者根据亲密关系经历量表评估成人的恋爱关系，并将成人依恋类型划分为安全型、回避型和焦虑型三类（Hazan & Shaver，1987）。随后，Bartholomew 和 Horowitz（1991）将内部工作模型细分为自我工作模型和他人工作模型，并在此基础上结合焦虑和回避两个维度，将成人依恋划分为四类：①安全型依恋，自我和他人模型都是积极的类型，既不担心被抛弃，也不回避亲密；②冷漠型依恋（也译为"回避型依恋"），自我模型积极、他人模型消极，十分回避亲密，但不担心被抛弃；③迷恋型依恋（也译为"倾注型依恋"或"矛盾型依恋"），自我模型消极、他人模型积极，十分担心被抛弃，但不回避亲密；④恐惧型依恋（也译为"混乱型依恋"），自我和他人模型都是消极的类型，既担心被抛弃，也回避亲密。

通过对儿童与成人依恋类型测量进行分析，研究者发现，个体的依恋基本上是从依恋回避和依恋焦虑两个维度进行测量（Brennan et al., 1998）。回避维度反映个体对依恋对象的不信任程度，并努力与依恋对象保持情感距离的倾向；焦虑维度反映个体担心在自己有需要时无法与依恋对象相依赖的程度。而安全型依恋个体则较少表现出依恋焦虑或依恋回避。

类似地，文化依恋也划分为安全型依恋和非安全型依恋。Hong 等（2006）采用文化依恋访谈，根据受访者所使用的语言与情绪反应，将其划分为安全型文化依恋和非安全型文化依恋。安全型文化依恋个体能够自如分享文化体验，将正反体验融入交流过程，整合在不同文化中的体验并形成较为完整、一致的表述；非安全型文化依恋个体在分享多元文化经历时态度多为防御和拒绝，表达方式通常是自相矛盾且无法连贯叙述，甚至表现出对某一文化群体的激烈情绪化反应（如愤怒）。非安全型文化依恋包括焦虑与回避两个维度，焦虑型文化依恋表示个体对被文化群体抛弃的担忧程度，回避型文化依恋表示个体对文化群体的不信任与拒绝程度。

第六节　文化依恋的机制

一、文化依恋的作用

文化依恋是传统依恋理论的延伸，但目前尚不清楚传统依恋的所有特征与机制是否也适用于文化依恋。内部工作模型与安全基地图式是传统依恋理论的基本概念，因此文化依恋相关研究首先集中探讨文化依恋是否具有安全基地的功能及其内部工作模型。Hong 等（2013）提出，文化依恋符合四个原则：①依恋对象可以是抽象的文化符号；②文化依恋可以作为安全基地为个体提供安全感；③该安全基地图式在个体面临危险时可以被激活；④文化依恋可以帮助个体缓解心理压力以及应对威胁。

在传统依恋研究中，依恋对象往往是实际生活中的某个具体人物。实际上，形成关于依恋对象的心理表征后，人们可以通过接触依恋对象的象征性表征（如照片、录音）来满足情感需要。这些象征性表征实质就是符号。基于情感启动范式的实证研究发现，象征性表征（如母亲抱着孩子的画）能有效减轻个体对威胁刺激的反应（Banse, 1999, 2001; Mikulincer & Shaver, 2001）。而文化是由符号系统组成的，符号就是附着一般或抽象意义的任何信号（如视觉刺激、声音刺激），这些信号往往标示着某物的特定形象（Leslie, 1949）。这意味着文化难以以典型的依恋人物（如母亲）被表征，换言之，文化依恋必须考虑文化的非物质特征（Becker，2013；De Berker et al.，2016）。对于拥有某种文化的族群而言，文化符号不仅是族群人文风貌的表征，也是族群属性的本源，亦是族群情感的归属。由此，抽象的文化符号理论上可以成为依恋对象，尤其是对于身处他乡的个体，有关族群的符号（如图腾、语言、饮食、服饰、仪式、节日）的显示，都能激活其归属感等情感。

如果文化符号可以作为依恋对象，那么这种抽象的依恋对象是否具有传统依恋对象的功能，即文化符号是否具有作为安全基地的效用？参照 Mikulincer 等（2001）的情绪启动范式，研究者以留学新加坡的印度尼西亚学生为对象，阈下呈现（呈现时间为 10 ms）威胁词或非威胁词创设威胁或中性情境，再阈下呈现（呈现时间为 10 ms）代表新加坡文化（东道主文化）的图片，或代表印度尼西亚文化（母体文化）的图片，又或是中性图片，视觉掩蔽后要求被试按其主观喜好程度对随机出现的无意义几何图形评分（实验流程见图 1-2）。结果发现，威胁性词语条件下，文化图片的出现使留学新加坡的印度尼西亚学生增加了对随机几何图形的喜爱度，即文化图片可以激活安全基地图式，并产生情感迁移，帮助个体缓解压力；母体文化图片的作用强于东道主文化图片（Hong et al.，2013）。研究表明，文化符号可以在个体受到威胁时赋予其安全感，抽象的文化符号和具体的传统依恋对象（如母亲）均可以发挥相似的安全基地效用。

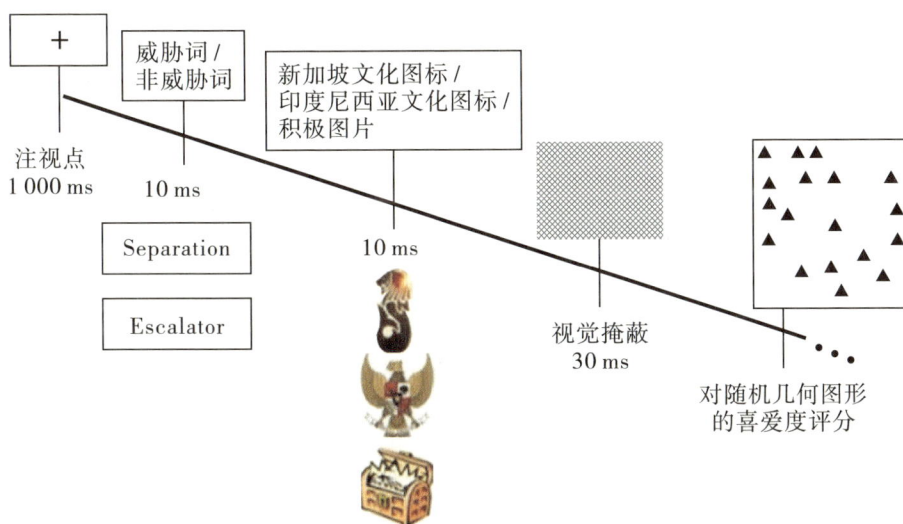

图 1-2　情绪启动范式（Hong et al.，2013）

抽象的文化符号带来的安全基地效用不仅表现在心理上产生积极情绪，还表现在生理上缓解压力反应。研究者以新加坡学生为被试，以皮肤电导反应作为压力应对的指标，先将被试暴露于控制图片或威胁性图片中，随后阈下呈现文化符号或控制符号，结果发现，文化符号可以在个体面临威胁时发挥缓冲作用，减轻其皮肤电导反应，即文化符号降低了威胁带来的焦虑和恐惧（Yap et al.，2017）。

二、文化依恋的作用机制

认知行为研究表明，以抽象符号为依恋对象的文化依恋给个体带来了安全感。那么，文化依恋的作用机制是什么？在传统依恋中，内部工作模型是自我、他人及其关系的内部表征，这些关系形成了如何与他人互动的规则与期望。作为基于个人经历的心理表征组成的认知框架，内部工作模型为婴幼儿、青少年乃至成年社交互动提供了指导方针。需要指出的是，与照顾者的早期互动是内部工作模型的基础，随着儿童与照顾者交互的发展，在此过程中所积累的经验及对互动中角色的期望（例如，自我、照顾者以及照顾者的可及性与反应性）也在建构（Bowlby，1969）。大量研究表明，即使是学前儿童，也能理解社会互动中复杂而精确的规则（Greenberg & Marvin，1982；Slough & Greenberg，1990；Miljkovitch et al.，2004；Waters & Waters，2006）。由此可推，儿童的内部工作模型不仅相当复杂，还相当准确。在成长过程中，内部工作模型会随着社交的拓展而更新，以确保其稳定性和连续性（Bowlby，1969、1982；Bretherton & Munholland，2008）。

应该强调的是，不管是家庭抚养还是社会交往，都蕴含着文化基因。这些文化基因根植于人们的生产活动，恰如梁漱溟指出，文化是民族的生活样法。

纵向而言，在农业社会，农耕和畜牧是主要的生产方式，人们开始了定居生活，并逐渐形成家族和村落等社会组织。其中，家族是以血缘关系为基础的社会组织形式，家族成员共同拥有土地、水资源等生产资料，共同承担生产和生活的风险，通过互相支持、协作生产形成了稳定的社会关系；而村落是由多个家族组成的社区，村落内部各个家族之间通过合作与交流共同解决生产和生活中的问题，由此可见，村落具有相对独立的生产、生活和社交功能。在此背景下，男人被赋予养家糊口的责任，而女人则承担家务劳动与照顾孩子，夫妻不仅不会分离，而且总在自己的住所附近活动，家族中家庭成员联系密切，村落里人们彼此熟悉。人们除了强烈认同自己的家庭、宗族，也很认同自己所属的村庄。这种归属关系提供了情感和精神上的支持，并带来了许多互帮互助的行为。从根本上说，这种归属关系就是依恋关系。随着工业革命的到来，妇女外出参与生产劳动，人们从集中的农业生产投入到分散的工业生产中，家庭成员分散到不同工厂甚至城市以维持生计，彼此之间的联系越来越少，西方传统大家庭逐渐转换为核心家庭。中国传统大家庭向小家庭的转型不是由工业化促成的，而是主要由于作为 1949 年后国家早期工业化策略的农村土地集体化彻底改变了传统的家庭生产与生活组织方式，改变了父权制度下的代际关系与结构，由此启动了家庭结构转型的历史进程（王天夫等，2015）。

横向来说，在强调个人主义的西方文化中，隔代抚养更多是在某种情况下的被迫参与（Baker，2006）；而在东方文化中，隔代抚养被视为社会支持的重要形式，中国的祖母更多地将协助抚养孙辈视为一种自觉责任（Peng，2013）。一项针对中国祖辈共同养育背景下幼儿多重依恋情况的研究发现，虽然接近80% 的幼儿每周接受祖辈看护的时间多于 35 小时，但大多数幼儿都可以形成安全型的母子依恋和祖孙依恋，且母子依恋的安全性高于祖孙依恋（邢淑芬等，2016）。

事实上，个体自出生就需要面对既定的文化环境。作为儿童成长的宏观背景，社会文化通过影响家庭结构、父母抚养方式等方面间接影响其依恋过程。从这个角度来看，儿童成长过程中所形成的内部工作模型亦是文化的载体。换言之，文化依恋也是通过内部工作模型发挥作用。

与传统依恋相比，文化依恋在机制上具有多元动态的特点。这是文化依恋与传统依恋的主要差异。在建构过程中，相对于传统依恋建基于二元关系（母子或恋人），文化依恋既依附于文化群体的成员，又依附于象征性的文化符号。在表征结构上，传统依恋往往是稳定的结构，稳定和持续的依恋关系形成牢固的安全联系，牢固的依恋联系一旦形成则不容易被取代。例如，个体不太可能仅仅因为依恋对象的情感敏感性在几次互动中的降低就对依恋对象完全失去信心。而文化依恋则是动态结构，个体可以依附于多种文化，并在不同文化中切换，对任何一种文化的安全型依恋都有助于抵御威胁。

一方面，文化依恋可以是多元的。对于单文化个体，依恋对象不仅包括该文化群体的成员，如亲友、老乡；还包括该文化特有的符号，如独特的旗帜、地标、雕像。这些抽象符号的呈现能激活文化依恋的认知框架（Hong et al.，2000）。对于广泛接触两种文化并具有两种文化知识体系的双文化个体来说，两种文化均可以成为依恋对象，而依赖哪一种文化则主要取决于其可得性。实证研究中往往采用文化启动实验范式，呈现某一文化相关刺激来增强个体对该特定文化知识体系的通达性（Trafimow et al.，1991；Briley & Wyer，2001；Fu et al.，2007；付进等，2024）。例如，留学新加坡的印度尼西亚学生在观看威胁性词语后，相较于看到中性图片，看到新加坡鱼尾狮雕像图片或印度尼西亚鹰航空公司标志图片后对随机几何图形的喜爱度评分更高（Hong et al.，2013）。由此可见，对于留学新加坡的印度尼西亚学生来说，母体文化符号的呈现激活了母体文化依恋，东道主文化符号的呈现激活了东道主文化依恋，两者并不冲突。

另一方面，文化依恋是动态的。这种动态性集中体现在双文化个体可以在不同文化框架中切换。首先，切换的基础是个体对两种文化形成依恋。研究者采用文化依恋风格自评量表评估留学新加坡的印度尼西亚学生的文化依恋状况，结果发现，被试对印度尼西亚文化（母体文化）与对新加坡文化（东道主文化）的焦虑型、回避型依恋显著相关（Hong et al.，2013）。两种文化依恋风格显著相关表明个体的内部工作模型可以从母体文化迁移至东道主文化，形成多元文化依恋。

其次，个体具有文化框架的转换能力。在社会认知中，一般来说，个体在感知某些刺激后会激活与该刺激相关的网络，并产生与刺激一致的行为（Dijksterhuis & Bargh，2001）。例如，超市里法国和德国葡萄酒的销量会根据播放的是法国音乐还是德国音乐而波动（North et al.，1999）。在文化心理学的动态建构主义视角下，双文化个体同时拥有两种文化构念网络（Networks of Cultural Constructs），某种文化知识的频繁运用会提高其长时通达性（Chronically Accessible）。根据文化框架转换（Cultural Frame Switching）模型，文化构念网络会在不同情境指导个体的认知与行为；该网络具有动态性，并受情境线索驱动，个体可以根据不同文化线索做出与文化情境一致的反应（Hong et al.，2000；Hong，2009）。类似地，研究者要求具有双文化背景的香港大学生和华裔美国大学生对模糊事件进行归因，如看到一条鱼游在一群鱼前面的照片后，被试需要在 12 度评分中明确事件原因，1 分表示"非常确信这是因为有一条鱼在引导一群鱼"（内归因），12 分表示"非常确信这是一条鱼被一群鱼追赶"（外归因）。研究者认为，强调集体主义的东方文化倾向于外归因，强调个人主义的西方文化倾向于内归因。被试被随机分配到三种实验条件，在启动环节看到具有中国文化属性的图片（如长城、龙），或具有美国文化属性的图片（如自由女神像、米老鼠），又或者中性图片（如不具有任何文化意义的风景画），结果发现，与中性启动相比，文化启动组出现内外归因的显著性差异，在中国文化启动下被试更多采用外归因，在美国文化启动下其更多采用内归因（Hong et al.，2000）。随后有研究发现，在囚徒困境游戏中，相较于美国文化偶像启动，华裔美国大学生在中国文化偶像的引导下与群体内伙伴的合作程度更高；而当游戏中的合作伙伴是陌生人时，两种文化启动条件之间的差异消失了，这是因为在中国文化中陌生人缺乏合作信任（Wong & Hong，2005）。除了归因与合作行为，文化框架转换也出现在自我评价、自我刻板化及对亲人和朋友的态度等方面（Verkuyten & Pouliasi，2006）。这些研究表明，不同的文化符号能够激活相应的文化构念网络，换言之，每种文化的心理表征网络具有一定的独立性；更为重要的是，个体在文化与情境互动过程中具有主动性，即具有文化框架的转换能力，会基于不同的文化线索转换文化框架，并做出与文化情境相适应的行为。

　　不同文化符号引发的文化依恋具有安全基地的作用，意味着不同文化构念网络是内部工作模型的组成部分。个体通过感知环境中的文化线索，激活记忆系统中相应的文化表征，通达安全基地，获取支持与安慰。因此，个体对任何一种文化的安全型依恋都有助于预测其对威胁的抵御能力（Hong et al., 2013）。

参考文献

［1］　邱永君. 汉语"中国文化"之词源［EB/OL］.（2009-01-20）［2024-11-01］. 中国社会科学网，http：//iea.cssn.cn/btwy/swzj/200901/t20090120_3909125.shtml.

［2］　费孝通. 文化与文化自觉［M］. 北京：群言出版社，2010.

［3］　付进，黎玉兰，邹许杰. 儒、道文化与大学生焦虑的关系：基于文化启动实验和内隐联想测验的证据［J］. 心理学探新，2024，44（3）：241-247.

［4］　辜鸿铭. 清代野史：第7辑［M］. 成都：巴蜀书社，1988.

［5］　古丽扎伯克力，辛自强，李丹. 地方依恋研究进展：概念、理论与方法［J］. 首都师范大学学报（社会科学版），2011（5）：86-93.

［6］　黄光国. 儒家关系主义：文化反思与典范重建［M］. 北京：北京大学出版社，2006.

［7］　郝立新. 文化建设的价值维度［N］. 光明日报，2014-02-19（13）.

［8］　巨浪. 汉语语境中"文化"一词概念的演变分析［J］. 天水师范学院学报，2015，35（4）：81-85.

［9］　李彩娜，石鑫欣，黄凤，等. 安全依恋的概念、机制与功能［J］. 北京师范大学学报（社会科学版），2013（6）：30-37.

［10］　李雅宁，杨伊生，辛自强，等. 文化依恋概念辨析［J］. 心理科学，2024，47（4）：933-939.

［11］　李同归，加藤和生. 成人依恋的测量：亲密关系经历量表（ECR）中文版［J］. 心理学报，2006，38（3）：399-406.

［12］　梁丽，杨伊生. 文化依恋问卷的编制及信效度检验［J］. 心理研究，2022，15（3）：220-229.

［13］　梁漱溟. 东西文化及其哲学［M］. 上海：中华书局，2018.

［14］ 梁漱溟. 中国文化要义［M］. 上海：学林出版社，1987.

［15］ 王天夫，王飞，唐有财，等. 土地集体化与农村传统大家庭的结构转型［J］. 中国社会科学，2015（2）：41–60，203.

［16］ 谢元媛. 敖鲁古雅鄂温克猎民生态移民后的状况调查：边缘少数族群的发展道路探索［J］. 民俗研究，2005（2）：50–60.

［17］ 邢淑芬，梁熙，岳建宏，等. 祖辈共同养育背景下多重依恋关系及对幼儿社会－情绪性发展的影响［J］. 心理学报，2016，48（5）：518–528.

［18］ 庄春萍，张建新. 地方认同：环境心理学视角下的分析［J］. 心理科学进展，2011，19（9）：1387–1396.

［19］ 拉兹洛. 文化与价值［J］. 闵家胤，译. 哲学译丛，1986（1）：22–28.

［20］ 霍克. 改变心理学的40项研究［M］. 7版. 白学军，等，译. 北京：人民邮电出版社，2018.

［21］ 伯克. 什么是文化史［M］. 蔡玉辉，译. 北京：北京大学出版社，2009.

［22］ 柯武刚，史漫飞. 制度经济学：社会秩序与公共政策［M］. 韩朝华，译. 北京：商务印书馆，2000.

［23］ 波普尔. 科学知识进化论［M］. 纪树立，译. 北京：生活·读书·新知三联书店，1987.

［24］ 萨丕尔. 萨丕尔论语言、文化与人格［M］. 高一虹，译. 北京：商务印书馆，2011.

［25］ 亨廷顿，哈里森. 文化的重要作用：价值观如何影响人类进步［M］. 程克雄，译. 北京：新华出版社，2010.

［26］ Acosta, H., Jansen, A., Nuscheler, B., et al. A voxel-based morphometry study on adult attachment style and affective loss［J］. *Neuroscience*, 2018, 392（0）：219–229.

［27］ Ainsworth, M. D. S. *Infancy in Uganda*：*Infant Care and the Growth of Love*［M］. Baltimore, MD：Johns Hopkins University Press, 1967.

［28］ Ainsworth, M. D. S., Blehar, M. C., Waters, E., et al. *Patterns of attachment*：*Assessed in the Strange Situation and at Home*［M］. Hillsdale, NJ：Erlbaum, 1978.

［29］ Banse, R. Automatic evaluation of self and significant others：Affective priming in close relationships［J］. *Journal of Social and Personal Relationships*, 1999, 16（6）：803–821.

［30］ Banse, R. Affective priming with liked and disliked persons：Prime visibility determines congruency and incongruency effects [J]. *Cognition and Emotion*, 2001, 15 (4): 501–520.

[31] Baker, L. A. Bridging the gaps: The effects of level and duration of care, grandchild characteristics and parental involvement on depression symptoms among grandparents raising grandchildren [D]. Boston: University of Massachusetts Boston, 2006.

[32] Bartholomew, K. & Horowitz, L. M. Attachment styles among young adults: A test of a four-category model [J]. *Journal of Personality and Social Psychology*, 1991, 61 (2): 226–244.

[33] Becker, E. The *Birth and Death of Meaning: An interdisciplinary perspective on the problem of man* [M]. 2nd ed.New York: The Free Press. 1971.

[34] Becker, G. S. *The Economic Approach to Human Behavior* [M]. Chicago, IL: University of Chicago Press, 2013.

[35] Bowlby, J. Forty-four juvenile thieves: Their characters and home-life [J]. *The International Journal of Psychoanalysis*, 1948, 25: 49–56.

[36] Bowlby, J. *Attachment and Loss, Vol. 1: Attachment* [M]. New York: Basic Books, 1969.

[37] Bowlby, J. *Attachment and Loss, Vol. 2: Separation* [M]. New York: Basic Books, 1973.

[38] Bowlby, J. *Attachment and Loss, Vol. 3: Sadness and Depression* [M]. New York: Basic Books, 1980.

[39] Bowlby, J. Attachment and loss: retrospect and prospect [J]. *American Journal of Orthopsychiatry*, 1982, 52 (4): 664–678.

[40] Brennan, K. A., Clark, C. L. & Shaver, P. R. Self-report measurement of adult romantic attachment: An integrative overview [M]// J. A. Simpson & W. S. Rholes (Eds.). *Attachment Theory and Close Relationships*. New York: Guilford Press, 1998.

[41] Bretherton, I. & Munholland, K. A. Internal working models in attachment relationships: Elaborating a central construct in attachment theory [M]// J. Cassidy and P. Shaver (Eds.). *Handbook of Attachment*. New York: Guilford Press, 2008.

[42] Briley, D. A. & Wyer, R. S. Jr. Transitory determinants of values and decisions: the utility (or nonutility) of individualism and collectivism in understanding cultural differences [J]. *Social Cognition*, 2001, 19 (3): 197–227.

[43] David M. Levy, primary affect hunger [J]. *American Journal of Psychiatry*, 1937, 94（3）: 643–652.

[44] De Berker, A. O., Rutledge, R. B., Mathys, C., et al. Computations of uncertainty mediate acute stress responses in humans [J]. *Nature Communications*, 2016, 7（1）: 10996.

[45] Dijksterhuis A. & Bargh J. A. The perception-behavior expressway: Automatic effects of social perception on social behavior [J]. *Advances in Experimental Social Psychology*, 2001, 33（1）: 1–40.

[46] Draguns, J. G. Resocialization into culture: The complexities of taking a world-view of psychotherapy [M]// R. W. Brislin and W. J. Lonner（Eds.）. *Cross-cultural Perspective on Learning*. New York: John Wiley and Sons, 1975.

[47] Fraley, R. C. & Shaver, P. R. Adult romantic attachment: Theoretical developments, emerging controversies, and unanswered questions [J]. *Review of General Psychology*, 2000, 4（2）: 132–154.

[48] Fox, N. A. & Hane, A. A. Studying the biology of human attachment [M]// J. Cassidy & P. Shaver（Eds.）. *Handbook of Attachment*. 2nd ed. New York: The Guilford Press, 2008.

[49] Fu, J. H.-Y., Morris, M. W. & Hong, Y. Y. A transformative taste of home: Home culture primes foster expatriates' adjustment through bolstering relational security [J]. *Journal of Experimental Social Psychology*, 2015, 59: 24–31.

[50] Gerson, K., Stueve, C. A. & Fischer, C. S. Attachment to place [M]// C. S. Fischer, R. M. Jackson, C. A. Stueve, et al.（Eds.）. *Networks and Places*, New York: The Free Press, 1977.

[51] Giuliani, M. V. Theory of attachment and place attachment [M]// M. Bonnes, T. Lee, M. Bonaiuto（Eds.）. *Psychological Theories for Environmental Issues*. Hants: Ashgate, 2003.

[52] Greenberg, M. T. & Marvin, R. S. Reactions of preschool children to an adult stranger: A behavioral systems approach [J]. *Child Development*, 1982, 53（2）: 481–490.

[53] Harlow, H. F. The nature of love [J]. *American Psychologist*, 1958, 13（12）: 673–685.

[54] Hazan, C. & Shaver, P. R. Romantic love conceptualized as an attachment process [J]. *Journal of Personality and Social Psychology*, 1987, 52（3）: 511–524.

［55］ Hernández, B., Hidalgo, M. C., Salazar-Laplace, M. E., et al. Place attachment and place identity in natives and non-natives ［J］. *Journal of Environmental Psychology*, 2007, 27（4）: 310–319.

［56］ Hong, Y., Morris, M. W., Chiu, C.Y., et al. Multicultural minds: A dynamic constructivist approach to culture and cognition ［J］. *American Psychologist*, 2000, 55（7）: 709–720.

［57］ Hong, Y., Roisman, G. I. & Chen, J. A model of cultural attachment: A new approach for studying bicultural experience: Measurement and development ［M］// M. H. Bornstein and L. R. Cote（Eds.）. *Acculturation and Parent-Child Relationships: Measurement and Development*. New York: Erlbaum, 2006.

［58］ Hong, Y. A dynamic constructivist approach to culture: Moving from describing culture to explaining culture ［M］// R. Wyer, C.-Y. Chiu & Y. Hong（Eds.）. *Understanding Culture: Theory, Research and Application*. New York: Psychology Press, 2009.

［59］ Hong, Y., Fang, Y., Yang, Y., et al. Cultural attachment: A new theory and method to understand cross-cultural competence ［J］. *Journal of Cross-Cultural Psychology*, 2013, 44（6）: 1024–1044.

［60］ Kasarda, J. & Janowitz, M. Community attachment in mass society ［J］. *American Sociological Review*, 1974, 39（3）: 328–339.

［61］ Kim, P., Leckman, J. F., Mayes, L. C., et al. Perceived quality of maternal care in childhood and structure and function of mothers' brain ［J］. *Developmental Science*, 2010, 13（4）: 662–673.

［62］ Knez, I. Attachment and identity as related to a place and its perceived climate ［J］. *Journal of Environmental Psychology*, 2005, 25（2）: 207–218.

［63］ Kyle, G., Graefe, A. & Manning, R. Testing the dimensionality of place attachment in recreational settings ［J］. *Environment and Behavior*, 2005, 37（2）: 153–177.

［64］ Leslie A. White. *The Science of Culture: A Study of Man and Civilization* ［M］. New York: Grove Press, 1949.

［65］ Long, M., Verbeke, W., Ein-Dor, T., et al. A functional neuro-anatomical model of human attachment（NAMA）: Insights from first- and second-person social neuroscience ［J］. *Cortex*, 2020, 126: 281–321.

［66］ Main, M., Kaplan, N. & Cassidy, J. Security in infancy, childhood, and adulthood: A move to the level of representation ［J］. *Monographs of the*

Society for Research in Child Development, 1985, 50（12）：66–104.

［67］ Main, M. & Solomon, J. Discovery of an insecure-disorganized/disoriented attachment pattern［M］// T. B. Brazelton & M. W. Yogman（Eds.）. *Affective Development in Infancy*. Stanford：Ablex Publishing, 1986.

［68］ Maria L. Place attachment, place identity, and place memory：Restoring the forgotten city past［J］. *Journal of Environmental Psychology*, 2008, 28（3）：209–231.

［69］ Mikulincer, M. & Shaver, P. R. Attachment theory and intergroup bias：Evidence that priming the secure base schema attenuates negative reactions to out-groups［J］. *Journal of Personality and Social Psychology*, 2001, 81（1）：97–115.

［70］ Mikulincer, M., Hirschberger, G., Nachmias, O., et al. The affective component of the secure base schema：Affective priming with representations of attachment security［J］. *Journal of Personality and Social Psychology*, 2001, 81（2）：305–321.

［71］ Mikulincer, M. & Shaver, P. R. Boosting attachment security to promote mental health, prosocial values, and inter-group tolerance［J］. *Psychological Inquiry*, 2007, 18（3）：139–156.

［72］ Mikulincer, M., Shaver, P. R. & Rom, E. The effects of implicit and explicit security priming on creative problem solving［J］. *Cognition and Emotion*, 2011, 25（3）：519–531.

［73］ Miljkovitch, R., Pierrehumbert, B., Bretherton, I., et al. Associations between parental and child attachment representations［J］. *Attachment and Human Development*, 2004, 6（3）：305–325.

［74］ North, A. C., Hargreaves, D. J. & McKendrick, J. The influence of in-store music on wine selections［J］. *Journal of Applied Psychology*, 1999, 84（2）：271–276.

［75］ Norman, L., Lawrence, N., Iles, A., et al. Attachment-security priming attenuates amygdala activation to social and linguistic threat［J］. *Social Cognitive and Affective Neuroscience*, 2015, 10（6）：832–839.

［76］ Peng C. Y. A profile of grandparental care and its implications among grandparents in Taiwan［D］. University of California, Los Angeles, 2013.

［77］ Pyszczynski, T., Greenberg, J. & Solomon, S. A dual-process model of defense against conscious and unconscious death-related thoughts：An extension of terror management theory [J]. *Psychological Review*, 1999, 106（4）: 835–845.

[78] Pyszezynski, T., Greenberg, J., Solomon, S., et al. Why do people need self-esteem? A theoretical and empirical review [J]. *Psychological Bulletin*, 2004, 130（3）: 435–468.

[79] Pishghadam R. & Kamyabi, A. The relationship between native-like accent and deculturation among EFL learners in Iran [C]. Paper presented at 7th international TELLSI conference, Yazd, Iran, 2009.

[80] Quirin, M., Gillath, O., Pruessner, J. C., et al. Adult attachment insecurity and hippocampal cell density [J]. *Social Cognitive and Affective Neuroscience*, 2010, 5（1）: 39–47.

[81] Redlich, R., Grotegerd, D., Opel, N., et al. Are you gonna leave me? Separation anxiety is associated with increased amygdala responsiveness and volume [J]. *Social Cognitive and Affective Neuroscience*, 2015, 10（2）: 278–284.

[82] Relph, E. Place and Placelessness [M]. London: Pion Limited, 1976.

[83] Routh, D. & Burgoyne, C. Being in two minds about a single currency: A UK perspective on the euro [J]. *Journal of Economic Psychology*, 1998, 19（6）: 741–754.

[84] Scannell, L. & Gillord, R. Defining place attachment: A tripartite organizing framework [J]. *Journal of Environmental Psychology*, 2010, 30（1）: 1–10.

[85] Shaver, P. R., Hazan, C. & Bradshaw, D. Love as attachment: The integration of three behavioral systems [M]// R. J. Sternberg & M. Barnes（Eds.）. *The Psychology of Love*. New Haven, CT: Yale University Press, 1988.

[86] Shaver, P. R. & Hazan, C. Adult romantic attachment: Theory and evidence [M]// D. Perlman & W. H. Jones（Eds.）. *Advances in Personal Relationships*（*Vol.4*）. London: Jessica Kingsley, 1993.

[87] Shaver, P. R. & Clark, C. L. The psychodynamics of adult romantic attachment [M]// J.M. Masling & R. F. Bornstein（Eds.）. *Empirical Perspectives on Object Relations Theory*. Washington, DC: American Psychological Association, 1994.

[88] Shaver, P. R. & Mikulincer, M. Attachment styles [M]// Mark R. Leary & Rick H. Hoyle（Eds.）. *Handbook of Individual Differences in Social Behavior*. New York: Guilford Press, 2009.

[89] Slough, N. M. & Greenberg, M. T. Five-year-olds' representations of separation from parents: Responses from the perspective of self and other [J]. *New Directions in Child and Adolescent Development*, 1990, 1990 (48): 67–84.

[90] Shumaker, S. A. & Taylor, R. B. Toward a clarification of people place relationships: A model of attachment to place [M]// N. R. Feimer and E. S. Geller (Eds.). *Environmental Psychology: Directions and Perspectives*. New York: Praeger, 1983.

[91] Smith, E. R. & Henry, S. An in-group becomes part of the self: Response time evidence [J]. *Personality and Social Psychology Bulletin*, 1996, 22 (6): 635–642.

[92] Smith, E. R., Murphy, J. & Coats, S. Attachment to groups: Theory and measurement [J]. *Journal of Personality and Social Psychology*, 1999, 77 (1): 94–110.

[93] Strathearn, L., Fonagy, P., Amico, J., et al. Adult attachment predicts maternal brain and oxytocin response to infant cues [J]. *Neuropsychopharmacology*, 2009, 34 (13): 2655–2666.

[94] Takiguchi, S., Fujisawa, T. X., Mizushima, S., et al. Ventral striatum dysfunction in children and adolescents with reactive attachment disorder: Functional MRI study [J]. *British Journal of Psychiatry*, 2015, 1 (2): 121.

[95] Trafimow, D., Triandis, H. C. & Goto, S. G. Some tests of the distinction between the private self and the collective self [J]. *Journal of Personality and Social Psychology*, 1991, 60 (5): 649–655.

[96] Tuan, Y. F. *Topophilia: A Study of Environmental Perception Attitudes and Values* [M]. Englewood Cliffs, NJ: Prentice-Hall Inc, 1974.

[97] Van IJzendoom, M. H. Adult attachment representations, parental responsiveness, and infant attachment: A meta-analysis on the predictive validity of the Adult Attachment Interview [J]. *Psychological Bulletin*, 1995, 177 (3): 387–403.

[98] Verkuyten, M. & Pouliasi, K. Biculturalism and group identification: The mediating role of identification in cultural frame switching [J]. *Journal of Cross-Cultural Psychology*, 2006, 37 (3): 312–326.

[99] Vrticka, P., Andersson, F., Grandjean, D., et al. Individual attachment style modulates human amygdala and striatum activation during social appraisal [J]. *Plos One*, 2008, 3 (8): e2868.

[100] Vrticka, P., Sander, D., Anderson, B., et al. Social feedback processing

from early to late adolescence: Influence of age, sex and attachment style [J]. *Brain and Behavior*, 2015, 4 (5): 703–720.

[101] Waters, H. S. & Waters, E. The attachment working models concept: Among other things, We build script-like representations of secure base experiences [J]. *Attachment and Human Development*, 2006, 8 (3): 185–197.

[102] Walsh, B. J. & Middleton, J. R. *The Transforming Vision: Shaping a Christian World View* [M]. Downers Grove, IL: Inter-Varsity Press, 1984.

[103] Weiss, R. S. Attachment in adult life [C] // C. M. Parkes & J. Stevenson-Hinde (Eds.). *The Place of Attachment in Human Behavior*. New York: Basic Books, 1982.

[104] Wester-Herber, M. Underlying concerns in land-use conflicts: The role of place identity in risk perception [J]. *Environmental Science and Policy*, 2004, 7 (2): 109–116.

[105] Williams, D. R. & Roggenbuck, J. W. Measuring place attachment: Some preliminary results [C] // *Proceedings of NRPA Symposium on Leisure Research*. San Antonio, TX, 1989.

[106] Williams, D. R. & Vaske, J. J. The measurement of place attachment: Validity and generalizability of a psychometric approach [J]. *Forest Science*, 2003, 49 (6): 830–840.

[107] Wong, R. Y.-M. & Hong, Y. Dynamic influences of culture on co-operation in the prisoner's dilemma [J]. *Psychological Science*, 2005, 16 (6): 429–434

[108] Yap, W. J., Christopoulos, G. I. & Hong, Y. Physiological responses associated with cultural attachment [J]. *Behavior Brain Research*, 2017, 325 (Part B): 214–222.

[109] Yap, W. J., Cheon, B., Hong, Y. Y., et al. Cultural attachment: From behavior to computational neuroscience [J]. *Frontiers in Human Neuroscience*, 2019, 13: 209–226.

第二章

语言与文化依恋关系的理论分析

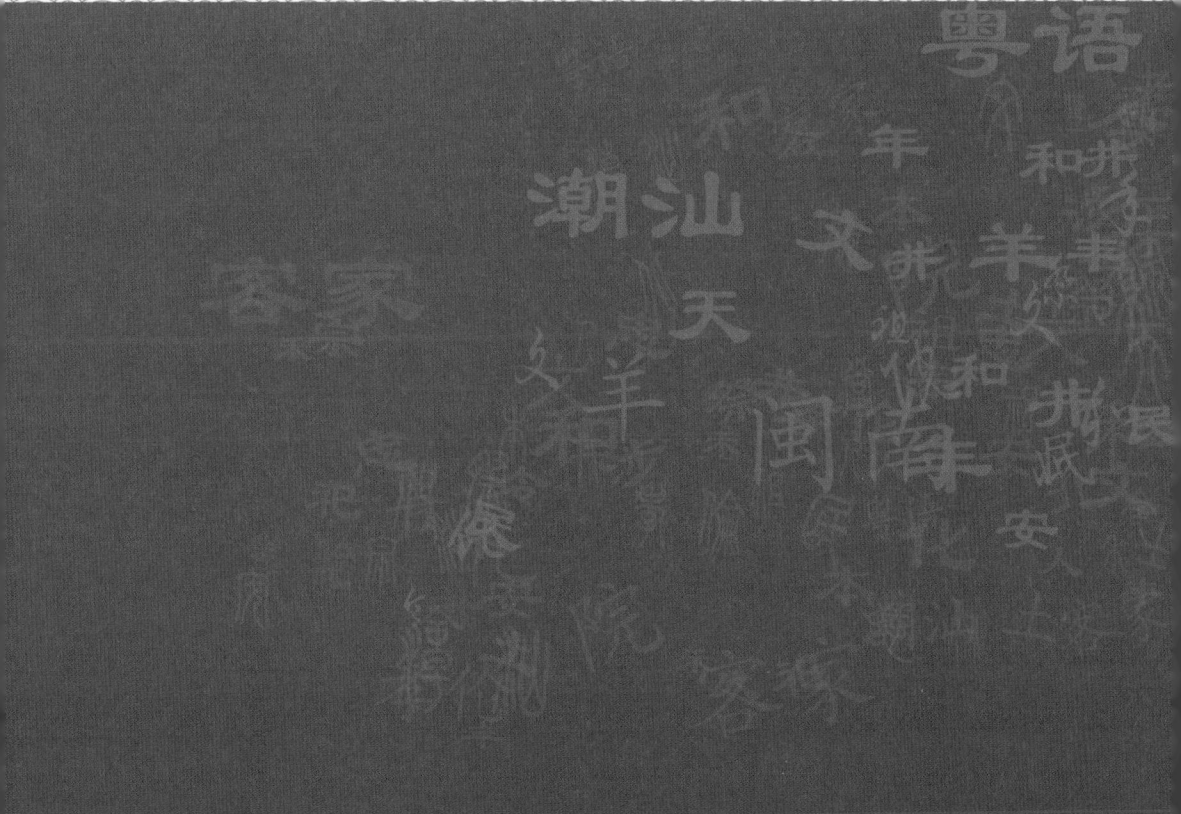

语言与文化的关系是语言学研究的重要问题。尽管对语言与文化关系密切存有共识，研究者并不满足于如此简洁却又略显含糊的描述。他们需要深入了解语言与文化如何相互作用，并为此展开了一系列富有启发意义的探讨。例如，国外学者洪堡特分析了语言形式对表现为思维的族群文化精神力量的影响；萨丕尔和沃尔夫对此进行了拓展，提出了萨丕尔 – 沃尔夫假说（Sapir-Whorf Hypothesis），并进一步讨论了语言与种族和文化的关系。国内学者邢福义（1990）编著《文化语言学》，从互动的角度考察语言与文化的相互影响；于屏方和杜家利（2023）编著《汉语语言与文化》，从汉语的角度讨论语言与文化的联动关系。对于语言与文化的关系，前贤多从认知的角度进行分析，而较少从情感的角度展开探讨。文化依恋理论（Cultural Attachment Theory）强调个体与文化的情感联结。在个体与文化的情感联结中，语言的作用如何尚不明晰。换言之，在情感层面，语言与文化的关系有待挖掘。

第一节　语言的情感与认同

一、语言的情感功能与实现

语言是一套音义结合的符号系统。作为人类最重要的交际工具，语言是人们进行沟通的主要表达方式。对于语言的认识，当前学界主要存在以下观点：①建立在结构主义语言学基础上的符号学的理解，语言是一个人们用来交流思想的符号系统；②建立在语言人类学基础上的文化模式的理解，不同语言是不同文化模式的体现；③建立在社会语言学理论上的社会语境的理解，语言是一定层次的社会语境的一个标识，标志着一种相对通畅的语言交流状况，而无局限的言语互通状况根本不存在（徐大明，2018）。

从社会交往的角度来看，语言最为直观的功能就是表情达意——传递信息，表达与交流情感。语言的情感功能主要通过语义信息与说话方式来实现。语义信息是指言说者要表达的内容，如自己的心情、印象等；说话方式是指言说者表达的方式，如语音的状况、词汇的选择、修辞的应用等。其中，语音的超音段特征变化是传递言说者态度与情感的重要手段。语言学、心理学等领域的研究者就如何通过语音特征来表达或感知情感信息展开了一系列研究。

（一）情感类别的声学关联

情感语音的研究首先集中关注不同情感的声学区别性特征，而在寻找声学特征差异前需要先明确情感的分类。人类情感是在大量情绪体验的基础上形成和发展起来的，又通过情绪表达出来。对情绪区分的实证研究始于达尔文，他从进化的角度对比了动物与人类的表情，并提出了一些情绪类型（Darwin，1872）。随后有研究表明，人与动物均具有快乐、恐惧、愤怒、悲伤、惊讶与厌恶六种基本情绪（Ekman，1999）。这些基本情绪是普遍的，具有跨文化一致性（Wang et al.，2006）。除了基本情绪，人类还有复合情绪（彭聃龄，2019）。复合情绪是由两种或两种以上的基本情绪组合而成，并依赖于个体的认知成分，是多种情绪及认知组合而成的复合体。由于情绪具有复杂性和抽象性，心理学界对情绪区分存在维度观（Dimensional Theory）和离散观（Discrete Category Theory）两种观点。维度观认为情绪可分解为不同的情感维度，如三维度模型（Pleasure-Arousal-Dominance）中情绪空间包括唤醒度（Arousal）、效价（Value）、支配度（Dominance）（Mehrabian & Russell，1974）；离散观认为情绪状态映射出一组基本情绪范畴（Hamann，2012）。

情感语音研究最初从基本情绪切入。Skinner（1935）分析了快乐与悲伤两种情绪状态下的语音，发现不同情绪状态下的基频存在差异，快乐状态下的基频比悲伤状态下的基频高。随后有研究者提出，基频曲拱的变化对感知语音中的情感贡献度最大（Williams & Kenneth，1972），亦有研究者认为基频包络（F_0 Contour）是区分快乐、恐惧、愤怒、悲伤与厌恶五种基本情绪的最重要参数（Murray & John，1993）。然而，有研究者提出，即使不存在基频变化的耳语（声带不振动），也能通过时长来传达不同的情感（Knower，1941）。除了基频、时长等韵律特征，也有研究者探讨了嗓音音质特征对情感语音的影响。其通过合成语音的感知实验检验了音质对情感语音感知的重要性，并指出某一种音质倾向于与某一类情感语音相关（Gobl & Ailbhe，2003）。

进一步地，情感唤醒度与声学线索关联的研究结果比较一致。Laukka 等（2005）总结了高唤醒度情绪语音的一些声学特征：有较高的平均基频与基频变化大（Breitenstein et al.，2001；Pereira，2000；Schröder et al.，2001），语速快（Apple et al.，1979；Breitenstein et al.，2001；Kehrein，2002），停顿少与音强大（Schröder et al.，2001），高频能量较高（Pittam et al.，1990；Scherer et al.，1977；Schröder et al.，2001），声门关闭得更快（Johnstone & Scherer，1999）。对于情感效价的声学关联，已有研究的结果并不一致。有研究发现积极情感有较低的平均基频，语速快，基频变化大（Scherer et al.，1977），消极情感的停顿较长及音强较大（Schröder et al.，2001）。然而，这些声学特征并没有在其他研究中出现（Apple et al.，1979；Pereira，2000）。

尽管学者就不同情感表达的声学特征进行了探索与归纳（Scherer，1986；

Murray & John，1993；Johnstone & Scherer，2000；Juslin & Petri，2003），但情绪的复杂性叠加语音声学特征的丰富性与灵活性，使得情感类别的声学关联仍存争议。

此外，情感语音的声学特征有必要考虑语言文化背景的影响。例如，汉语是声调语言，字调与语调的混合增加了汉语中情感语音研究的复杂性。赵元任（1929）依据音高、时长、强度、音质将汉语语调分为 40 种，前 27 种依据音高和时长划分，后 13 种依据强度和音质划分，并分析了不同的口气语调和表情语调在音高和时长上的变化。在此基础上，沈炯（1994、1998）基于音域的高低宽窄对汉语语调进行归类：窄低调域表示内心不满、真挚的同情、拒绝等；窄中调域表示试探、安慰、犹豫、亲昵等；窄高调域表示告警、求助、惊慌等；宽带语调表示愤怒、威胁、惊讶、欢快等。杨洁和孔江平（2021）在感知测试的基础上，从爱、憎、喜、悲、惧、急、怒、中性 8 种情感表达的语篇中提取了基频、振幅、开商、速度商、共振峰、时长、声区、音质 8 个参数，通过对每个参数的聚类分析总结了不同情感的声学区别性特征。

（二）情感语音感知的早期发展

面对如此复杂的情感语音，如果说成人可以依赖经验捕捉声学特征进而实现情绪感知，那么婴幼儿能否通过语音来感知说话者的情绪？人类的听觉系统在胎儿期已发育形成（Moore & Linthicum，2007；Ferronato et al.，2014），在出生后的几天内，新生儿就表现出对声音刺激的频率、响度、时长等特征的敏感性（Minagawa-Kawai et al.，2011；Arimitsu et al.，2011）。有研究发现，新生儿（出生后 0—28 天的婴儿）听到快乐的语音会比听到生气、悲伤和中性情绪的语音产生更多的睁眼反应（Mastropieri & Turkewitz，1999）。随后有研究者采用脑电技术发现，出生后 0—5 天的新生儿听到快乐与恐惧的语音会产生不同的脑电反应（Cheng et al.，2012），新生儿对正性情绪（快乐）语音与负性情绪（愤怒、恐惧）语音会产生不同的脑电波（张丹丹等，2019）。

人类情绪相关脑区的核心结构（杏仁核、眶额叶、颞上回）在出生时已经产生，在神经指标上能区分正性情绪（快乐）与负性情绪（愤怒、恐惧）。但这种辨别只是神经层面，且相当粗略，如新生儿并不能区分同属于负性情绪的愤怒与恐惧（张丹丹等，2019），直到出生后 5—7 个月，婴儿大脑进化形成的神经准备（Neural Preparation）在社会刺激下开始知觉窄化（Perceptual Narrowing），即大脑的突触间联系增强且突触数量减少（Leppanen & Nelson，2009）。换言之，婴儿的神经网络对频繁出现的刺激的加工能力不断增强，对很少出现的刺激逐渐丧失反应。在神经网络功能特异化的基础上，婴儿开始能够稳健地辨别面孔或语音的情绪，并只对特定的社会刺激敏感。在此期间，婴儿形成对母亲的依恋，产生陌生人焦虑（Leppanen & Nelson，2010）。

（三）母语与外语的情感功能

随着国际交流愈加密切，双语者不断增多。双语者是指使用两种语言的人（Grosjean，1982）。双语者的一个重要特点是，他们可以交替使用所掌握的语言。双语者所掌握的两种语言，从不同的角度观察有不同的称呼。根据习得顺序，两种语言可以分别称为第一语言（First Language）和第二语言（Second Language）。从族群的角度看，两种语言可以分别称为母语（Mother Tongue 或 Native Language）和外语（Foreign Language），前者是本族的语言，后者是他族的语言。

100 多年前，弗洛伊德（1893）已经注意到双语来访者倾向于使用外语来表达淫秽的词汇。当双语者想要表达强烈的情感时，更倾向于使用母语。一项研究显示，1 039 名双语者在回答"如果你骂人的话，通常会使用哪种语言？"这一问题时，更多地选择母语，因为他们认为母语更能够表达愤怒情绪（Dewaele，2004）。与之相对应的是，双语者对母语表达情感的感知更强。一项研究让 1 495 名双语者对短语"我爱你"的情感强度进行评定，结果发现大部分双语者认为用母语表达比用外语表达带来更强的情感激活（Dewaele，2011）。大部分研究表明，母语的情感性强于外语（Anooshian & Hertel，1994；Harris et al.，2006a；Segalowitz et al.，2008；Colbeck & Bowers，2012；Costa et al.，2014；陈俊、李佳南，2016）。

需要指出的是，母语的情感性不仅表现在表达与感知层面，还影响了认知加工过程。有研究者发现，用外语思考会降低决策偏差，使个体更加正确地权衡风险利弊，研究者将之称为外语效应（Foreign-Language Effect）。Keysar 等（2012）参照 2002 年诺贝尔经济学奖得主 Tversky 和 Kahneman（1981）的风险决策研究范式，用母语或外语向被试提供问题情境，如经典的亚洲疾病问题（Asian Disease Problem）。该问题以收益或损失框架呈现给两组被试（收益框架下的材料为：选择 A 药物，200 000 人会被治愈；选择 B 药物，33.3% 的概率 600 000 人都能被治愈，66.6% 的概率没有人能被治愈。损失框架下的材料为：选择 A 药物，400 000 人会死亡；选择 B 药物，33.3% 的概率没人会死亡，66.6% 的概率 600 000 人都会死亡）。表述的框架虽然不一，但所表达的逻辑意义是一致的。一般来说，被试的回答会表现出明显的框架效应（Framing Effect），即人们在收益框架下表现出风险规避倾向（更倾向选择 A 药物），在损失框架下表现出风险寻求倾向（更倾向选择 B 药物）（Tversky & Kahneman，

1981）。然而，语言影响了框架效应，对于双语被试来说，框架效应只出现在以母语呈现材料时，当材料以外语呈现时，其选择几乎不受框架效应的影响（Keysar et al.，2012）。

外语效应主要出现在非平衡双语者中。非平衡双语者是指双语者两种语言水平不平衡，外语水平远远落后于母语水平。一般来说，非平衡双语者的外语运用具有反应速度慢、流畅度低、认知负荷大和情感融入度低等特点（Costa et al.，2019）。但是，非平衡双语者运用外语认知时往往表现出母语认知难以体现的优势，例如，风险评估会更为理性（Keysar et al.，2012），两难抉择更为实用（Costa et al.，2014），因果关联更为科学（Diaz-Lago & Matute，2019），自我评价更为客观（Ivaz et al.，2019）。

基于双加工理论（Dual Process Theory），研究者主要从控制加工假设（Controlled-Processing Hypothesis）与自动加工假设（Automatic-Processing Hypothesis）两个方向来解释外语效应的产生（Geipel et al.，2015）。控制加工假设认为，外语效应的形成是外语阅读条件下人们对社会事件的控制性审慎加工被提升的结果，其作用机制在于人们使用外语时需要投入更多的认知资源或者加大了心理距离，且这一过程不包含自动加工过程，也称为审慎加工被增强的解释观（高园园，2017）。该观点认为外语效应源于语言的具身性，不同语言由于习得过程存在差异，会产生不同程度的具身性。对于双语者来说，由于两种语言具身性不同，外语所包含的情绪性信息要少于母语，使用外语进行决策判断时所伴随的情绪共鸣会减弱，从而促进分析式加工的增强（张诗容、胡平，2017）。换言之，相比母语的具身性，外语的具身性要更弱。因此，人们阅读外语材料时，会投入更多认知资源对事件进行深思熟虑的理性分析，从而产生了外语效应。

自动加工假设认为，外语效应的形成是外语阅读条件下人们对社会事件自动化情绪加工被弱化的结果，其作用机制在于外语导致某种自动的直觉反应发生变化，且这一过程不包含控制加工过程，也称为直觉加工被弱化的解释观（高园园，2017）。

不管是控制加工假设还是自动加工假设，对于在非平衡双语者认知加工中出现的外语效应的解释都涉及了情感因素。进一步研究发现，即便是高水平双语者，也会出现外语效应。研究者以从小学习两种语言（两种语言的起始习得年龄均为1岁以内）的英汉平衡（双语自评均在90分以上）双语者为被试，让其在不同语言条件下进行道德判断任务，结果发现，其对英语和汉语的运用均存在外语效应，而当英语或汉语被认为是非主导语言时，该语言的外语效应明显增强（Wong & Ng，2018）。由此说明，外语效应受心理距离的影响。

简而言之，母语的情感可以通过母语的文字符号或语音传达，在外语的对照下，这种情感通过影响认知加工途径产生了外语效应。

二、语言的认同功能

当代语言学最重要的进展之一是认识到语言不仅有交际功能和思维功能，还有认同功能、象征功能和文化功能（李宇明，2018；孙宏开，2017；董秀芳，2016；Shearer & Sun，2017）。随着语言观的更新，人们逐渐认识到语言还有安全、政治、经济等功能（赵世举，2015；赵蓉晖，2017）。在语言的诸多功能当中，认同功能与其他功能多有牵连，因而语言认同研究特别重要，也是当前语言研究的热点。

（一）语言认同

汉语"认同"可拆分为动词"认"与宾语"同"。在《说文解字》中，"认"的本义为认识、辨明，"同"的本义为"合会也"，引申为"相同，一样"。"认同"一词在《辞海》的解释为"承认同一"或"共同认可；一致承认"。英文单词"Identity（认同）"源自拉丁文词语"Idem"，本义为"同一性"。"Identity"一词在《牛津高阶英汉双语词典》有 3 个义项：表示身份（本身，本体）；表示特征（特有的感觉）；表示同一性（相同，一致）。认同反映的是存在自身的特性，该特性往往在两者（主体 – 客体）之间显现。结合"认同"一词在汉英两种语言中的释义，有学者提出，英语语境下的"认同"强调身份，而汉语语境下的"认同"强调情感（姚欣，2020）。虽然着眼点略有不同，但两种语境中的"认同"都属于心理现象，并由于客体常为社会存在（如国家认同）而成为社会关切。

对于个体而言，语言作为人类社会的产物，也是客体存在，由此产生语言认同。语言认同是个体和语言系统间同一性关系的体现，表现为个体的自我与语言功能之间的同一。具体来说，语言认同是人们基于自我认知、情感、需求等意识与具有特定功能的语言达成同一（张先亮、李妙文，2023）。由此可知，语言认同是个体对自身语言态度与语言身份的承认，包括语言认识、语言态度、语言行为和语言身份归属感四个基本要素。

语言认同的动力源自个体内在驱力。驱动力差异使语言认同表现出不同的内涵，语言认同的内驱力主要包括价值认同驱动、情感认同驱动和身份认同驱动（张先亮、李妙文，2023）。

价值驱动的语言认同，更为看重语言的实用性与社会地位。根据文化资本理论（Bourdieu，1989），语言具有文化资本属性特征。语言资本是自然资源、社会资本、文化资本、经济资本的综合体，通过人力资本综合体现，展现其经济价值（安丰存、赵磊，2021）。其中，人们熟知的语言教育与播音、书法之类的语言文化产品是语言经济资本与文化资本的体现。而语言的社会资本则表现为社会地位，语言的社会地位主要通过社会制度构造。例如，虽然泰国宪法没有明确标明泰语为官方语言，但是官方文件、教学语言、媒体、精英阶层及王室成员均使用泰语以显示官方语言的国家地位（伍丽梅、张积家，2024）。此外，语言的生产力体现于掌握某种或多种语言的个体可以得到更多的交际可能，具有更强的竞争力并更容易获得更好的工作（Lazear，1999），由此可知，语言可被视为一种人力资本（Breton，1998；Pendakur & Pendakur，1998）。王远新（2009）调查了我国青海同仁县土族的语言认同状况，结果发现，相对于族内交际语（吾屯话或保安语），当地土族更认同藏语。这是因为藏语作为当地的优势语言，是宗教和学校教育用语，社会文化功能强大。

情感驱动的语言认同是人们基于对语言的情感而产生的认同。情感的认同建基于原生或后天形成的情感交互。正如前文所述，母语更具情感性。直觉上，个体从一出生就时刻处在母语环境中，自然而然地对母语产生深厚的情感。而童年早期经验对记忆系统的塑造作用得到了认知神经科学的支持（Nelson，2000）。人们对母语的特殊情感具体表现为：有强烈的用母语来表达思想感情的"表现欲"；有希望子孙后代掌握与自己同样的母语的"传承欲"；在异国他乡时对母语有强烈的"乡音情"（纪秀生，2016）。这种情感驱动的认同一旦形成，满足的情绪体验会成为人们学习和使用语言的动力，进而形成语言忠诚。双语者在自陈任务中可能出于语言认同或语言忠诚而将母语描述得更具情感表达性（Degner et al.，2012）。

身份认同驱动的语言认同是对语言所标志的族群身份的认同。民族认同的最直接体现就是语言认同（王悦等，2016）。散居于世界各地的犹太民族保持着以希伯来语为核心的民族语言，以此作为维系民族认同感的重要途径。客家人世代恪守"宁卖祖宗田，不忘祖宗言"的祖训，在不断南迁中不忘自己的语言。客家话保持了中原古汉语的主体成分，提示客家人的"根"在中原（郑秋晨，2016）。

（二）语言认同功能的实现

语言认同的对象是语言，而语言的认同功能是通过语言实现对其他对象的认同，如族群认同、国家认同。尽管语言认同与通过语言实现的认同有着密切关系，但语言认同不同于语言的认同功能。

语言的认同功能被提出后，有关语言与国家认同、民族（族群）认同、地域认同、文化认同等研究范式越来越多（高一虹等，2008；连谊慧，2016）。在对相关研究进行梳理前，有必要明确国家认同、民族（族群）认同与文化认同的关系，这是因为，国家认同、民族（族群）认同与文化认同均是语言认同功能实现的目标，只有清楚不同目标之间的关系，才能把握相关研究的重点。

现代社会中的国家往往由多个民族组成。民族是具有共同特征的群体，共同的文化渊源是民族的基础（周大鸣，1997）。民族成员以"文化"为中介形成了他们与世界的主客体关系，民族文化认同是民族成员身份识别的重要依据（詹小美、王仕民，2013）。当民族生活在特定的国家政治生活的框架内，其文化就必然与这种政治框架相适应，因此，其文化认同就浸染了国家认同的成分。这种文化归属的共同性，使得不同民族相互认同，实现民族与整体的国家形式的共同体相嵌合（韩震，2010）。因此，多民族国家为保持民族团结和国家统一，普遍重视国家认同的教育（爱国主义教育），同时，使民族认同的文化因素与国家认同的文化因素尽可能多地交叠，强化人们的国家认同，即以文化认同作为国家认同与民族认同的中介形式，增大文化认同与国家认同交叠和文化认同与民族认同交叠的重合部分，以促进国家认同。由此可知，有关语言认同功能实现的目标，国家认同放在首位。

目前，语言与国家认同的讨论主要集中在两个方面：一是论述语言在国家认同中的地位和作用。其中存在不同的观察角度和表述。例如，"共同的语言、政治仪式、文化符号等等，是保障国家认同的重要构成性因素"（韩震，2010）；"推广国家通用语言文字，保证信息畅通，促进国家认同，这是国家根本利益所在"（李宇明，2012）；"对一个多民族国家来说，一种最能够代表该国家的共同历史文化的共同语言的推广与传承对维系该国的历史、传统文化以及国家认同也具有至关重要的作用"（孟艳丽、李彦冰，2017）；"语言安全关乎国家认同、民族认同和文化认同，语言存亡关乎国家存亡"（陈敏，2018），等等。这些共识也引起人们从语言安全、语言信息、语言文化等更深的层面来思考语言与国家认同的关系。

二是阐释语言政策构建国家认同。多是以其他国家语言政策为例进行说明。例如，俄罗斯过去的语言政策失误带来的国家认同危机（田鹏，2013；董晓波、胡波，2018）；俄罗斯2005年颁布《俄罗斯联邦国家语言法》，借助调整语言政策来提升公民的国家认同感（李迎迎，2016）；中亚各国语言政策中的国家认同考量（董天美，2019，吕超、李臣英，2020）；巴基斯坦、苏丹等地区语言问题导致的民族分裂（赵蓉晖，2015）；东南亚国家的语言政策与国家认同（赵燕，2013），等等。也有一些研究涉及民族地区（张时空、陶迪，2023）、港台地区的国家认同（李楚成、梁慧敏，2020；徐真华，2022）。

国外的语言与国家认同研究成果集中体现在一些论文集上。例如，John 在 2004 年出版的《语言与认同：国家、种族与宗教》第五章专门讨论国家认同中的语言问题，梳理了不同学者的代表性观点，比较了世界五大洲不同国家的国家语言认同建构情况。

综上，面向国家认同的语言认同功能的实现问题相关研究，已经取得一些成果。而关于如何充分利用语言发挥文化认同的中介作用，增大民族认同的文化因素与国家认同的文化因素的重合部分，以促进国家认同，尚待探讨。

第二节　文化依恋的情感

文化依恋强调文化与个体的情感联结，实验研究表明抽象的文化符号可以像传统依恋对象那样为个体提供"安全港湾"，说明了文化依恋的存在与作用。然而，对于文化依恋这一新兴理论，相关研究还处于初始阶段，一些基本概念或基本假设亟须深入研究。

一、安全基地图式的情感功能及其检验

（一）安全基地图式的情感功能的理论分析

安全基地图式是依恋理论的关键概念。个体与能及时施以援手的支持性依恋对象的交互内化为安全型依恋的内部工作模型，促进安全感的形成。安全感实质上是一种预期，即个体认为遇到困境时可以寻求并得到依恋对象的帮助（Waters et al.，1998）。这也是安全基地图式的原型。换言之，安全基地图式包括了程序性知识：如果碰到困难或感到痛苦就找依恋对象，依恋对象是可得的且能提供帮助，接近依恋对象能缓解痛苦并回到舒服的状态，由此恢复力量继续前行。

作为组织经验的心理结构，安全基地图式包括了认知、行为和情感成分。认知成分包括对他人的期待（如，依恋对象会为我提供帮助）；行为成分主要指在压力触发程序性知识中的条件项后就近激活的操作项（如，如果遇到困难，我就寻求依恋对象的帮助）与痛苦缓解后无关依恋的行为（如，我重返工作）；情感成分包括预期的积极情感（如，依恋对象给我带来安慰）。从根本上说，安全基地图式是对自我、他人及彼此关系的表征。类似于其他认知－情感图式，安全基地图式不是冰冷的，而是有温度的。基于关系图式引导情绪反应的观点（Holmes，2000）与关系图式的适当模型必须涵盖记忆、目标和情感的关联的假

设（Baldwin，1992），安全基地图式在语义记忆网络中与情感节点紧密相连。

由此可推，安全基地图式充满积极情感。而安全基地图式往往在以下情况下激活：依恋系统的目标实现时（如，面临压力时保持接近依恋对象）或关系恢复时（如，分离一段时间后重新亲近依恋对象）。这些情况也会产生积极情感。此外，在安全基地图式中，对依恋对象的表征包括了其他积极情感（如善良、爱、温暖），且预期的积极情感是交互模式表征的组成部分（如，保持接近依恋对象以缓解紧张）。这种预期的情感可能源自亲密接触依恋对象后痛苦缓解的经验。

（二）安全基地图式的情感功能的实证检验

理论上，安全基地图式具有积极情感。实证上，一些研究从依恋类型角度考察了安全基地图式与情感的关系。作为关系结构，安全基地图式基于回避与焦虑两个维度来组织相关经验（Brennan et al.，1998）。前者反映个体不信任他人的善意并努力与依恋对象保持情感距离；后者反映个体担心在有需要时依恋对象不可及，或即使可及也提供不了帮助。个体在这两个维度评分低时被归类为安全型依恋，即个体认为在有需要时依恋对象总能给予支持（Bartholomew & Horowitz，1991）。有研究表明，安全型依恋与积极情感相关。自我报告为安全型依恋与心理健康得分存在正相关。这种相关不仅出现在自然情境的社区样本中，也出现在实验室情境中（Mikulincer & Florian，1998）。此外，自我报告为安全型依恋与高水平愉悦度（Magai et al. 1995；Simpson，1990）、低水平失望（Kobak et al.，1993；Roberts et al.，1996）、低水平焦虑感（Kobak & Sceery，1988；Mikulincer et al.，1993）、低水平敌意（Kobak & Sceery，1988；Mikulincer，1998）、低水平孤独感（Hazan & Shaver，1987；Kobak & Sceery，1988）相关。研究发现，自我报告安全型依恋与压力情境中更低的生理唤起有关（Feeny & Kirkpatrick，1996）。安全型依恋个体不会被消极情感击垮，而不安全型依恋个体会感到自己被消极情感吞噬或远离情感丰富的事物（Fraley et al.，2000；Fraley & Shaver，1997、1998；Mikulincer & Orbach，1995）。在遭遇压力的情况下，自我报告为安全型依恋与更多的积极情感相关（Mikulincer & Florian，1998）。

尽管安全型依恋与积极情感存在正相关，但并不意味着安全基地图式具有情感成分。一方面，上述相关研究只是表明安全基地图式与积极情感是有关联的，但无法说明安全基地图式激活带来积极情感，而相关研究也难以排除第三因素存在的可能性。另一方面，要检验安全基地图式具有积极情感，从逻辑上说，要先激活安全基地图式再看情感变化，而自我报告依恋类型不一定涉及安全基地图式的即时激活，那么积极情感也可能不是安全基地图式活动所引发的。

因此，研究者尝试以实验方法采用启动范式来考察安全基地图式的情感功能。已有研究发现，重要的支持者名字的阈下呈现带来了更积极的自我评估（Baldwin，1994）。在压力情境下，描述支持者特点词语（如，关心、帮助、爱）的阈下呈现（33 ms）与随后的自我报告情绪相关（Pierce & Lydon，1998）。类似地，与积极情感和中性控制条件相比，通过阈下呈现安全基地图式相关词语引导对安全基地的想象，启动安全基地图式，能够减少个体对外群体的负面评价（Mikulincer & Shaver，2001）。需要指出的是，上述研究发现的效应与依恋类型无关。

上述研究使用自陈方式来表现内部情感状态，而自我报告可能会受意识审核或动机影响，因此这些自我报告的积极情感可能与真正的潜意识情感无关。鉴于潜意识情感能在个体意识之外影响其意识和行为（Zajonc，1984；Wyer & Calvini，2011），情感影响心理加工的程度可以作为情感激活的测量指标（Murphy et al.，1995，Murphy & Zajonc，1993）。因此，研究者以中性刺激评价取代情感的自我报告来评估情绪状态。

研究者设计了以下实验范式来考察安全基地图式的情感成分：首先，呈现图片以启动安全基地图式，所用图片一般包括依恋相关图片（如，母亲注视着孩子）和中性图片（如简单几何图形）；然后，让被试评价中性目标刺激（如汉语字符）。该实验范式的理论依据主要是记忆网络的激活扩散原则（Anderson，1994），如果网络中的两个节点联系紧密（或是距离近，或是联结强），那么其中一个节点的激活会自动扩散到另一个相关节点，由此提升相关节点的通达性。因此，启动积极情感表征会自动提高该情感的通达性并体现在评价倾向上。依恋相关图片代表安全基地图式，其呈现能激活个体内在安全基地图式表征，如果安全基地图式带有情感，那么其激活会自动扩散到与之紧密相连的积极情感节点，积极情感节点的激活带来的积极情绪会影响随后的评估任务，表现为对中性刺激的评估提升。需要说明的是，依恋相关图片的呈现包括阈下和阈上两种。其中，阈下启动刺激呈现时间一般不会超过 50 ms（马利军、张积家，2011）。大部分研究采用阈下启动方式，以减少意识层面的影响。已有研究表明，情绪刺激可以得到快速及自动化的加工（LeDoux，1996；Sebastiani et al.，2011），这种加工可以在被试毫无意识的情况下发生（Dolan，2003；Panksepp，2010；Wang et al.，2012）。此外，研究者往往在启动前通过词语（如，带来压力的词语"失败"或中性词语"帽子"）、任务或图片来营造压力情境和中性情境。这样操作既可以对比不同情境下安全基地图式激活带来的积极情感差异，也可以对比压力情境下不同类型启动（依恋启动或与依恋无关的积极启动）带来的情感差异。

上述实验程序可以产生以下实验预期：如果安全基地图式具有积极情感，不论是中性情境还是压力情境，都能带来对中性目标刺激更为正向的评价；相对于安全基地图式，与依恋无关的积极表征在压力情境下不能带来积极评价。

Mikulincer 等（2001）采用上述范式考察了安全基地图式的情感成分，结果发现，在中性和压力情境下，相对于中性图片（如多边形）或与依恋无关的积极图片（如一箱金子），通过阈下呈现依恋相关图片（如，母亲注视着孩子的毕加索名画）潜意识启动安全基础表征，不懂汉语的英语被试对中性刺激（如汉语字符）产生了更积极的评价；而与依恋无关的积极表征的阈下启动只是在中性情境下提高了被试对汉字中性刺激的积极评价。周爱保等（2005）以中国大学生为被试考察了不同类型的启动图片（安全基地启动、积极情绪启动、中性启动）对中性刺激喜好程度的影响，结果也发现，安全基地图片启动下被试对中性刺激的评价更加积极。由此说明，安全基地图式的情感成分具有跨文化的相似性。

以上研究所激活的安全基地图式建基于直接而具体的人际交往（如亲子、恋人）。文化依恋研究采用文化符号启动安全基地图式，如用新加坡鱼尾狮雕像图片或印度尼西亚鹰航空公司标志图片分别启动基于东道主文化和母体文化的安全基地图式，结果也是相似的，即在观看威胁性词语后，相较于中性图片，留学新加坡的印度尼西亚学生在文化图片启动下提升了对随机几何图形的喜爱度评分（Hong et al., 2013）。

二、文化依恋与文化认同

文化依恋是个体与文化的情感联结。文化认同是个体对所属文化的认可和赞同，由此产生归属意识，进而获得文化自觉的过程（詹小美、王仕民，2013）。文化依恋的概念最初出现在国家认同研究中，文化依恋被描述为个体对所属文化群体的历史或符号（如国旗）产生的自豪感，并被视为文化认同的维度（Routh & Burgoyne，1998）。实质上，认同本身就包含认知、行为、态度与感情依附成分。因此，文化依恋以文化认同为基础。

一方面，文化依恋与文化认同相互联系。实际上，只有个体与某一文化产生关联，并将对该文化的认知整合到自我身份认识中，才会对该文化形成依恋（梁丽等，2019）。个体与所属文化之间的强烈情感联结也会增强其对该文化的知觉和认同（何生海，2021）。

另一方面，文化依恋与文化认同具有本质差异。其一，形成过程存在差异

（李雅宁等，2024）。文化认同的形成过程涉及不同群体间的比较，个体面对他者（异于自身存在的事物）时通过分类比较以维持自我同一性的反应，属于类别化的过程（Hu et al.，2014）。文化依恋的形成过程涉及群体内的互动与合作，属于关系化的过程（Hong et al.，2013）。事实上，在认同过程中，在社会分类和社会比较的基础上，人们在积极自我评价的指导下往往会使所属群体在某些维度上优于外群体，从而获得明确的族群认同（万明钢、王舟，2007）；而安全基地图式的启动降低了个体对外群体的负面评价（Mikulincer & Shaver，2001）。其二，启动要素存在差异。强调同一性的文化认同往往在他者情境中得以体现与加强，而突显情感联结的文化依恋常常在所属文化符号出现的情境中得以体现，并在威胁或压力状态下得以加强。

文化依恋和文化认同的对象都是个体所属文化。需要指出的是，个体所属文化并不一定是唯一的。移民、寄居、杂居等因素带来了个体文化经验的多样性，双文化者甚至多文化者的数量不断增加。双文化者是指那些接触两种文化并已将两种文化加以内化的个体。应该说明的是，双文化者并不能简单等同于双语者。尽管双文化者一般通晓两种语言，但更为重要的是，双文化者适应了两种语言所代表的两种文化，并对两种文化持有积极的态度（张积家，2018）。换言之，双文化者一定是双语者，但双语者不一定是双文化者。

根据文化框架转换理论，文化知识是松散的特定领域的认知结构网络（a loose network of domain-specific cognitive structures），文化知识的频繁运用提高了其在个体长时记忆系统中的易得性（Chronically Accessible），双文化者可以同时拥有两种文化知识网络（Hong et al.，2000）。与此同时，双文化者通过整合两种文化规范形成了两种文化之间的转换能力。双文化认同整合（Bicultural Identity Integration，简称BII）理论认为双文化者从两个维度整合两种文化（Benet-Martínez et al.，2002）：一是文化混合与区分（Cultural Distance/Cultural Blend），即双文化者对两种文化的区别性与重叠性知觉；二是文化冲突与和谐（Cultural Conflict/Cultural Harmony），即双文化者感知到两种文化间兼容、紧张与冲突的程度。

双文化者常常面临着心理适应问题（Berry et al.，2006）。作为文化适应策略，双文化认同整合对个体心理健康和社会适应能力具有调节作用。双文化认同整合水平高的个体，拥有较高的生活满意度和自尊水平，较少有疏离感、焦虑感、孤独感和抑郁症状、文化间人际关系问题，较少感到受文化歧视、文化孤立（Benet-Martínez & Haritatos，2005；Chen et al.，2008；Huynh et al.，2011）。

双文化者的文化依恋呈现多元特征，即双文化者同时依恋两个文化客体，其文化依恋状况受文化间的关系影响。对于少数族群来说，当主流文化与本民族文化边界较小时，个体更可能形成双文化依恋；反之，个体会排斥主流文化，也不容易形成多元的文化依恋（Hong et al.，2006）。一般来说，个体先对母体文化形成依恋，再对东道主文化形成依恋，母体文化的依恋风格可以迁移到东道主文化上，但两者具有相对独立性。即：后形成的东道主文化依恋风格可能不会延续先形成的母体文化风格，这与以人为对象的传统依恋有所不同（Hong et al.，2006）。

第三节　不同理论视角下语言与文化依恋的关系

个体与文化相互作用产生情感联结，而语言是文化的重要载体。身处异乡的漂泊之人听到乡音总是倍感亲切，这是由于语言的物质外壳展现出个体所属的文化群体，羁旅之人通过语言将其和自己归为同一文化群体，产生了情感上的趋近。这是语言与文化依恋关联的例子。理论上，对于语言与文化依恋的关系，至少可以从社会身份、个体发展与认知加工三个角度展开分析。

一、族群意识视角

（一）族群与族群意识

族群（Ethnic Group）是 20 世纪 50 年代出现的概念，最初被用于描述两个群体文化接触的结果，或者小规模群体向更大社会迈进中产生的涵化现象（周大鸣，2001），后来多指在一个较大的文化和社会体系中具有自身文化特质的一种群体（Nathan & Moynihan，1975）。"族群"不等同于"民族"。民族是基于历史、文化、语言、宗教、行为、生物特征而与其他群体有所区别的群体（张积家，2019）。民族更强调政治性，族群更强调文化性（徐杰舜，2002）。个体的族群身份界定比民族身份界定更加自由和灵活。族群可以指民族、民系、部落，或者依照宗教信仰来归类，也可以根据出生地、祖籍地、居住地、工作地或者语言来归类。例如，族群可以是一个民族，亦可包括一个民族中的次级群体，如汉族中的客家人、广府人等。

有关族群形成的理论探讨，目前主要存在原生论与建构论两派。①原生主义族群理论强调族群的原生性，具体包括两方面：一是族群产生的自然性，即族群起源于血缘和种族与生俱来的客观因素；二是族群久远的历史性，即族群在前现代社会就已存在，与现代性没有联系。种族、语言、宗教、习俗、原居地等因素是将族群成员凝聚在一起的"原生纽带"，这些因素赋予族群身份，且一旦赋予很难改变。②建构主义族群理论强调族群的建构性，否认族群的原生性。该理论认为，族群是在共同（族群）历史记忆、共同价值观和共同社会政治认同基础上人为建构的。族群只具有现代性，而不具有久远的历史性。

族群意识（Ethnicity），也称为族群性，是与"族群"概念相对应的心理文化概念。族群意识是个体对所属族群的觉知，即个体在心理上区别"我们"与"他们"，产生"自己人"与"他者"的意识。族群认同的形成始于个体对所属群体与其他群体差异的感知，随之有了对族群的认可以及情感上的归属和依附。族群意识的核心是族群认同。

族群边界理论认为族群存在于与其他族群的互动关系中，从族群互动的角度考察族群的排他性和归属性。巴斯在1969年提出，族群成员通过不同的行为维持自身的文化特征，来限定"我们"、排除"他们"，这种排他性被定义为"边界"（巴斯，2014）。在历史长河中，族群并非固定不变的实体，而是流动的共同体，由此凸显了"边界"的意义：一方面，"边界"是持续存在的；另一方面，"边界"是用以辨别两个或两个以上的"某物"。换言之，"边界"是可建构的，其实质是不同主体的分类实践，在族群互动的情境中，体现为个体对"我们"族群的认同。

有关族群意识的探索，按照理论取向大致可以划分为原生论和工具论两派。①原生论（Primordialist Approach），亦称根基论，主张族群是具有共同世系的产物，强调族群意识的自然性和固定性。该理论认为族群意识主要源自天赋的根基性情感联系。在此基础上，有学者提出族群认同是"亲属认同的一种延伸或隐喻"（庄孔韶，2005）。②工具论（Instrumentalist Approach），也称情境论，主张族群是一种社会、经济和政治现象。作为一种可建构的产物，族群是人类为适应环境、争取最大利益而可以动员调整的工具。该理论强调族群意识的灵活性与实用性，并认为族群认同是在有限资源的竞争中形成，集体利益可以激发族群意识的感召力。

根据社会认同理论，族群认同的实质是群体的自我认同。个体的归属需要驱使其去个性化并进行自我归类，即在社会情境中自动地对人群贴上内、外群体的标签——"我们"和"他们"，通过比较内、外群体的社会地位、名声等（社会比较），获得对所属群体的评价，同时，在积极自我评价的指导下，使所属群体在某些维度上优于外群体，从而获得明确的族群认同。

对于多民族国家的个体成员来说，其族群意识既包括对某个民族次级群体的意识，也包括对该民族的意识，还包括对由该国所有族群组成的共同体的意识。例如，客家人的族群意识包括了客家族群意识、汉族意识、中华民族共同体意识。从客家族群意识到汉族意识再到中华民族共同体意识，其实质是社会再分类过程。个体通过重新分类转变对族群边界的感知，将原本所属的内群体和外群体转变为一个共同的、包摄范围更广的上位群体的概念，即共同内群体（张积家、张姝玥，2024）。

根据费孝通在 1948 年出版的《乡土中国》中提出的差序格局理论，中国传统社会中的人际关系以个人为中心，像水波纹一样向外扩散，亲疏程度随着距离远近而变化。差序格局的影响因素不仅包括血缘关系、姻缘关系、地缘关系等，也包括语言、宗教、生产生活方式、思维方式等（张积家，2018）。由此，有学者提出中国人的群体意识是圈层结构（张积家、冯晓慧，2021）。结合上述例子可知，个体首先产生关于"我"的个体意识；在社会化过程中，个体被赋予族群身份（客家族群）与民族身份（汉族），从而萌生民族意识，基于共同的历史记忆（特别是关于族群起源的记忆）和从亲属关系衍生出来的根基性情感，个体形成了客家族群认同与汉族认同；由于与其他各族人民共同生活在名叫"中国"的国度中，个体具有国籍身份（中国人），通过跨民族交往交流交融或教育引导，基于共同的历史条件、物质基础、精神文化和价值追求，个体逐渐形成中华民族共同体意识。

其中，由于个体在一定的族群文化环境中生活，对该族群的认同自然产生。例如，在客家群体中成长的个体自然地认同客家族群，其与外群体成员接触时很容易感受到自己与他者的区别。基于个体与不同族群的交往交流交融，共同文化与共同追求的建构，模糊了外群体的边界，扩展了所属群体的边界，逐渐形成个体对不同族群组成的共同体的认同。由于个体不一定具有跨族群交往的经验，共同体的认同往往需要加以教育引导等外在手段才能实现。因此，相对于客家族群认同的自然性，中华民族共同体认同源于意识的自觉加工。

（二）文化、语言与族群

原生论与建构论虽然对与生俱来的生物性在族群形成过程中的作用存在分歧，但两派观点均认同文化对族群形成与发展的作用。

共同的文化渊源是族群的基础（周大鸣，1997）。作为一种社会现象，文化具有鲜明的族群性。文化以族群为载体依附于具体的国家，成为族群成员深层的历史记忆和民族国家的精神积累。文化所蕴含的思维方式、价值观念和道德情操在社会实践的不断重复中以稳固的社会模式加以沉淀，内化为共同体普遍的社会心理和价值内涵，构成了特定的族群特征。具体来说，这些特征包括语言、表现、文化、宗教信仰及实践、服饰、节日、宗族与姓氏等（周大鸣，2002）。

其中，共同语言是族群的重要文化特征之一。语言的文化功能体现于：不仅是族群文化的载体，更是族群文化的核心。这是因为：①语言体现族群的社会面貌，记录族群的历史。语言历经传承和变迁，是族群生活经验的结晶，也反映本族群与他族群的关系。语言附带的族群记忆、习俗、价值观，成为族群认知和整合的重要介质。童谣、故事、传说、俗语，无一不是族群生活的延续和写照。作为祖辈生活经验积累的成果，语言既代表过往经验，又承载流动的生活面貌，甚至可经由语言展望未来，维持社会生长。②语言折射族群精神。不同语言是人类精神的不同方式、不同程度的自我显示。语言是精神的创造活动，是精神不由自主的流射。语言习得是人置身于社会中，逐渐领会语言指代的意义并学会说话的过程。不同语言的词汇、语法、语音、语调各有特点，这些特点关联着语言使用者独特的思维方式和行为习惯。个体的成长发育，伴随着以语言为内核的族群精神气质长期潜移默化的影响，使其最终成为熟练使用本族群语言、具备本族群思维习惯、拥有本族群荣辱感的族群成员。

（三）基于族群意识的语言与文化依恋

一方面，作为一种社会现象，文化具有鲜明的族群性。共同的文化是族群形成的基础。语言是文化的重要组成部分，也是文化的载体。萨丕尔在1933年指出，在文化的诸多方面，语言很可能最先发展到最高级形式，其基本完美是整个文化发展的前提。

另一方面，语言离不开文化。文化影响语言的内部分类和外在表现。例如，不同文化对某些概念的重视程度影响语言的词汇和表达方式。农耕文明的形成使中国传统社会形成以家庭为基础生产单位的生产模式，进而形成家族本位的宗族文化。商业文明的形成使西方社会形成以城市为中心的经济模式，大量移民杂居于城市冲击了欧洲原本的氏族统治，进而形成欧洲的城邦制度和重视契约的精神文化。由此，汉语的亲属词汇类别与数量远远多于英语。又如，东方文化讲究含蓄，汉语是高语境语言，信息交流更多地依赖于语言交际的外部语境（如社会环境、场景），而较少依赖语言本身传达信息。由此，汉语使用很少的词汇就能有效地传达复杂的意思，句子表达的含义往往包含弦外之音。西方文化讲究直白，英语是低情境语言，信息的意义通过语言可以表达得很清楚，大量的信息表现于清晰的编码中，不需要依赖环境去揣摩，因此，很多时候一个单词或一个句子就是其本来的意思。

语言在族群发展中发挥着不可替代的作用。语言构成族群成员身份的外在标志。语言具有认同的功能。"我们"使用同一种语言，共享同一种文化，坚守同一种信念。族群身份内化不只是血缘遗传的结果，更需要接受者在语言勾勒的文化圈内认知、评价、接受和强化。语言在构筑"我们"族群过程中扮演十分重要的角色。

基于自我群体归类的族群意识角度，从理论上解析文化依恋的定义，对其借用的依恋理论追根溯源，可以发现文化依恋实质上是将文化作为母体，个体对类似母体文化社团的情感寄托。如果将这一母体文化社团具象化，其核心所指是个体所属的族群，这个族群享有共同的文化，使用共同的语言。族群成员用独特的行为维持文化特征，以排除他族的性质，被称为族群边界。其中，语言作为一种符号，对维持族群边界起了重要作用（周大鸣，2001），个体根据自身所处的文化社团或经历的文化体验会形成自己认知内的族群。由此可见，语言与文化依恋关系密切。

多民族国家框架内存在多元族群和文化群体。在多元文化环境下，在教育与经验的共同作用下，个体熟悉族群文化与民族共同体文化，例如，客家人了解客家文化与中华文化；与此同时，个体往往掌握族群语言与民族共同体的通用语言，例如，客家人使用客家话和普通话。文化依恋以文化认同为基础，而文化认同是族群认同与国家认同的中介，由此可知，语言状况影响个体对语言背后的文化的依恋，例如，掌握客家话和普通话的客家人对客家文化和中华文化产生依恋；文化依恋反映了个体对该文化所属群体的认同状况，例如，依恋客家文化和中华文化的客家人认同客家文化和中华文化。

二、个体发展视角

文化依恋的形成离不开语言。个体接触文化，通过与文化的相互作用形成情感联结，这一过程往往是在一定语言环境中发生的。个体借助语言进行思维，对文化社团进行喜好判断；此外，个体使用语言进行交际，建立群体关系。换言之，在个体的依恋形成与发展过程中，语言发挥着不可或缺的作用。

（一）依恋的发展阶段

按照 Bowlby 的观点，儿童一出生就会与看护者（主要是母亲）开始社会互动，在此过程中，良好的亲子依恋逐渐产生和发展。儿童依恋关系建立的关键期是从出生后至两岁半，主要包括四个阶段：

（1）前依恋期（0—6 周），也称"无差别的反应期"。此时，婴儿对所有人的反应都无差别。而由于与妈妈接触频繁（如，被妈妈抱着喝奶），婴儿对妈妈的声音、气味与面孔有偏好。婴儿以哭或笑的本能情绪反应来唤起看护者的回应并获得照料，而当看护者给予回应时，婴儿就会以相应的方式强化看护者的这种行为，使双方在情感上得到满足，从而逐渐形成对特定人物的集中依恋。此时，婴儿通常不会因为与看护者分开而特别焦虑不安，对于别人的安抚，也不会"怕生"。

（2）依恋关系建立期（6周至8个月），亦称"有差别的社交期"。一般4个月大的婴儿有"认生"反应的萌芽，开始区分陌生的人和熟悉的人，这种再认记忆的萌芽为婴儿与看护者依恋关系的建立提供了认知基础；此外，婴儿开始出现有选择的社会性微笑（对熟悉的人无拘无束地笑）。婴儿的亲子依恋最初表现于6—7个月大，婴儿对妈妈产生更多的积极情绪（如微笑），若妈妈离开则表现出明显的不愿意（如哭），之后看到回来的妈妈会显得特别高兴（如手舞足蹈）。婴儿与看护者产生了类似于条件反射的情感联结，对于婴儿来说，看护者的出现总是与其需要的满足或者紧张的消除或降低相伴随；而婴儿所表现的更多积极情绪给看护者带来了更大的满足感，由此，双方有了更为明显的情感需要。

（3）依恋关系明确期（8—24个月），又称"积极寻求与看护者接近的时期"。这一阶段，儿童和看护者之间的依恋关系已经非常明显，主要标志是分离焦虑的出现，即依恋对象要离开时，婴儿表现出明显的反抗行为（如，抱着妈妈不撒手）。稍大一点的儿童还出现有意寻求与父母接近、获得父母情感支持的行为（如，追随妈妈）。9—10个月婴儿出现了客体永久性，即使依恋对象不在眼前，孩子也意识到其存在。"依恋对象的永久性"使依恋定向的相对持久性、稳定性及依恋情感的强烈性成为可能。

（4）交互关系形成期（24—30个月）。随着认知和语言能力的发展，儿童此时可以更好地理解父母的意图（如，妈妈为什么离开），理解影响父母离开和出现的因素（如，我吃午饭时妈妈回来），分离焦虑逐渐下降。

儿童亲子依恋发展的阶段性表明，依恋关系在儿童成长早期（两岁半前）最容易建立，这个时期建立的依恋关系对儿童以后的人际交往、社会性发展乃至人格特质有重要的影响。

类似地，根据埃里克森的心理社会发展理论，0—1岁儿童通过与看护者（一般情况下是母亲）的互动，开始形成对世界的基本看法，解决了"基本信任－基本不信任"危机。这一阶段，婴儿对环境有基本的依赖性，他们依赖看护者满足自己的基本需求，如果这些需求得到稳定、完全和及时的满足，婴儿就会形成基本的信任感，认为世界是一个安全、可预测和可满足自己需求的地方；反之，如果婴儿的基本需求得不到充分和及时的满足，或者看护者的响应不一致，他们就会形成基本的不信任感，认为世界是一个危险、不可预测和不可满足自己需求的地方。这一阶段危机的解决结果会影响以后阶段危机的解决，影响儿童的人格发展。

个体在儿童早期形成的依恋模式与其成年后建立亲密关系的能力有关，具体表现在，个体成年后的浪漫关系受到其早期依恋类型的影响，早期依恋模式与成年后的行为之间存在延续性。

随着个体成长并逐渐意识到死亡威胁，个体安全的主要基础从父母、恋人转变为文化。因为文化为个体提供了验证其存在价值和意义的基础，换言之，文化为其成员提供了心理安全；作为回报，人们以抽象形式对一个文化群体形成文化依恋。文化依恋不受早期依恋模式的影响。

（二）亲子互动与早期语言发展

一般认为，儿童早期（0—3岁）是言语能力发展的重要时期。儿童言语能力尤其是母语言语能力在人生早期的迅速发展，引起了不同学界研究者的高度重视。有关母语习得的理论，主要有三大派别：①语言天赋论，代表人物为乔姆斯基。他认为，正是由于具有与生俱来的"语言习得机制"（Language Acquisition Device，简称 LAD）与内在语言能力"普遍语法"（Universal Grammar），儿童才能在短时间内习得母语。②语言后天习得论，主要包括"刺激－反应"理论和语言功能理论。"刺激－反应"理论代表人物是斯金纳。该理论认为，语言是后天习得的，言语行为与人类其他行为一样，都是通过"刺激－反应－强化"模式而获得的，强调外部条件在母语习得过程中的作用。语言功能理论从语言交际功能的角度探讨儿童语言的发展，认为母语习得的过程是逐步用语言来表现功能的过程。儿童习得语言是为了学会如何表达意思进行交际，强调语义和语用的掌握。③交互作用论，代表人物是皮亚杰。皮亚杰提出认知发展是个体通过先天的认知机制和认知能力与环境交互作用而实现的。儿童头脑中没有神秘的语言习得机制，其语言习得建基于认知能力发展。儿童运用自身已有的语言图式去与环境交互，通过同化、顺应和达到平衡，不断地从一个阶段发展到一个新的阶段。

尽管对语言获得机制存在争议，但三大派别都基本认可语言环境在儿童母语习得过程中的重要作用。即使语言天赋论强调天赋，该理论也指出，普遍语法必须在具体语言材料或语言环境的刺激下才能转变为个别语法，这样个体才能讲具体的语言，而一个人能否讲一种或多种语言就要看他是否受过一种或多种具体语言材料的刺激。

儿童语言是在一定语言环境中发展起来的。一般来说，该语言环境主要由儿童的抚养者（主要是父母）提供与塑造。换言之，父母在儿童语言习得的过程中起着重要的作用。在前言语阶段（Prespeech Stage），即在婴儿言语产生的准备阶段，婴儿主要采用声音、面部表情、手势等非语言的方式交流信息，最明显的表现是牙牙学语（Babbling）。相应地，父母在这一时期倾向于使用婴儿指向言语（Infant-directed Speech），又称为"妈妈语（Motherese）"。婴儿指向言语具有以下特点：句子短小简单，词语多有重复，且只采用假定婴儿能理解的词语；音调变高，频率范围增加，语调更富变化性。相对于正式语言，婴儿更喜欢婴儿指向言语。已有研究表明，当所处的环境中婴儿指向言语比较丰富，婴儿会更早开始使用语词，并表现出其他形式的语言能力（Englund & Behne，2006；Soderstrom，2007）。尽管存在文化差异，但牙牙学语与婴儿指向言语普遍存在于世界各地。

在 10—14 个月大时，婴儿一般就会说出第一个词语，随后词汇量快速增长，在约 18 个月大时词汇量爆炸式增长，并开始连词成句表达信息。此时，父母的响应和协调对于儿童正确标签常见物体以及促进儿童单词组合能力变得更为关键。在约 3 岁时，儿童的句子长度与句法稳定增长。父母与孩子的交流时间和词汇丰富度与孩子的语言能力及智力测验表现存在关联。

综上，儿童早期语言是在儿童与主要抚养者和客观世界的交互作用中发展起来的，抚养者与儿童的亲子互动往往包括语言刺激，这些语言刺激对孩子语言能力的发展发挥了重要作用。

（三）民族认同的发展

埃里克森从个体发展的角度提出了"自我同一性（Self-identity）"概念，并将其解释为"对自我的统一和连续的意识"，即个体在时间和情境变化中仍能保持自我感的一致性和连续性。这种意识是个体对其个体身份的自觉意识，或对某个群体的理想和特征的内心趋同。

在此基础上，Phinney 等（1990）通过深度访谈和问卷调查，提出了少数民族青少年民族认同发展的三阶段模型。具体来说，第一阶段是"未验证的民族认同阶段"，又称为"弥散的民族认同阶段"。处于这一阶段的个体并不清楚民族的意义，对本民族问题既很少关注又缺乏兴趣。个体经常按照父母的观念或主流文化的价值观及态度看待自己的民族。第二阶段是"民族认同的探索阶段"，亦称为"民族意识觉醒阶段"。此时个体开始意识到自己的民族身份，积极关注本民族发展并参与本民族的文化活动，对自己的民族身份有更为深刻的理解，逐渐停止对主流文化的一味追求与认同。第三阶段是"民族认同的形成阶段"。此时个体接受了自己的民族身份，把自己对母体民族的积极态度内化和整合到自己的认知结构中，从而产生民族自豪感和民族归属感，也提升了民族自信心。由于对本民族的知识有了更深入的掌握，他们更自信，也更愿意接纳自己的民族身份。研究者认为，少数民族青少年在经历了三个阶段后能克服民族偏见，在多元文化背景中建立积极的、整合的本民族认同。

进一步地，Phinney（2007）通过行为探索（Exploration）和情感承诺（Commitment）两个维度细致区分了民族认同形成的四种状态：①认同分散（Diffuse）。缺乏行为探索和情感承诺，个体对自己的民族身份表现出很少的兴趣和理解，很少甚至完全不去努力了解，对其所属民族几乎没有积极的归属感。②认同排斥（Foreclosed）。有情感承诺，但是没有行为探索；个体会表达对群体的自豪感和归属感，但是很少对自己民族身份的意义进行探索，其看法反映出父母或者其他权威人物的观点。③认同延缓（Moratorium）。有行为探索，但是没有情感承诺；个体努力去了解和理解自己的民族身份，但是对自己民族的归属感是模糊和矛盾的。④认同获得（Achieved）。既有行为探索，也有情感承诺；个体思考并努力去理解自己民族身份的意义，在此基础上对自己的民族有清晰的归属感。

Cross（1991）基于非裔美国人的研究，提出黑人民族认同的发展主要分为四个阶段：①前遭遇阶段（Pre-encounter）。个体尚未建立种族意识，不会对种族关系有太多的思考，也很少去探索群体自尊。②遭遇阶段（Encounter）。一些关键性事件的经历启发了个体的群体自我意识。③浸入和浮现阶段（Immersion-Emersion）。个体决定成为"黑人"，浸入内群体探索成为"黑人"的意义。④内化与整合阶段（Internalization）。个体对"黑人"群体产生归属感、安全感与自豪感，并愿意为种族承担责任。

Helms（1995）提出了适合有色人种的民族认同发展模型。该模型认为，有色人种认同按照认同变化的逻辑顺序体现为五种身份（Statuses）：①顺从（Conformity）。处于这一身份的个体不清楚民族的意义，会按照所接触到的信息看待自己的民族。②不一致（Dissonance）。处于这一身份的个体在有关自己民族的问题上表现得模棱两可而又略显混乱，在自我概念上也显得模棱两可。③沉没-浮现（Immersion-Emersion）。此时个体沉浸在内群体的文化圈中，并对外群体有一些消极的行为反应。④内化（Internalization）。处于这一身份的个体能够积极地看待本民族的文化，同时也能够客观地对外群体成员做出反应。⑤整合意识（Integrative Awareness）。处于这一身份的个体能对受压迫的群体产生移情心理。

（四）文化认同的发展

由于文化认同与族群认同密切相关，有关文化认同发展的研究往往融入民族认同发展研究。例如，将 Phinney 等（1990）民族认同发展的三阶段模型应用于文化认同发展，相应地，文化认同形成的三阶段模型为：未经核实的文化认同期、文化认同的寻求期、文化认同的完成期（张微，2017）。

一般认为，学龄前儿童已经进入文化的探索阶段。基于对 1 024 名 3—4 岁北爱尔兰幼儿的调查发现，幼儿在社会文化环境的浸润和影响下已经能从社会文化中习得刻板印象，开始表现与内化各自族群的文化习惯，逐渐形成对所处文化情境的积极情感（Connolly，2011）。5—6 岁幼儿已了解或熟悉所在国家或民族的文化符号并产生积极的行为倾向（Barrett，2007）。基于 1 172 名儿童家长的问卷反馈发现，儿童在学前期就已表现出较为明显的文化身份认知与态度（潘月娟等，2019）。通过对 579 名中国上海幼儿的三年追踪研究发现，3—6 岁幼儿的文化认同随年龄的增长而不断发展，表现出阶段性、连续性和差异性，从中班到大班是中华文化认同、上海文化态度与偏好和上海文化认同快速发展阶段，大班幼儿在文化认同的总分及其子维度的得分均高于中班和小班幼儿（张春颖等，2023）。随着年龄的增加，儿童对所属文化的认同感不断提升，例如，少数民族儿童对本民族文化的认同程度逐渐提高，对民族文化的识别能力也逐渐增强（陈世联、刘云艳，2006）。

文化认同的发展过程复杂多样，并有巨大的个体差异。个体文化认同建构主要受人口统计学指标（如年龄、性别）、文化差异、父母和同伴的社会支持等因素影响（董莉等，2014）。此外，文化认同是一个动态的过程，处于不断被建构、塑造和再塑造的状态中。一方面，个体对于某种文化的认同会随着经验和环境的变化而发展；另一方面，个体会根据自身多元文化经历对不同文化建构相应的归属感。

（五）基于个体发展的语言与文化依恋

基于个体发展角度，语言与文化依恋关系密切。从时间维度看，亲子依恋与母语习得的关键期存在相当大的重合。一般来说，安全型依恋往往发生在丰富且合适的语言环境里。儿童在充足而滋养的第一语言（主要是母语）环境中成长，通过与抚养者（主要是母亲）良好的亲密互动，建立了良好的依恋关系，获得了语言。由此，儿童对该语言的感情自然产生。由于语言是文化的载体，儿童对语言背后的文化也具有自然的感情。由此，文化认同的建立始于儿童期。

身份认同会加强这种感情。根据埃里克森的心理社会发展阶段理论，身份认同的形成发生在青少年期（12—24 岁）。群体的自我身份建构通常发生在青春期前期，个体对自己所属民族进行探索，并在青春期晚期（大约 17 岁）形成较为稳定的民族认同（Phinney & Ong，2007）。即使到了成年期，个体也不会停止对群体的自我身份进行探索。

简而言之，在多元文化环境里，在早期成长过程中，个体在家庭中建立亲子依恋关系并习得母语，入学后在幼儿园中开始文化探索阶段，逐渐发展归属感等高级情感。由此，个体建立对母语文化的认同与依恋。随着年龄的增长，个体选取参照群体（Reference Group）进行社会比较与分类，建立自我同一性，开始以社会一员的身份参与社会生活，并基于群体特征形成自我身份的标记、识别和建构，完成从自我同一性到群体同一性的建构。随后，个体会根据社会变化，不断调整自己的行为并扩大社会化，例如，学习新的语言，获取新的文化经验，进行社会再分类，建立多重身份，建构对新语言文化的认同与依恋，形成适应不断变化的社会环境和生活的角色。

三、认知加工视角

文化依恋包含认知成分，而认知往往离不开语言。由此，通过基于语言的认知活动，语言与文化依恋发生关联。

（一）语言规范认知框架

有关语言与认知的关系，学界有不同观点。其中，最引人注目的假设是萨丕尔－沃尔夫假说（Brown & Lenneberg，1954）。Sapir（1929）和 Whorf（1940、1950、1956）基于一系列语言对比分析提出语言决定认知的论断。具体来说，语言集中反映了文化的结构，即语言反映了生活在某种文化下的人们对世界的认知。个体通过掌握民族语言来形成民族认知范畴。每一种语言中词汇范畴和语法范畴之间的相互作用规范了母语者对现实经历做出意义解读。换言之，语言影响人们对现实世界的意义解读以及他们的日常惯性思维。

萨丕尔－沃尔夫假说有"强"和"弱"两个版本。"强"版本认为思维由语言决定，也称为"语言决定论（Linguistic Determinism）"。个体只能按照母语中编码设定的范畴和定义来认识世界，语言决定思维、信念、态度等，不同语言的民族，其思维方式完全不同。"弱"版本认为语言影响思维，亦称为"语言相对论（Linguistic Relativity）"。人们使用语言系统中存在的语法与语义范畴使客观世界给人的主观印象条理化，因此语言在一定程度上影响思维，语言不同的人，思维也有所不同。其中，"强"版本假说理论上表现的极端性与绝对性受到了学界的驳斥，加之当前缺乏充分的语言证据作为有力支撑，逐渐淡出人们的视野。而"弱"版本假说则得到学界的基本认可，并引发大量实证研究。相关研究主要从语言的语法与词汇两个方面展开。

一方面，研究者考察了语法结构对思维的影响。在沃尔夫看来，通过分析语言来揭示思维的本质，不仅需要将句子拆分为词语或词素，还需要通过深层次分析把握词与词之间、词素与词素之间的关系，这种隐含的关系才是意义所在，也是语言性思维（Linguistic Thinking）的本质（黄国文、丁建新，2001）。这种隐含的关系的实质是语法范畴。沃尔夫进一步区分了"显性范畴"与"隐性范畴"：前者是有形式标记的范畴，属于传统的词素范畴（Morphological Category），例如，英语的"体""时""语态"；后者是一般情况下并不出现词素标记语法范畴，例如，英语的"性"。

基于语法结构的实证研究旨在对比分析不同语言的语法结构对言说者思维的影响。Whorf（1956）对比分析英语言说者与使用霍皮语（Hopi）的北美土著霍皮族的时间感知差异是其中的经典研究。英语区分名词与动词，动词采用时态表示过去、现在与未来，而霍皮语没有区分名词与动词，缺乏时态。人们所使用的语言代表了其对现实的看法，英语言说者使用名词表示事物处于固定状态还是持续状态，采用不同时态表示动作在离散的线性时间轴中的发生点；霍皮族基于无时态动词来看待事物，描述世界在连续的时间不断进展。简而言之，用英语呈现世界就像是照相机拍的照片，而用霍皮语呈现世界更像是摄影机拍的影片。

在对美洲语言的范畴进行充分研究并将之与英语作比较后，Whorf（1940、1956）提出了著名的"语言相对论"原则：所有的观察者并不是都由同样的物质证据（Physical Evidence）引导到同样的宇宙图景，除非他们的语言背景相似，或者说在某种程度上可以调和。换言之，一种文化的内容，只有用这种文化的语言才能得到充分的表达。对于发源于某一文化的概念，如果用其他文化的语言去讲，意思就会有所不同，至少在人们心中唤起的意象不同。

另一方面，研究者考察了词汇对认知范畴的影响。这方面研究要回答的问题是：使用不同语言的人们，面对相同的客观世界，存储于大脑的认知范畴是否相同？对此，目前主要有语言普遍论和语言相对论两种观点。语言普遍论认为，人类的思维具有普遍性和一致性，思维先于语言产生，语言只是思维的输入/输出系统，不同语言的言说者在核心概念上是一致的。语言相对论认为，文化通过语言影响思维，语言差异导致思维差异。不同语言的言说者对世界有不同看法。

研究者通过操控变量的实验方式对比分析了不同语言如何解读现实经历，涉及颜色知觉、空间表达、时间表达、亲属词认知等主题的研究数据支持了语言相对论（张积家等，2005）。其中，研究者对颜色词与颜色知觉关系的探讨最为丰富。例如，非洲博茨瓦纳的茨瓦纳语（Setswana）只用一个词语表达蓝色和绿色；英语用两个词语分别表达蓝色和绿色；俄语不仅有分别表达蓝色和绿色的两个词语，还有两个独立词语分别表达深蓝和浅蓝。英语、俄语和茨瓦纳语被试对颜色进行分类时，茨瓦纳语被试倾向于将蓝色、绿色归为一类，英语被试倾向于将蓝色、绿色区分开来，俄语被试倾向于将深蓝和浅蓝分为两类。俄语被试比英语被试对蓝色产生更大的 Stroop 干扰效应，说明对蓝色有更大的区分性（Davies et al., 1991）。类似地，俄语被试辨别深蓝和浅蓝速度快，表现出颜色类别知觉效应，英语被试未表现出该效应（Winawer et al., 2007）。

基于相关证据，有学者进一步提出，文化类型影响个体基本认知范畴（张积家，2022）。作为文化结构的集中反映，语言体现了某个文化群体成员对世界的认知。个体通过掌握民族语言形成民族认知范畴，文化类型不同，语言的基本词汇不同，所形成的基本认知范畴也不同。基本认知范畴的差异主要体现在讲话者使用基本词汇来组织言语形式并命名新事物。例如，相对于游牧民族语言以畜牧业词汇为核心，农耕民族语言中与农耕相关的词汇占据基础地位。蒙古语将粗大笨拙的事物与牛联系，将大炮命名为"牛枪"；汉语用"种子"喻指后代，将教师称为"园丁"。由此提示，不同语言言说者的认知结构存在差异。

综上，语言相对论指出了语言与文化的隐藏关系。具体来说，人类的语义并不是完全一样的，使用不同语言系统的人群具有不同的思维和知觉方式，而这种无意识的区别正是不同文化的最典型表现。

（二）语言启动认知框架

语言相对论指出语言差异带来了语言使用者的思维差异。语言差异源自与文化组织相似的独特的内部逻辑，而思维差异集中体现在对事物的分类、记忆与反思（Lucy, 1996）。当个体习得了两种语言成为双语者，其认知加工如何进行？

在讨论双语者认知加工问题前，有必要先对双语者进行分类。这是因为，语言相对论建基于以母语使用者为对象的研究。如果说双语者在讲不同语言时会产生不同的认知方式，那么该假设隐含以下前提：双语者的第二语言水平跟其第一语言水平一样。尽管这符合人们对理想双语者的应然，但并不符合双语者的实然。

研究者一般依据语言水平对双语者进行分类，如平衡双语者（熟练双语者）与不平衡双语者（非熟练双语者）。还有一些研究将二语学习初始年龄（Onset Age of Acquisition，简称 AoA）纳入分类考虑范围，把双语者划分为早期双语者和晚期双语者；结合语言水平和 AoA 进行分类：混合型双语者（Compound Bilingual）、协调型双语者（Coordinate Bilingual）、次属型双语者（Subordinate Bilingual）。其中，混合型双语者较早开始学习外语，其大脑为同一概念建立两套语言编码，以两种语言同时理解世界；协调型双语者在不同环境使用不同语言，用两套概念处理信息；次属型双语者通过母语来学习第二语言，主要以母语来理解世界。需要指出的是，AoA 与语言水平并不一定存在对应关系，即使在成年后才开始学习第二语言，也可以达到母语者的水平，例如，以英语为母语的成人学习汉语发音可以达到汉语母语者的水平（Neufeld，1978）。而现实生活中，大多数双语者都属于晚期双语者。因此，在对双语者进行分类时，人们更为看重语言水平。

对于平衡双语者来说，其大脑具备两种语言的词汇范畴和语法范畴。由于与文化紧密联系的语言是文化结构的集中反映，在接收某一种语言刺激后，双语者会启动相应的语言文化框架进行认知加工。研究者以加拿大华裔为被试，要求他们听了指导语后进行自我描述，结果发现，相较于使用英语指导语进行的自我描述，在汉语指导语条件下的自我描述表现出更多的互倚自我（Collective Self）表述（Ross et al.，2002）。研究者采用眼动技术考察启动语言对熟练中英双语者场景认知的影响，结果发现，在英文短语"a butterfly in the flowers"启动下，语言表达的背景后置使被试的注视点转向背景区进行了额外的、快速的关注，在中文短语"花间蝶"启动下，被试的注视由前景区转至背景区的时间较晚且注视比例较小（王娟、张积家，2014）。

上述结果可以采用以下三种理论进行解释：①文化框架转换理论。文化框架转换理论假设双语者拥有两个文化构念网络，这些文化构念网络的启动依赖于情境线索（如语言），个体能够在不同文化框架间进行转换以适应情境需要。换言之，文化模式可以由语言符号诱发激活，并通过具有情境特异性的知识结构来影响个体行为（Hong et al.，2016）。②文化适应假说（Cultural Accommodation Hypothesis）。相对于文化框架转换理论从文化与情境交互的视角理解双语者语言文化间的认知加工，文化适应假说立足于个体与文化的关联展开说明。该理论认为，个体具有两种独立的倾向性——保持传统文化与自身的倾向性、同其他文化群体交流的倾向性。个体在某种文化情境中的表现取决于两种倾向性的强弱对比（Berry，2003）。如果个体与这一文化群体交流的倾向性较强，那么个体就会按照这种文化群体的思考与行为模式进行反应，从而实现与该群体的交流；反之，如果个体与这一文化群体交流的倾向性较弱，那么个体很可能不根据这种文化群体的思考与行为模式进行反应（Wong & Hong，2005；Marsh et al.，2016）。当处于语言所创造的文化情境中，与文化群体交流倾向强的个体会以一种适应或迎合当前语言文化的方式做出回应。③文化情境认知理论（Culture-as-Situated Cognition Theory）。相较于文化框架转换理论将不同文化视为不同的认知结构网络，文化情境认知理论将文化视为情境认知。

该理论假设，人类社会面临着相同的基本生存问题，社会文化差异源于对这些普遍问题的不同解决方式。因此，不同文化可以表征为一个相互关联的特征网络。同时，由于文化通过社会因素影响个体认知与行为，虽然个体难以意识到这种影响，但个体可以通过情境线索的提示获得并使用多种文化心理表征，并不需要自身具有双文化（Oyserman，2016）。由此，即使是非平衡双语者，只要具有一定的双语文化心理表征，他们也能表现出与启动文化情境相适应的行为。

综上，作为文化的有效启动物，语言能够启动双语者记忆系统中相应文化的特异性因素，进而影响双语者的认知与行为。简而言之，双语者在讲不同语言时，会产生不同的认知方式。

（三）基于认知加工的语言与文化依恋

下面讨论语言与认知加工的关联。该主题与上文论及的外语效应是普遍与特殊的关系。换言之，外语效应是语言对认知影响的具体表现之一。

前文论及，对于个体来说，文化依恋的意义在于个体与文化的情感联结为其提供了安全感，这种情感联结建基于个体对文化的认知，特别是对作为文化核心的价值体系的认知。尽管这种认知过程难以被个体所意识，因为世界观等价值体系与个体的互动往往是抽象的内化过程，但个体总是习惯性地引用内化的价值体系来处理自己在生活中遇到的问题，并对自身行动可能有另一番解释，恰如"行之而不知，习焉而不察"（黄光国，2006）。

对价值体系的实践建基于个体对价值体系的认知。不管是否意识到其中的认知过程，生活在现实世界的个体，总能朴素地认识到自己所生活的世界是一个与他人共有的世界。在这个日常生活的世界里，个体与他人主要通过语言进行接触，并使用不同的"语言游戏"与不同的他者进行互动。"语言游戏"是维特根斯提出的概念，是指由语言和行动（指与语言交织在一起的那些行动）所组成的整体。使用"语言游戏"是为了突显"语言的述说乃是一种活动或是一种生活形式的一部分"的事实。换言之，语言是对生活进行表达的一种活动。在"语言游戏"中，人们常常使用从文化的深层结构（价值体系）出发，通过"隐喻""转喻"等方式衍生出的谚语、格言、神话和风俗习惯，这些文化遗产的传承展现出文化成员稳定的生活形式。也就是说，我们使用语言，形塑我们独特的世界观。而文化依恋的对象实质为深藏其中的世界观等价值观念，由此，立足于认知加工视角，语言与文化依恋关系密切。

当个体学习外语并接触外来文化时，其"语言游戏"随之发生变化，但是，这种变化通常先发生在边缘，如事物的命名，随后逐渐往其生命核心渗透。愈接近个体生命核心的部分，愈不易发生改变（Wagner，1997）。就整个社会而言，这种变化主要发生在跟外来文化有深入且系统了解的少数群体中。而对于对外来文化缺乏系统性认识的个体而言，蕴含在其母语中的世界观，对其仍有最大的影响力（黄光国，2006）。

参考文献

［1］ 安丰存，赵磊．语言的资本属性［J］．语言政策与规划研究，2021（1）：11-19，107.

［2］ 沈炯．汉语语调构造和语调类型［J］．方言，1994（3）：221-228.

［3］ 沈炯．汉语语调分类和标记方法试说［J］．语言文字应用，1998（1）：104-106.

［4］ 陈俊，李佳南．汉－英双语者的情感启动：二语熟练程度对非对称性的影响［J］．外语教学与研究，2016，48（3）：396-408，479.

［5］ 陈敏．"一带一路"倡议下的中国语言文化安全研究［J］．文化软实力研究，2018，3（1）：71-77.

［6］ 陈世联，刘云艳．西南六个少数民族儿童民族文化认同的比较研究［J］．学前教育研究，2006（11）：12-15.

［7］ 董秀芳．主观性表达在汉语中的凸显性及其表现特征［J］．语言科学，2016，15（6）：561-570.

［8］ 董晓波，胡波．面向"一带一路"的我国翻译规划研究：内容与框架［J］．外语学刊，2018（3）：86-91.

［9］ 董天美．中亚国家语言政策的选择及评价［J］．俄罗斯东欧中亚研究，2019（5）：109-122，157-158.

［10］ 董莉，李庆安，林崇德．心理学视野中的文化认同［J］．北京师范大学学报（社会科学版），2014（1）：68-75.

［11］ 费孝通．乡土中国［M］．北京：北京大学出版社，2012.

［12］ 高园园．道德判断中的外语效应及其心理机制［J］．教育观察，2017，6（21）：142-144.

［13］ 高一虹，李玉霞，边永卫．从结构观到建构观：语言与认同研究综观［J］．语言教学与研究，2008（1）：19-26.

［14］ 何生海．推广国家通用语言文字与铸牢中华民族共同体意识［J］．北方民族大学学报，2021（6）：124-132.

［15］ 韩震．论国家认同、民族认同及文化认同：一种基于历史哲学的分析与

思考［J］. 北京师范大学学报（社会科学版），2010（1）：106-113.

［16］黄国文，丁建新. 沃尔夫论隐性范畴［J］. 外语教学与研究，2001，33（4）：299-306，320.

［17］黄光国. 儒家关系主义：文化反思与典范重建［M］，北京：北京大学出版社，2006.

［18］纪秀生. 重拾汉语的母语自信［J］. 海外华文教育动态，2016（2）：9-10.

［19］李宇明. 认识语言的经济学属性［J］. 语言文字应用，2012（3）：2-8.

［20］李宇明. 语言学是一个学科群［J］. 语言战略研究，2018，3（1）：15-24.

［21］李迎迎. 评析俄罗斯语言政策调整的新变化［J］. 民族教育研究，2016，27（1）：110-114.

［22］李楚成，梁慧敏. 香港"两文三语"格局：挑战与对策建议［J］. 语言战略研究，2020，5（1）：46-58.

［23］李雅宁，杨伊生，辛自强，等. 文化依恋概念辨析［J］. 心理科学，2024，47（4）：933-939.

［24］李同归，加藤和生. 成人依恋的测量：亲密关系经历量表（ECR）中文版［J］. 心理学报，2006，38（3）：399-406.

［25］连谊慧. "语言与认同"多人谈［J］. 语言战略研究，2016，1（1）：64-71.

［26］梁丽，杨伊生，肖前国，等. 文化依恋的研究现状与展望［J］. 民族教育研究，2019，30（2）：107-114.

［27］孟艳丽，李彦冰. 多民族国家形象内部生成中的语言因素［J］. 对外传播，2017（10）：41-43.

［28］马利军，张积家. 阈下启动信息加工的心理机制［J］. 心理科学，2011，34（5）：1040-1045.

［29］吕超，李臣英. 中亚五国国家认同构建实践研究［J］. 贵州民族研究，2020，41（9）：16-22.

［30］彭聃龄. 普通心理学［M］. 5 版. 北京：北京师范大学出版社，2019.

［31］潘月娟，吴霓雯，刘姗姗，等.《学前儿童文化认同量表》编制及其信效度检验［J］. 幼儿教育，2019（33）：37-41.

［32］孙宏开. 阿侬语的二十年变迁：由濒危走向严重濒危［J］. 语言战略研究，2017，2（4）：17-24.

［33］田鹏. 语言政策与国家认同：原苏联民族语言政策的失误与思考［J］.

俄罗斯东欧中亚研究，2013（1）：1-7，95.

［34］王悦，罗婷，张积家. 民族认同影响双语者的语言态度［N］. 中国社会科学报，2016-07-19（3）.

［35］王娟，张积家. 启动语言对汉－英双语者场景一致性判断的影响［J］. 心理学报，2014，46（3）：331-340.

［36］王远新. 青海同仁土族的语言认同和民族认同［J］. 中央民族大学学报（哲学社会科学版），2009，36（5）：106-112.

［37］万明钢，王舟. 族群认同、族群认同的发展及测定与研究方法［J］. 世界民族，2007（3）：1-9.

［38］伍丽梅，张积家. 华语政策和族群身份对泰国印尼来华留学生语言态度的影响［J］. 黑龙江高教研究，2024，42（1）：129-139.

［39］邢福义. 文化语言学［M］. 武汉：湖北教育出版社，1990.

［40］徐大明. 语言是交流和认同的工具：解读中外学者有关语言识别问题的争议［J］. 语言战略研究，2018，3（2）：16-26.

［41］徐杰舜. 论族群与民族［J］. 民族研究，2002（1）：12-18，106.

［42］徐真华. 香港、澳门语言生态重建的使命与机遇［J］. 学术研究，2022（1）：172-176，178.

［43］杨洁，孔江平. 汉语语音情感区别性特征研究［J］. 语言学论丛，2021（2）：348-367.

［44］于屏方，杜家利. 汉语语言与文化［M］. 北京：科学出版社，2023.

［45］姚欣. 语言认同的本质及其发展进路［J］. 西安外国语大学学报，2020，28（4）：13-16.

［46］赵元任. 北平语调的研究［C］//赵元任语言学论文集. 北京：商务印书馆，2002.

［47］赵燕. 东南亚国家的语言政策与国家认同研究综述［J］. 东南亚南亚研究，2013（3）：67-69，110.

［48］赵蓉晖. 分裂主义与语言问题［J］. 语言政策与语言教育，2015（1）：31-38，115.

［49］赵蓉晖. 语言社会功能的当代理解［J］. 中国社会科学，2017（2）：159-171.

［50］赵世举. 语言与国家［M］. 北京：商务印书馆，2015.

［51］张积家，刘丽虹，谭力海. 语言关联性假设的研究进展：新的证据与看法［J］. 语言科学，2005，4（3）：42-56.

［52］张积家. 如何使双语者成为双语双文化者［J］. 中国民族教育，2018

（5）：11.

［53］张积家. 容器隐喻、差序格局与民族心理［J］. 西南民族大学学报（社会科学版），2018，39（5）：214-221.

［54］张积家. 民族心理学［M］. 上海：华东师范大学出版社，2019.

［55］张积家，冯晓慧. 中华民族共同体认同的心理建构与影响因素［J］. 民族教育研究，2021，32（2）：5-14.

［56］张积家. 文化类型影响个体基本认知范畴［N］. 中国社会科学报，2022-03-10（A5）.

［57］张积家，张姝玥. 论民族意识与中华民族共同体意识之关系［J］. 广西师范大学学报（哲学社会科学版），2024，60（4）：116-132.

［58］张丹丹，陈钰，敫翔，等. 新生儿情绪性语音加工的正性偏向：来自事件相关电位的证据［J］. 心理学报，2019，51（4）：462-470.

［59］张先亮，李妙文. 语言生态视域下的语言能力与语言认同［J］. 语言科学，2023，22（6）：567-569.

［60］张诗容，胡平. 外语效应：证据、机制与前瞻［J］. 中国临床心理学杂志，2017，25（1）：45-49.

［61］张时空，陶迪. 国家通用语言文字促进少数民族进城务工人员融入城市生活调查：以呼和浩特市为例［J］. 民族教育研究，2023，34（3）：144-149.

［62］张微，经济全球化时代应加强文化认同教育［N］，光明日报，2017-07-17（11）.

［63］张春颖，张明红，施无双. 3—6岁幼儿文化认同的发展特点：基于对579名幼儿的三年追踪研究［J］. 陕西学前师范学院学报，2023，39（10），81-88.

［64］郑秋晨. 梅县客家话对古汉语语音的传承［J］. 文教资料，2016（25）：26-27.

［65］周大鸣. 族群与文化论：都市人类学研究：上［J］. 广西民族学院学报（哲学社会科学版），1997（2）：23-30.

［66］周大鸣. 论族群与族群关系［J］. 广西民族学院学报（哲学社会科学版），2001（2）：13-25.

［67］周大鸣. 中国的族群与族群关系［M］. 南宁：广西民族出版社，2002.

［68］詹小美，王仕民. 文化认同的民族蕴涵［N］. 中国社会科学报，2013-07-26（A6）.

［69］周爱保，李梅，李同归. 成人依恋背景中图片对安全基模的情感启动

[J]. 心理科学, 2005, 28（1）: 85–88.

[70] 庄孔韶. 人类学通论 [M]. 太原: 山西教育出版社, 2005.

[71] 沃尔夫. 论语言、思维和现实: 沃尔夫文集 [M]. 高一虹, 等, 译. 北京: 商务印书馆, 2012.

[72] 萨丕尔. 语言论: 言语研究导论 [M]. 袁家骅, 译. 北京: 商务印书馆, 1985.

[73] 洪堡特. 论人类语言结构的差异及其对人类精神发展的影响 [M]. 姚小平, 译. 北京: 商务印书馆, 2009.

[74] 维特根斯坦. 哲学研究 [M]. 李步楼, 译. 北京: 商务印书馆, 1996.

[75] 巴斯. 族群与边界: 文化差异下的社会组织 [M]. 李丽琴, 译. 北京: 商务印书馆, 2014.

[76] 达尔文. 人类和动物的表情 [M]. 周邦立, 译. 北京: 北京大学出版社, 2009.

[77] 萨丕尔. 萨丕尔论语言、文化与人格 [M]. 高一虹, 译. 北京: 商务印书馆, 2011.

[78] Anderson, J. *Cognitive Psychology* [M]. New York: Academic Press, 1994.

[79] Anooshian, L. & Hertel, P. Emotionality in free recall: Language specificity in bilingual memory [J]. *Cognition and Emotion*, 1994, 8（6）: 503–514.

[80] Apple, W., Streeter, L. A. & Krauss, R. M. Effects of pitch and speech rate on personal attributions [J]. *Journal of Personality and Social Psychology*, 1979, 37（5）: 715–727.

[81] Arimitsu, T., Uchida-Ota, M., Yagihashi, T., et al. Functional hemispheric specialization in processing phonemic and prosodic auditory changes in neonates [J]. *Frontiers in Psychology*, 2011, 2（1）: 202.

[82] Baldwin, M. W. Relational schemas and processing of social information [J]. *Psychological Bulletin*, 1992, 112（3）: 461–484.

[83] Baldwin, M. W. Primed relational schemas as a source of self-evaluative reactions [J]. *Journal of Social and Clinical Psychology*, 1994, 13（4）: 380–403.

[84] Barrett, M. *Children's Knowledge Beliefs and Feelings About Nations and National Groups* [M]. London: Psychology Press, 2007.

[85] Bartholomew, K. & Horowitz, L. M. Attachment styles among young adults: A test of a four-category model [J]. *Journal of Personality and Social Psychology*, 1991, 61（2）: 226–244.

［86］ Benet-Martínez, V., Leu, J., Lee, F., et al. Negotiating biculturalism: Cultural frame switching in biculturals with oppositional versus compatible cultural identities ［J］. *Journal of Cross-Cultural Psychology*, 2002, 33 （5）: 492–516.

［87］ Benet-Martínez, V. & Haritatos, J. Bicultural Identity Integration（BII）: Components and psychological antecedents ［J］. *Journal of Personality*, 2005, 73 （4）: 1015–1049.

［88］ Berry, J. W. Conceptual approaches to acculturation ［M］// K. Chun, P. B. Organista & G. Marin（Eds.）. *Acculturation: Advances in Theory, Measurement, and Applied Research*. Washington, DC: American Psychological Association, 2003.

［89］ Berry, J. W., Phinney, J. S., Sam, D. L., et al. Immigrant youth: Acculturation, identity, and adaptation ［J］. *Applied Psychology*, 2006, 55 （3）: 303–332.

［90］ Breitenstein, C., Van Lancker, D. & Daum, I. The contribution of speech rate and pitch variation to the perception of vocal emotions in a German and an American sample ［J］. *Cognition and Emotion*, 2001, 15 （1）: 57–79.

［91］ Breton, A. An economic analysis of language ［M］// Breton A.（Ed.）. *Economic Approaches to Language and Bilingualism*. Department of public works and government services, Canada, 1998.

［92］ Brennan, K. A., Clark, C. L. & Shaver, P. R. Self-report measurement of adult attachment: An integrative overview ［M］// J. A. Simpson & W. S. Rholes（Eds.）. *Attachment Theory and Close Relationships*. New York: Guilford Press, 1998.

［93］ Brown, R. & Lenneberg, E. H. A study in language and cognition ［J］. *Journal of Abnormal and Clinical Psychology*, 1954, 49 （3）: 454–462.

［94］ Bourdieu, P. The forms of capital ［M］// A. H. Halsey, H. Lauder, P. Brown et al（Eds.）. *Education: Culture, Economy and Society*. New York: Oxford University Press, 1989.

［95］ Chen, S. X., Benet-Martínez, V., Bond, M. H. Bicultural identity, bilingualism, and psychological adjustment in multicultural societies: Immigration-based and globalization-based acculturation ［J］. *Journal of Personality*, 2008, 76 （4）: 803–838.

［96］ Cheng, Y. W., Lee, S. Y., Chen, H. Y., et al. Voice and emotion processing in the human neonatal brain [J]. *Journal of Cognitive Neuroscience*, 2012, 24 (6): 1411–1419.

[97] Colbeck, K. & Bowers, J. Blinded by taboo words in L1 but not L2 [J]. *Emotion*, 2012, 12 (2): 217–222.

[98] Connolly P. Using survey data to explore preschool children's ethnic awareness and attitudes [J]. *Journal of Early Childhood Research*, 2011, 9 (2): 175–187.

[99] Costa, A., Foucart, A., Hayakawa, S., et al. Your morals depend on language [J]. *PloS One*, 2014, 9 (4): e94842.

[100] Costa, A., Duñabeitia, J. & Keysar. B. Language context and decision-making: Challenges and advances [J]. *Quarterly Journal of Experimental Psychology*, 2019, 72 (1): 1–2.

[101] Cross, Jr. W. E. *Shades of Black: Diversity in African-American Identity* [M]. Philadelphia: Temple University Press, 1991.

[102] Davies, I. R. L., Corbett, G. G., Law, G., et al. Linguistic basicness and color information processing [J]. *International Journal of Psychology*, 1991, 26 (3): 311–327.

[103] Degner, J. Doycheva, C. & Wentura, D. It matters how much you talk: On the automaticity of affective connotations of first and second language words [J]. *Bilingualism: Language and Cognition*, 2012, 15 (1): 181–189.

[104] Dewaele, J. M. The emotional force of swearwords and taboo words in the speech of multilinguals [J]. *Journal of Multilingual and Multicultural Development*, 2004, 25 (2/3): 204–222.

[105] Dewaele, J. M. Self-reported use and perception of the L1 and L2 among maximally proficient bi-and multilinguals: A quantitative and qualitative investigation [J]. *International Journal of the Sociology of Language*, 2011, 208: 25–51.

[106] Diaz-Lago, M., & Matute, H. Thinking in a foreign language reduces the causality bias [J]. *Quarterly Journal of Experimental Psychology*, 2019, 72 (1): 41–51.

[107] Dolan, R. J. Emotion, cognition, and behavior [J]. *Science*, 2003, 298 (5596): 1191–1194.

[108] Ekman, P. Basic emotions [M]// T. Dalgleish. & T. Power (Eds.). *The Handbook of Cognition and Emotion*. Hoboken: John Wiley & Sons, Ltd., 1999.

［109］Englund, K. & Behne, D. Change in infant directed speech in the first six months ［J］. *Infant and Child Development*, 2006, 15（2）: 139–160.

［110］Feeny, B. C. & Kirkpatrick, L. A. Effects of adult attachment and presence of romantic partners on physiological responses to stress ［J］. *Journal of Personality and Social Psychology*, 1996, 70（2）: 255–270.

［111］Ferronato, P. A., Domellöf, E. & Rönnqvist, L. Early influence of auditory stimuli on upper-limb movements in young human infants: An overview ［J］. *Frontiers in Psychology*, 2014, 5: 1043.

［112］Freud S. *The Psychical Mechanisms of Hysterical Phenomena* ［M］. London: Hogarth Press, 1893.

［113］Fraley, R. C., Garner, J. P. & Shaver, P. R. Adult attachment and the defensive regulation of attention and memory: Examining the role of preemptive and postemptive defensive processes ［J］. *Journal of Personality and Social Psychology*, 2000, 79（5）: 816–826.

［114］Fraley, R. C. & Shaver, P. R. Adult attachment and suppression of unwanted thoughts ［J］. *Journal of Personality and Social Psychology*, 1997, 73（5）: 1080–1091.

［115］Fraley, R. C. & Shaver, P. R. Airport separations: A naturalistic study of adult attachment dynamics in separating couples ［J］. *Journal of Personality and Social Psychology*, 1998, 75（5）: 1198–1212.

［116］Geipel, J., Hadjichristidis, C. & Surian, L. How foreign language shapes moral judgment ［J］. *Journal of Experimental Social Psychology*, 2015, 59: 8–17.

［117］Gobl, C., & Ailbhe, Ní. The role of voice quality in communicating emotion, mood and attitude ［J］. *Speech Communication*, 2003, 40（1/2）: 189–212.

［118］Grosjean, F. *Life with Two Languages: An Introduction to Bilingualism* ［M］. Cambridge, Mass: Harvard University Press, 1982.

［119］Hamann, S. Mapping discrete and dimensional emotions onto the brain: Controversies and consensus ［J］. *Trends in Cognitive Sciences*, 2012, 16（9）: 458–466.

［120］Harris, C., Gleason, J. B. & Ayciceği, A. *Languages and Emotions of Multilingual Speakers* ［M］. Clevedon: Multilingual Matters, 2006a.

［121］Harris, C. L., Gleason, J. B. & Ayçiçeği, A. When is a first language more emotional? Psychophysiological evidence from bilingual speakers [M]// A. Pavlenko (Ed.). *Bilingual Minds: Emotional Experience, Expression, and Representation.* Clevedon: Mulilingual Matters, 2006b.

[122] Hazan, C., & Shaver, P. R. Romantic love conceptualized as an attachment process [J]. *Journal of Personality and Social Psychology,* 1987, 52 (3): 511–524.

[123] Helms, J. E. An update of Helm's white and people of color racial identity models [M]// Ponterotto, J. G., Casas, J. M., Suzuki, L. A., et al. (Eds). *Handbook of Multicultural Counseling.* Thousand Oaks, CA: Sage, 1995.

[124] Holmes, J. G. Social relationships: The nature and function of relational schemas [J]. *European Journal of Social Psychology,* 2000, 30 (4): 447–495.

[125] Hong, Y., Morris, M. W., Chiu, C.Y., et al. Multicultural minds: A dynamic constructivist approach to culture and cognition [J]. *American Psychologist,* 2000, 55 (7): 709–720.

[126] Hong, Y. Y., Roisman, G. I. & Chen, J. A model of cultural attachment: A new approach for studying bicultural experience [M]// M. H. Bornstein & L. R. Cote (Eds.). *Acculturation and Parent-child Relationships: Measurement and Development.* London: Routledge, 2006.

[127] Hong, Y., Fang, Y., Yang, Y., et al. Cultural attachment: A new theory and method to understand cross-cultural competence [J]. *Journal of Cross-Cultural Psychology,* 2013, 44 (6): 1024–1044.

[128] Hong, Y. Y., Zhan, S., Morris, M. W., et al. Multicultural identity processes [J]. *Current Opinion in Psychology,* 2016, 8: 49–53.

[129] Hu, F. W., Wang, P. & Li, L. J. Psychometric structure of the Chinese multiethnic adolescent cultural identity questionnaire [J]. *Psychological Assessment,* 2014, 26 (4): 1356–1368.

[130] Huynh, Q. L., Nguyen, A. M. D. & Benet-Martínez, V. *Handbook of Identity Theory and Research* [M]. New York: Springe, 2011.

[131] Ivaz, L., Griffin K. & Duñabeitia, J. Self-bias and the emotionality of foreign languages [J]. *Quarterly Journal of Experimental Psychology,* 2019, 72 (1): 76–89.

[132] John, E. J. *Language and Identity: Nation, Ethnicity, and Religion* [M]. London: Palgrave Macmillan, 2004.

[133] Johnstone, T. & Scherer, K. R. The effects of emotions on voice quality

[C]// John, O., Yoko, H., Manjari, O., et al. (Eds). *Proceedings of the XIVth International Congress of Phonetic Sciences*. San Francisco: University of California, Berkeley, 1999.

[134] Johnstone, T. & Schere, K. R. Vocal communication of emotion [M]// Jeannette, M. & Lisa, F. B. (Eds.). *Handbook of Emotions*. New York: Guilford Press, 2000.

[135] Joseph, J. *Language and Identity: National, Ethnic, Religious* [M]. Berlin: Springer, 2004.

[136] Juslin, P. N. & Petri, L. Communication of emotions in vocal expression and music performance: Different channels, same code? [J]. *Psychological Bulletin*, 2003, 129 (5): 770–814.

[137] Kehrein, R. The prosody of authentic emotions [C]// Bernard, B. & Isabelle, M. (Eds.). *Proceedings of Speech Prosody*. ISCA Archive, 2002.

[138] Keysar, B., Hayakawa, S. L., An, S. G. The foreign-language effect: Thinking in a foreign tongue reduces decision biases [J]. *Psychological Science*, 2012, 23 (6): 661–668.

[139] Knower, F. H. Analysis of some experimental variations of simulated vocal expressions of the emotions [J]. *The Journal of Social Psychology*, 1941, 14 (2): 369–372.

[140] Kobak, R. R., Cole, H. E., Ferenz-Gillies, R., et al. Attachment and emotion regulation during mother-teen problem solving: A control theory analysis [J]. *Child Development*, 1993, 64 (1): 231–245.

[141] Kobak, R. R. & Sceery, A. Attachment in late adolescence: Working models, affect regulation, and representations of self and others [J]. *Child Development*, 1988, 59 (1): 135–146.

[142] Laukka, P., Patrik, J. & Roberto, B. A dimensional approach to vocal expression of emotion [J]. *Cognition and Emotion*, 2005, 19 (5): 633–653.

[143] Lazear, E. P. Culture and language [J]. *Journal of Political Economy*, 1999, 107 (6): 95–126.

[144] LeDoux, J. *The Emotional Brain: The Mysterious Underpinnings of Emotional Life* [M]. New York: Simon & Schuster, 1996.

[145] Leppanen, J. M. & Nelson, C. A. Tuning the developing brain to social signals of emotions [J]. *Nature Reviews Neuroscience*, 2009, 10 (1): 37–47.

[146] Leppanen, J. M., Nelson, C. A. Early development of fear processing [J]. *Current Directions in Psychological Science*, 2010, 21 (3): 200–204

[147] Lucy, J. A. The scope of linguistic relativity: An analysis and review of empirical research [C]// J. J. Gumperz & S. C. Levinson (Eds.). *Rethinking Linguistic Relativity*. Cambridge: Cambridge University Press, 1996.

[148] Magai, C., Distel, N. & Liker, R. Emotion socialization, attachment, and patterns of adult emotional traits [J]. *Cognition and Emotion*, 1995, 9 (5): 461–481.

[149] Marsh, B. U., Pezdek, K. & Ozery, D. H. The cross-race effect in face recognition memory by bicultural individuals [J]. *Acta Psychologica*, 2016, 169: 38–44.

[150] Mastropieri, D. & Turkewitz, G. Prenatal experience and neonatal responsiveness to vocal expressions of emotion [J]. *Developmental Psychobiology*, 1999, 35 (3): 204–214.

[151] Mehrabian, A. & Russell, J. A. *An Approach to Environmental Psychology* [M]. Cambridge: The MIT Press, 1974.

[152] Mikulincer, M. Adult attachment style and individual differences in functional versus dysfunctional experiences of anger [J]. *Journal of Personality and Social Psychology*, 1998, 74 (2): 513–524.

[153] Mikulincer, M. & Florian, V. The relationship between adult attachment styles and emotional and cognitive reactions to stressful events [M]// J. A. Simpson & W. S. Rholes (Eds.). *Attachment Theory and Close Relationships*. New York: Guilford Press, 1998.

[154] Mikulincer, M., Florian, V. & Weller, A. Attachment styles, coping strategies, and posttraumatic psychological distress: The impact of the Gulf War in Israel [J]. *Journal of Personality and Social Psychology*, 1993, 64 (5): 817–826.

[155] Mikulincer, M. & Orbach, I. Attachment styles and repressive defensiveness: The accessibility and architecture of affective memories [J]. *Journal of Personality and Social Psychology*, 1995, 68 (5): 917–925.

[156] Mikulincer, M. & Shaver, P. R. Attachment theory and intergroup bias: Evidence that priming the secure base schema attenuates negative reactions to out-groups [J]. *Journal of Personality and Social Psychology*, 2001, 81 (1): 97–115.

[157] Mikulincer, M., Hirschberger, G., Nachmias, O., et al. The affective component of the secure base schema: Affective priming with representations of attachment security [J]. *Journal of Personality and Social Psychology*, 2001, 81 (2): 305–321.

[158] Minagawa-Kawai, Y., Cristià, A., Vendelin, I., et al. Assessing signal-driven mechanisms in neonates: Brain responses to temporally and spectrally different sounds [J]. *Frontiers in Psychology*, 2011, 2: 135.

[159] Moore, J. K. & Linthicum, F. H., Jr. The human auditory system: A time line of development [J]. *International Journal of Audiology*, 2007, 46 (9): 460–478.

[160] Murray, I. R. & John, L. A. Toward the simulation of emotion in synthetic speech: A review of the literature on human vocal emotion [J]. *The Journal of the Acoustical Society of America*, 1993, 93 (2): 1097–1108.

[161] Murphy, S. T., Monhan, J. L. & Zajonc, R. B. Additivity of nonconscious affect: Combined effects of priming and exposure [J]. *Journal of Personality and Social Psychology*, 1995, 69 (4): 589–602.

[162] Murphy, S. T. & Zajonc, R. B. Affect, cognition, and awareness: Affective priming with optimal and suboptimal stimulus exposures [J]. *Journal of Personality and Social Psychology*, 1993, 64 (5): 723–739.

[163] Nelson, C. Neural plasticity and human development: The role of early experience in sculpting memory systems [J]. *Current Directions in Psychological Science*, 2000, 3 (2): 115–130.

[164] Nathan, G. & Moynihan, D. P. *Ethnicity Theory and Experience* [M]. Cambridge, MASS: Harvard University Press, 1975.

[165] Neufeld, G. A theoretical perspective on the nature of linguistic aptitude [J]. *International Review of Applied Linguistics in Language Teaching*, 1978, 16 (1): 15–26.

[166] Oyserman, D. Culture as situated cognition: Cultural mindsets, cultural fluency, and meaning making [J]. *European Review of Social Psychology*, 2011, 22 (1): 164–214.

[167] Oyserman, D. What does a priming perspective reveal about culture: Culture-as-situated cognition [J]. *Current Opinion in Psychology*, 2016, 12: 94–99.

[168] Panksepp, J. Affective consciousness in animals: Perspectives on

dimensional and primary process emotion approaches [J]. *Proceedings of the Royal Society B: Biological Sciences*, 2010, 277（1696）: 2905-2907.

[169] Pereira, C. Dimensions of emotional meaning in speech [C]// R. Cowie., E. Douglas-Cowie & M. Schröder(Eds.). *Proceedings of the ISCA Workshop on Speech Emotion*. Belfast: Textflow, 2000.

[170] Pendakur, K. & Pendakur, R. Speak and ye shall receive: Language knowledge as human capital [C]// A. Breton (Ed.). *Economic Approaches to Language and Bilingualism*. Department of public works and government services, Canada, 1998.

[171] Phinney, J. S., Lochner, B. T. & Murphy, R. *Ethnic Identity Development and Psychological Adjustment in Adolescence* [M]. Newbury Park, CA: Sage, 1990.

[172] Phinney, J. S. & Ong, A. D. Conceptualization and measurement of ethnic identity: Current status and future directions [J]. *Journal of Counseling Psychology*, 2007, 54（3）: 271–281.

[173] Pierce, T. & Lydon, J. Priming relational schemas: Effects of contextually activated and chronically accessible interpersonal expectations on responses to a stressful event [J]. *Journal of Personality and Social Psychology*, 1998, 75（6）: 1441–1448.

[174] Pittam, J., Cynthia G. & Victor, C. The long-term spectrum and perceived emotion [J]. *Speech Communication*, 1990, 9（3）: 177–187.

[175] Roberts, J. E., Gotlib, I. H. & Kassel, J. D. Adult attachment security and symptoms of depression: The mediating roles of dysfunctional attitudes and low self-esteem [J]. *Journal of Personality and Social Psychology*, 1996, 70（2）: 310–320.

[176] Ross, M., Xun, W. Q. E. & Wilson, A. E. Language and the bicultural self [J]. *Personality and Social Psychology Bulletin*, 2002, 28（8）1040–1050.

[177] Routh, D. & Burgoyne, C. Being in two minds about a single currency: A UK perspective on the euro [J]. *Journal of Economic Psychology*, 1998, 19（6）: 741–754.

[178] Sebastiani, L., Castellani, E. & D'Alessandro, L. Emotion processing without awareness: Features detection or significance evaluation? [J]. *International Journal of Psychophysiology*, 2011, 80（2）: 150–156.

[179] Segalowitz, N., Trofimovich, P., Gatbonton, E., et al. Feeling affect in a

second language: The role of word recognition automaticity [J]. *The Mental Lexicon*, 2008, 3 (1): 47–71.

[180] Scherer, K. R. & James, S. Oshinsky. Cue utilization in emotion attribution from auditory stimuli [J]. *Motivation and Emotion*, 1977, 1 (4): 331–346.

[181] Scherer, K. R. Vocal affect expression: A review and a model for future research [J]. *Psychological Bulletin*, 1986, 99 (2): 143–165.

[182] Schröder, M., Roddy, C., Ellen, D. C., et al. Acoustic correlates of emotion dimensions in view of speech synthesis [C] // P. Dalsgaard, B. Lindberg, H. Benner, et al. (Eds.). *Proceedings of 7th European Conference on Speech Communication and Technology*, 2001.

[183] Shearer, W. & Sun, H. *An Encyclopedia of the 140 Languages of China: Speakers, Dialects, Linguistic Elements, Script and Distribution* [M]. New York: Edwin Mellen Press, 2017.

[184] Simpson, J. A. Influence of attachment styles on romantic relationships [J]. *Journal of Personality and Social Psychology*, 1990, 59 (5): 971–980.

[185] Skinner, E. R. A calibrated recording and analysis of the pitch, force and quality of vocal tones expressing happiness and sadness; and a determination of the pitch and force of the subjective concepts of ordinary, soft, and loud tones [J]. *Speech Monographs*, 1935, 2 (1): 81–137.

[186] Soderstrom, M. Beyond babytalk: Re-evaluating the nature and content of speech input to preverbal infants [J]. *Development Review*, 2007, 27 (4): 501–532.

[187] Sapir, E. The status of linguistics as a science [J]. *Language*, 1929, 5 (4): 207–214.

[188] Tversky, A. & Kahneman, D. The framing of decisions and the psychology of choice [J]. *Science*, 1981, 211 (4481): 453–458.

[189] Wagner, W. Local knowledge, social representations and psychological theory [J]. *Asian Social Psychology*, 1997, 1: 55–75.

[190] Wang, K., Hoosain, R., Lee, T. M. C., et al. Perception of six basic emotional facial expressions by the Chinese [J]. *Journal of Cross-Cultural Psychology*, 2006, 37 (6): 623–629.

[191] Wang, L. L., Fu, S. M., Feng, C. L., et al. The neural processing of fearful faces without attention and consciousness: An event-related potential study [J]. *Neuroscience Letters*, 2012, 506 (2): 317–321.

[192] Waters, H. S., Rodrigues, L. M. & Ridgeway, D. Cognitive underpinnings of narrative attachment assessment [J]. *Journal of Experimental Child Psychology*, 1998, 71 (3): 211-234.

[193] Whorf, B. L. Science and linguistics [J]. *Technology Review*, 1940, 42 (6): 229-231, 247-248.

[194] Whorf, B. L. An American Indian model of the universe [J]. *International Journal of American Linguistics*, 1950, 16 (2): 67-72.

[195] Whorf, B. L. & Carroll, J. B. (Ed.). *Language, Thought, and Reality: Selected Writings of Benjamin Lee Whorf* [C]. Cambridge, Mass: Technology Press of Massachusetts Institute of Technology, 1956.

[196] Williams, C. E. & Kenneth, N. S. Emotions and speech: some acoustical correlates [J]. *The Journal of the Acoustical Society of America*, 1972, 52 (4): 1238-1250.

[197] Wong, R. Y. & Hong, Y. Y. Dynamic influences of culture on co-operation in the prisoner's dilemma [J]. *Psychological Science*, 2005, 16 (6): 429-434.

[198] Wong, G. & Ng, B. Moral judgement in early bilinguals: Language dominance influences responses to moral dilemmas [J]. *Frontiers in Psychology*, 2018, 9: 1070.

[199] Winawer, J., Witthoft, N., Frank, M. C., et al. Russian blues reveal effects of language on color discrimination [J]. *Proceedings of the National Academy of Science of the United States of America*, 2007, 104 (19): 7780-7785.

[200] Wyer, N. A. & Calvini, G. Don't sit so close to me: Unconsciously elicited affect automatically provokes social avoidance [J]. *Emotion*, 2011, 11 (5): 1230-1234.

[201] Zajonc, R. B. On the primacy of affect [J]. *American Psychologist*, 1984, 39 (2): 117-124.

第三章

语言与文化依恋的实证研究

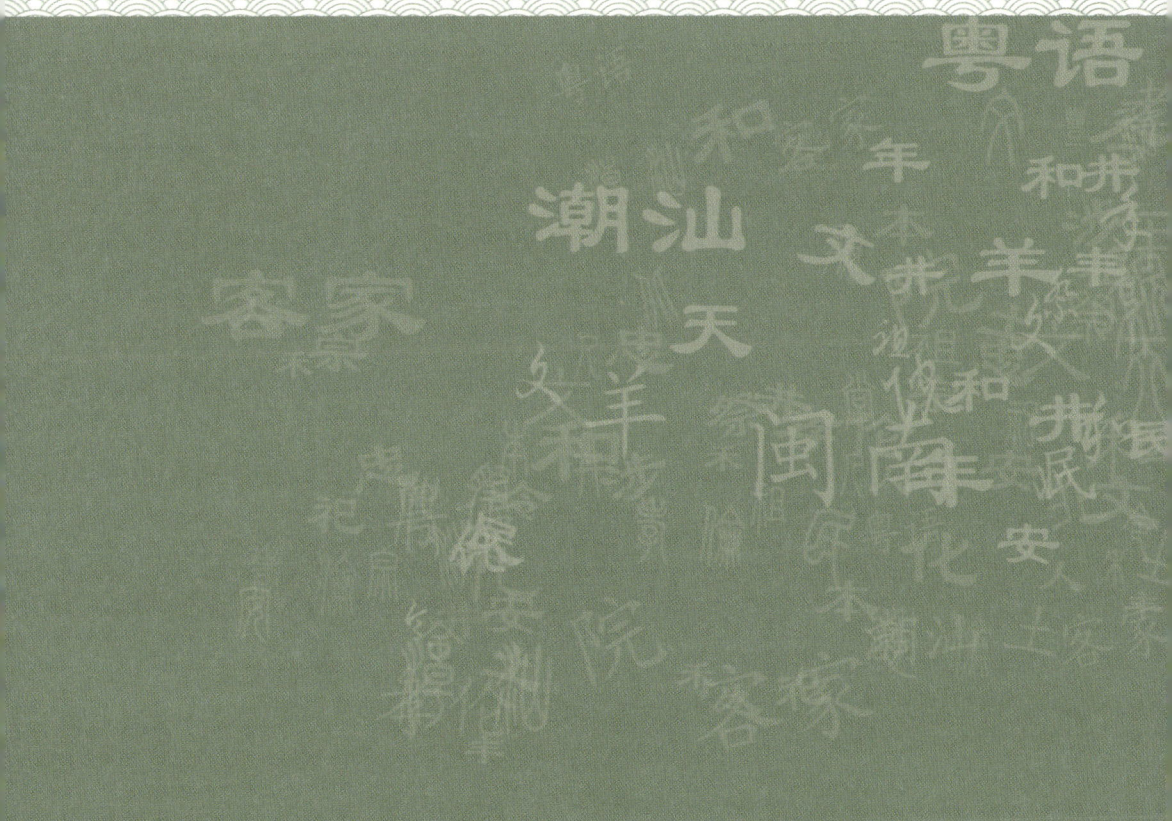

第一节　语言与文化依恋实证研究简介

基于前文的理论分析，本章采用实证方法探讨语言与文化依恋的关系，具体包括三个方面五个研究。

一、文字符号的情感作用

这方面包括研究一"文化符号对大学生情绪的调节作用"和研究二"语言符号与所处文化情境对双语者疼痛共情的影响"。

研究一采用启动范式，以汉语为母语的大学生为被试，在中华文化背景下考察了文化符号和文字符号的安全基地作用。实验一采用包括国家形象和历史遗产的非语言文化符号，实验二采用包括汉字和假字的语言文化符号。研究结果发现：在威胁情境下，阈下呈现国家形象、历史遗产和汉字的中华民族文化符号，提高了被试对随机几何图形的喜爱度评分；在中性情境下，呈现国家形象和历史遗产符号也提高了被试对随机几何图形的喜爱度评分。在中国文化背景下，文化符号对个体情绪具有调节作用，其作用模式受文化符号类型影响。

研究二以中英双语者和在华日中、韩中双语者为被试，以疼痛程度评分与不愉悦程度评分作为对他人疼痛感知与情感体验的指标，采用启动范式设计了两个认知行为实验，考察语言符号与文化情境对疼痛共情的影响。研究结果发现：高认知负荷的语言符号增强了双语者在疼痛共情中的疼痛感知，这种作用不受双语者所在文化情境的影响；对于身处母体文化情境的双语者来说，母语符号加深了疼痛共情中的情感体验，与母语接近的语言符号也具有类似作用；对于身处跨文化情境的双语者来说，外语符号与母语符号对疼痛共情中的情感体验调节作用类似。文化情境能调节语言对疼痛共情的作用。

研究结果表明，文字符号的情感作用体现在其对个体情绪具有调节作用。在母体文化背景下，母语文字符号可以作为个体的安全基地为处于压力下的个体带来安全感，可以增强个体在疼痛共情中的情感体验，身处跨文化情境的个体在外语符号与母语符号作用下会产生相似的疼痛共情的情感体验。

二、定居者语言面貌与文化依恋的关系

这方面有研究三"语言与户籍对客家镇潮汕青年文化依恋的影响"。该研

究以定居于客家镇的潮汕年轻人为研究对象，考察语言与户籍对其文化依恋的影响。研究结果发现，不管是威胁情境还是中性情境，中华文化图片启动下被试对随机几何图形喜好度的评分均最高。在威胁情境下，潮汕文化图片比客家文化图片更能调节被试的情绪，从而得到更高的随机几何图形评分；在中性情境下，客家文化图片启动比潮汕文化图片启动带来更高的随机几何图形评分。户籍与客家话掌握与否对潮汕青年的文化依恋没有影响。

研究结果表明，定居者的语言面貌影响了其文化依恋。对定居地方言的学习提升了定居者对定居地的依恋，对迁出地语言的保持有助于迁居者维系对迁出地文化的依恋。

三、语言与族群认知的关系

这方面包括研究四"语言演变差异与族群 / 方言名称对族群信息加工的影响"和研究五"印尼华裔来华留学生汉语方言面貌与族群认同的关系"。

研究四考察了岭南三大方言（粤方言、以潮汕话为代表的闽方言、客家方言）使用者对同根族群的认识。以唯一方言分别为客家话、粤语、潮汕话的广东大学生为被试，实验一采用群体参照的 R/K 范式，考察不同方言讲话者对中原族群信息的记忆；实验二采用启动 Stroop 范式，考察不同方言讲话者对中原族群信息的注意偏向。研究结果发现：语言演变差异和族群 / 方言名称影响不同方言讲话者对中原族群的信息保持，顽强保持祖先所操语言的客家族群对中原族群的信息加工产生群体参照效应；语言演变差异和族群 / 方言名称亦影响方言讲话者对中原族群信息的注意偏向，客家族群对中原族群的信息加工产生注意偏向。语言演变差异和族群 / 方言名称影响对同祖语族群的信息加工，完整地保留汉祖语特点、强化方言与汉祖语关系，能够增强族群的祖根意识，增进族群与同根族群的认同。

研究五采用自编问卷考察了印尼华裔来华留学生汉语方言面貌与族群认同状况。研究结果发现：语言态度与族群认同呈正相关，方言习得情况影响语言态度与族群认同，身份标签不影响语言态度，只对族群认同产生影响；不同汉语方言背景的印尼华裔来华留学生在语言态度和族群认同上均存在差异。各方言群体的族群认同与语言态度不受华裔代际与汉语水平的影响。

研究结果表明，方言习得与族群认知的关系复杂。除了方言习得情况，方言名称、身份标签对族群认知也产生影响。

第二节　文字符号的情感作用

研究一　文化符号对大学生情绪的调节作用

一、引言

人类是符号动物（卡西尔，1985），具有符号化的思维和行为。人类创造文化的过程也是不断创造与运用符号的过程。语言、神话、艺术、宗教等一切文化，都是人们利用符号创造出来的。人类通过文化符号表征价值意义、承载集体记忆、表达共同情感。因此，对文化的研究与认识，实质是探求符号的意义。心理学有关文化符号意义的探索多立足于认知视角（李炳全，2006）。随着 21 世纪初文化依恋理论的兴起，个体与文化的情感联结被凸显出来，为文化符号意义的考察提供了一个新视角。

人类依恋关系始建于婴儿期。为了在复杂环境中生存下来，人类生来就具有向最初照顾者寻找并且维系亲密关系的倾向（Bowlby，1985），这种本能在威胁情境下更加强烈。儿童早期与照顾者互动的经验使他们获得了人际交往知识，这些体验型知识储存下来，形成了儿童的人际交往模板，即内部工作模型（Ainsworth et al.，1978）。当儿童以亲子依恋为基础探索外部环境时，依恋体验就构成了安全基地，为其提供内在支持和外在动力。当个体面对压力、威胁情境或者通过内部工作模型与他人互动效果不佳时，安全基地图式就会启动，为个体"疗伤"和"提供能量"，帮助个体重新获得安全感（Mikulincer & Florian，1998）。

依恋关系在人的一生中都在持续地发挥作用（Bowlby，1969）。个体依恋与群体依恋是平行关系（Smith et al.，1999）。随着个体成长，依恋对象从个体（如最初照顾者或恋人、朋友等"重要他人"）扩展到社会群体（如族群）。社会群体往往共享相同的文化，即在意识形态上共享信念、价值观和行为准则，体现为具体的行为（如相互接纳、理解或帮助）和抽象的符号系统（如共同的图腾或语言）。文化群体提供的安全感可以表现为抽象化形式。正如成人形成关于依恋对象的心理表征后不需要直接的身体接触也能满足情感需要一样，面临文化适应压力的个体不必返回原有文化环境，也可以通过抽象的文化符号获得安全感。

因此，文化依恋代表个体与文化的稳定情感联结状态（Hong et al.，

2006），包括个体信任和依赖其所属文化和文化群体的程度，以及从中获得支持和安慰的程度（邵雪莹，2016）。文化依恋符合四个原则：文化依恋对象可以是抽象的文化符号；文化依恋可以作为安全基地为个体提供安全感；安全基地的功能在个体面临威胁的情况下可以被激活；文化依恋可以帮助个体缓解心理压力以及应对威胁（Hong et al.，2013）。

对文化符号的情感作用的量化研究最初是在英国民众普遍反对英国加入欧元区的背景下展开。随后，相关探讨从接近跨文化情境扩展至实际的跨文化情境。有研究发现，在威胁情境下，文化符号的呈现激活了跨文化个体的安全基地并且缓解其心理压力。在威胁性英语单词（如 separation）启动下，呈现文化图标（如国徽、国家航空公司商标）使留学新加坡的印度尼西亚学生提高了对随机几何图形的喜爱度评分，即文化图标带来了积极情感，这种情感帮助个体缓解了压力。母体文化（印尼文化）图标的作用强于东道主文化（新加坡文化）图标。母体文化图标产生的积极情感转移与低感知歧视、低文化适应压力、高主观幸福感相关，东道主文化仅与高主观幸福感相关（Hong et al.，2013）。增强母体文化依恋有助于旅居者适应新文化。Fu 等（2015）调查了在中国香港生活几个月的美国留学生，在接受苹果派、棒球等美国代表性文化符号刺激后，他们对自身留学经历的评估更积极。有研究者联系了准备到国外留学的中国香港学生，根据他们留学前是否焦虑分类，对两类学生在留学前、中、后三个阶段的感受进行调查。研究结果发现，通过"书写香港代表性文化符号并解释其有代表性的原因"方式强化母体文化依恋，可让在留学前焦虑不安的学生对自己的出国经历产生更积极的评估，表明母体文化对跨文化情境中的个体有持久的支持作用。文化符号还保护个体的生理健康。身处母体文化情境的新加坡大学生在接受威胁图片刺激后，阈下呈现的文化符号发挥了缓冲作用，减轻了皮肤电反应，降低了威胁带来的焦虑和恐惧（Yap et al.，2017）。

尽管上述研究结果支持文化依恋的四个原则，但对文化依恋理论的检验有必要把文化差异纳入考虑范围。具体到中国文化背景，至少需要考虑两个问题：

第一，中华文化中强烈的家国情怀是否影响安全基地的激活条件，即安全基地是否只在威胁情境下被激活？文化依恋的本质是文化符号依恋——文化符号作为安全基地，在个体面对压力时启动并帮助个体重新获得安全感（Mikulincer & Florian，1998）。安全基地的始源是家庭，如婴儿对照顾者（一般为母亲）的依恋体验。婴儿的依恋行为既是生物本能，也受环境塑造（Lynch，1997）。其中，环境作用主要包括家庭养育方式、父母的人格特质等直接影响和社会文化的潜移默化作用（Van Ijzendoorn & Kroonenberg，1988；Thompson et al.，2022；吴放、邹泓，1995）。文化作用主要通过家长的言传身教与教养的内容资源来实现。

梁漱溟（1922）指出，文化是民族的生活样法。文化的特点取决于一定自然地理环境条件下生产力和生产关系发展的程度与性质（切博克萨罗夫、切博克萨罗娃，1989）。中华民族利用温带气候与广袤的流域平原造就了绵延数千年之久的农耕文明（钱穆，2004）。居有定所是农业文明的产物。由此，家庭一直是中华民族的安身立命之地。虽然随着时代发展和生产方式变迁，人们的家庭观念有所淡化，但中国综合社会调查数据显示，当代中国青年依然重视家庭（胡益顿，2021）。"在家千日好，出门一时难""金窝银窝不如自己的狗窝"，这些俗语反映了中国人对家庭的特殊情感：家庭是让中国人一提到就倍感温馨的港湾，这种温馨感觉并非只在威胁情境下发挥作用。进一步地，如钱穆所言："有家而有国，次亦是人文化成。中国俗语连称国家，因是化家成国，家国一体，故得连称。"家国情怀是中华文化中的核心价值理念，将"家国"分而论之时，"家"与"国"具有互本性，即家以国为本、国以家为本；当"家国"作为整体时，通常偏重以国为家（陈望衡、张文，2021）。新时代大学生具有强烈的家国情怀（邱尹，2021）。由此推论，在中国文化背景下，人们看到象征国家的文化符号就会产生安全感，不管是否处于威胁情境。

第二，中华文化中独特的文字符号是否也发挥安全基地作用？在诸多文化符号中，文字是文化的载体，也是文化的重要表现形式。文字在文化传承中发挥了不可或缺的作用。然而，作为文化符号，文字的作用并未得到充分考察（Hong et al.，2013）。例如，用于启动安全基地图式的文化符号同时包含图像与文字，如商标中的汉字、英语或印尼语等；相关研究者并未考虑语言文字本身也有安全基地的功能。例如，英语单词被用于创设威胁情境（Hong et al.，2013）。作为一种国际语言，英语是世界上使用地域最广的语言。十多个国家以英语为母语，七十多个国家以英语为官方语言或半官方语言（陆洪磊、金舒洋，2025）。全球以英语为第一语言的使用者超过 3.5 亿人，把英语作为第二语言并经常使用者约有 3.5 亿人，把英语作为外语且能流利使用者约有 1 亿人（徐波，2010）。国际组织的工作语言基本以英语为主（赵运、李宇明，2025）。同时，英语也是互联网上使用最广泛的语言，它在全球网站内容中占比高达 49.7%，位居第二的中文则占 19.4%（Simon，2024）。英语在世界语言格局中的地位，降低了其作为群体文化符号的独特性，尤其是面向非母语者时，采用英语单词创设威胁情境受到了认可。

然而，有关中国文化符号的调查显示，汉语和汉字被认为是最有代表性的中国文化符号（王一川等，2010）。一方面，汉字集形象、语音、意义于一体，在世界文字中独树一帜；另一方面，汉字是历史最悠久的文字系统。陈寅恪说："依照今日训诂学之标准，凡解释一字即是作一部文化史。"中国人视汉字为中华文化的基因谱系，对汉字有强烈认同。由此推论，汉字作为独特的文化符号具有情感功能，可成为依恋符号，发挥安全基地的功能。对于语言文字是否文化依恋的对象，尽管现有研究并未展开直接探讨，但研究者已意识到其作为安全基地的可能性。例如，在对新加坡大学生展开文化依恋研究时，研究者采用图片而非英语单词创设威胁情境（Yap et al., 2017）。

基于上述考虑，本研究在中国文化背景下考察文化符号类型与情境对安全基地的唤醒效果。文化符号分为非语言文化符号与语言文化符号，非语言文化符号分为国家形象与历史遗产，情境分为威胁情境与中性情境。不同类型的文化符号与不同情境对安全基地的唤醒效果是否有差异，尚不清楚。这一探索在当下具有深刻的实践意义。当今世界正经历百年未有之大变局，也是实现中华民族伟大复兴的关键期。面对复杂的形势，国人需要自信自强。在面向未来时，年轻人更需要提振信心和增添力量，而文化是信心与力量的重要源泉。把握年轻人文化情感的真实动态，是培育其文化自信的坚实基础。

因此，本研究以大学生为被试，将文化符号从两个层面划分，先区分语言文化符号和非语言文化符号，再将非语言文化符号分为国家形象与历史遗产，创设威胁情境与中性情境，考察不同类型文化符号对不同情境下的个体情感的调节作用。本研究参照前人研究范式（Mikulincer et al., 2001），先阈下呈现图片创设威胁情境或中性情境，再阈下呈现不同类型的符号，然后快速呈现掩蔽刺激，最后呈现随机几何图形，要求被试对图形的喜爱度进行评分。

实验逻辑如下：由于随机几何图形是无意义的，被试对其的喜好更多地依赖先前刺激。相对于中性情境，威胁情境给被试带来了焦虑和恐惧的情绪。如果文化符号的出现能够促进安全基地的激活，那么被试能从激活的安全基地中汲取力量，重获安全感，缓解消极情绪，从而提升其对随机几何图形的评价；如果文化符号的出现不能促进安全基地的激活，那么被试的消极情绪将持续，并降低其对随机几何图形的评价。需要指出的是，阈下呈现是为了避免意识干扰，因为意识层面的觉察会妨碍积极情绪溢出到不相关的刺激上（Murphy & Zajonc, 1993）。

二、实验一：非语言文化符号对不同情境中大学生情感的调节作用

（一）被试

大学生 38 名（女 20 人，男 18 人），年龄为 21.67 ± 2.01 岁，右利手，视力或矫正视力正常，出生并成长于中国内地，以汉语为母语。

（二）实验设计

2（情境类型：威胁情境、中性情境）×3（非语言文化符号类型：国家形象符号、历史遗产符号、几何图形符号）被试内设计。因变量为被试对随机几何图形喜爱度的评分。

（三）实验材料

24 张情境刺激图片从中国情绪材料情感图片系统（Chinese Affective Picture System，简称 CAPS）中选取，其中，12 张威胁性图片作为威胁情境，12 张物体图片为中性情境。不同情境图片的愉悦度（范围从愉悦到不愉悦）、唤醒度（范围从兴奋到冷静）和优势度（范围从支配到被支配）的均值和标准差见表 3-1。

表 3-1　实验一情境图片的愉悦度、唤醒度和优势度的均值和标准差

情境类型	愉悦度	唤醒度	优势度
威胁情境	2.77（0.51）	5.87（0.49）	3.23（0.70）
中性情境	5.73（0.75）	4.07（0.72）	7.01（0.32）

注：括号内的数字为标准差，下同。

独立样本 t 检验发现，两类图片在三个指标上均存在显著差异：$t_{愉悦度}(22)=$ -11.50，$p < 0.001$；$t_{唤醒度}(22)=7.74$，$p < 0.001$；$t_{优势度}(22)=-17.23$，$p < 0.001$。这说明，图片符合实验需要。

实验采用启动范式。启动刺激包括 8 个国家形象符号、8 个历史遗产符号和 8 个几何图形符号。参考王一川等（2010）的研究，国家形象符号选取中国国旗、中国国徽、中国地图、2008 年北京奥运会会徽、2022 年北京冬奥会吉祥物和人民大会堂等。历史遗产符号选取兵马俑、故宫、长城、京剧脸谱、造纸术、文房四宝、天坛和中国结。几何图形符号为带矩形边框的单个几何图形。目标刺激为 24 个黑白的随机几何图形集合。参照 Hong 等（2013）的研究，随机几何图形的产生方式为在矩形边框中随机放置圆点、正方形或三角形（见图 3-1）。所有图片像素为 433 pix × 289 pix。实验材料用 24 英寸显示屏呈现，分辨率为 1 920 × 1 080 像素，灰色背景，被试直坐时双眼距离显示屏约 60 cm。

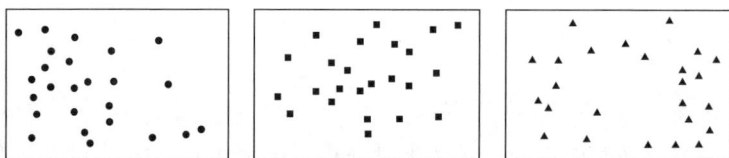

图 3-1　评估图形示例

（四）实验程序

采用 E-Prime3.0 编程。实验流程：首先在屏幕中央呈现 "+" 注视点 1 000 ms，然后呈现情境刺激图片 17 ms，再在屏幕中央出现启动刺激图片 17 ms，随后在屏幕中央出现屏蔽图形 30 ms，最后出现随机几何图形。要求被试对随机几何图形的喜爱度进行 6 点量表评分，1 表示非常不喜欢，6 表示非常喜欢，并按键盘上相应数字键。（见图 3-2）评分完毕后，随机几何图形消失。空屏 3 s 后，进入下一试次。在正式实验前，有 6 次练习。

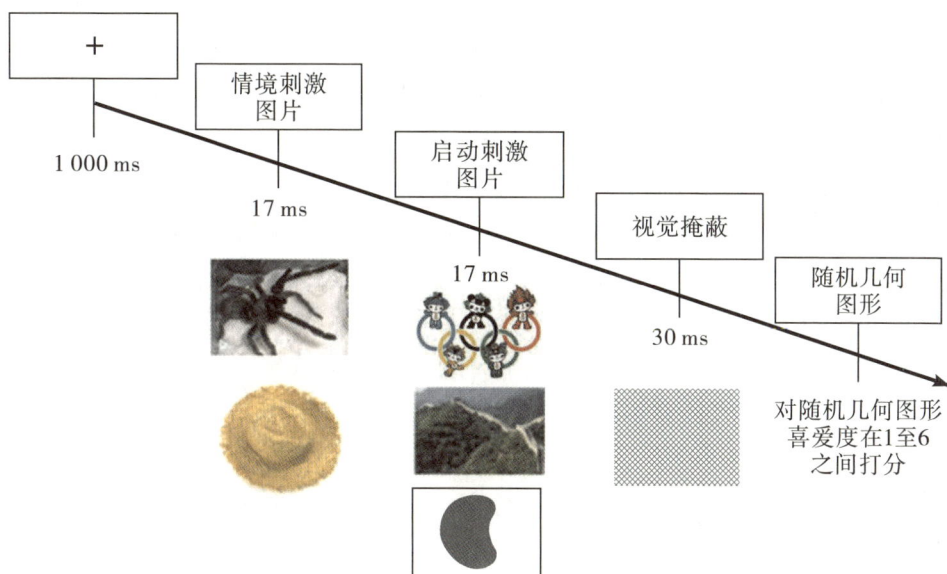

图 3-2　实验一程序示意图

（五）结果与分析

被试对随机几何图形的喜爱度评分见表 3-2。重复测量方差分析表明，情境类型的主效应非常显著，$F(1, 37) = 9.80$，$p = 0.003$，$\eta_p^2 = 0.21$。在威胁情境下，被试对随机几何图形的评分（$M = 3.27$，95%CI [3.07, 3.46]）显著低于在中性情境下（$M = 3.60$，95%CI [3.35, 3.84]）；非语言文化符号类型的主效应非常显著，$F(2, 74) = 17.90$，$p < 0.001$，$\eta_p^2 = 0.33$。在国家形象符号（$M = 3.76$，95%CI [3.51, 4.01]）和历史遗产符号（$M = 3.49$，95%CI [3.25, 3.72]）启动下对随机几何图形的评分显著高于在几何图形符号启动下（$M = 3.05$，95%CI [2.82, 3.29]），$ps < 0.001$；在国家形象符号启动下对随机几何图形的评分显著高于在历史遗产符号启动下，$p = 0.027$；情境类型和启动符号类型的交互作用不显著，$F(2, 74) = 0.71$，$p = 0.496$。

表 3-2　实验一不同情境下被试对随机几何图形的喜爱度平均评定

情境类型	启动符号类型		
	国家形象符号	历史遗产符号	几何图形符号
威胁情境	3.64（0.91）	3.36（0.79）	2.81（0.86）
中性情境	3.89（0.96）	3.62（0.98）	3.30（0.90）

为了进一步了解不同文化符号的作用，对两种情境、三种符号启动下对随机几何图形的评定进行配对 t 检验，发现在国家形象符号启动下，在威胁情境与中性情境下对随机几何图形的评定差异不显著，$t(37) = -1.35$，$p = 0.186$；在历史遗产符号启动下，在威胁情境与中性情境下对随机几何图形的评定差异也不显著，$t(37) = -1.53$，$p = 0.135$；在几何图形符号启动下，在威胁情境与中性情境下对随机几何图形的评定差异显著，$t(37) = -3.02$，$p = 0.005$，在中性情境下对随机几何图形的评定显著高于在威胁情境下。

因此，实验一表明，非语言文化符号类型与情境类型对大学生对随机几何图形喜爱度评分的影响是相互独立的。相对于中性情境，威胁情境降低了对随机几何图形的评分；相对于几何图形符号，国家形象符号与历史遗产符号均提升了大学生对随机几何图形的评分，这种提升作用不受情境影响，而且国家形象符号的提升作用强于历史遗产符号。

三、实验二：语言文化符号对不同情境中大学生情感的调节作用

（一）被试

同实验一。被试完成实验一后休息 5 分钟，然后进行实验二。

（二）实验设计

2（情境类型：威胁情境、中性情境）×3（启动符号类型：汉字、假字、键盘符号）被试内设计。因变量为被试对随机几何图形的喜爱度评分。

（三）实验材料

24 张情境刺激图片从中国情绪材料情感图片系统中选取，其中，12 张威胁性图片作为威胁情境，12 张物体图片作为中性情境。所选图片均与实验一不重复。不同情境图片的愉悦度、唤醒度和优势度的均值和标准差见表 3-3。独立样本 t 检验发现，两类图片在三个指标上均存在显著差异：$t_{愉悦度}(22) = -4.18$，$p < 0.001$；$t_{唤醒度}(22) = 3.93$，$p < 0.001$；$t_{优势度}(22) = -4.12$，$p < 0.001$。这表明，两类图片的情绪激活作用符合实验需求。

表 3-3 实验二情境图片刺激的愉悦度、唤醒度和优势度的平均分

情境类型	愉悦度	唤醒度	优势度
威胁情境	2.65（0.52）	5.84（0.67）	3.33（0.90）
中性情境	5.19（0.43）	3.25（0.51）	7.11（0.19）

启动刺激包括 8 个高频汉字、8 个假字和 8 个常用键盘符号。汉字选自国家语言文字工作委员会汉字处 1988 年编制的《现代汉语常用字表》2 500 个常用字，笔画数在 5—9，平均笔画数为 7，平均字频为 898.25/ 百万。假字的构字笔画和部件及组合关系均符合汉字正字法，但没有意义且在汉字中不存在，如"宀"，该组假字笔画数在 4—9，平均笔画数为 6。键盘符号为电脑键盘上非标点符号的符号，如"#"。30 名不参加正式实验的大学生采用 5 点量表评定启动刺激的熟悉度与情感意义。3 组启动刺激分别随机分为两组，一组用于威胁情境，另一组用于中性情境。配对样本 t 检验表明：两组汉字的平均熟悉度差异不显著，$t(3) = -1.15$，$p = 0.332$；平均情感意义差异不显著，$t(3) = -0.64$，$p = 0.569$。两组假字的平均熟悉度差异不显著，$t(3) = 0.15$，$p = 0.894$；平均情感意义差异不显著，$t(3) = -0.20$，$p = 0.857$。两组键盘符号的平均熟悉度差异不显著，$t(3) = -1.05$，$p = 0.37$；平均情感意义差异不显著，$t(3) = -2.10$，$p = 0.126$。结果见表 3-4。目标刺激为 24 个黑白随机几何图形（圆点、正方形、三角形）的集合。所有图片像素为 433 pix × 289 pix。启动刺激呈现方式为白底黑字，汉字字体为楷体，英语与键盘符号使用 Times New Roman 字体，字号均为 28。

表 3-4 实验二启动刺激的平均熟悉度与平均情感意义

符号类型	熟悉度		情感意义	
	威胁情境	中性情境	威胁情境	中性情境
汉字	4.65（0.13）	4.74（0.18）	3.28（0.19）	3.32（0.22）
假字	2.39（0.15）	2.37（0.26）	2.36（0.21）	2.39（0.17）
键盘符号	4.31（0.21）	4.50（0.22）	2.98（0.11）	3.15（0.23）

（四）实验程序

除启动刺激材料改为文字或键盘符号外，其他同实验一。

（五）结果与分析

被试对随机几何图形的喜爱度评分见表 3-5。

表 3-5　实验二不同情境下被试对随机几何图形的喜爱度平均评定

情境类型	启动符号类型		
	汉字	假字	键盘符号
威胁情境	3.59（1.05）	3.40（1.01）	3.00（0.90）
中性情境	3.60（0.90）	3.34（0.95）	3.39（1.00）

　　方差分析表明，情境类型的主效应不显著，$F(1, 37) = 1.42$，$p = 0.241$。启动符号类型的主效应显著，$F(2, 74) = 4.30$，$p = 0.017$，$\eta^2 = 0.104$。在汉字启动下的评分（$M = 3.59$，$95\%CI[3.29, 3.90]$）显著高于在键盘符号启动下（$M = 3.19$，$95\%CI[2.92, 3.46]$），$p = 0.003$；汉字启动与假字启动的评分（$M = 3.38$，$95\%CI[3.08, 3.67]$）差异不显著，$p = 0.128$；假字启动与键盘符号启动的评分差异也不显著，$p = 0.216$。情境类型与启动符号类型的交互作用边缘显著，$F(2, 74) = 2.91$，$p = 0.061$，$\eta_p^2 = 0.073$。简单效应分析表明，在威胁情境下，三种符号启动下对随机几何图形的评分差异显著，$F(2, 111) = 3.50$，$p = 0.034$。汉字启动评分（$M = 3.59$，$95\%CI[3.24, 3.93]$）显著高于键盘符号启动（$M = 3.00$，$95\%CI[2.70, 3.29]$），$p = 0.011$；假字启动评分（$M = 3.40$，$95\%CI[3.07, 3.74]$）边缘显著高于键盘符号启动，$p = 0.075$；汉字启动与假字启动的评分差异不显著，$p = 0.435$；在中性情境下，三种符号启动的评分差异不显著，$F(2, 111) = 0.73$，$p = 0.486$。

　　分别对两种情境、三种符号启动下对随机几何图形的喜爱度评分进行配对 t 检验，发现在汉字启动下威胁情境与中性情境的评分差异不显著，$t(37) = -0.09$，$p = 0.931$；在假字启动下的评分差异也不显著，$t(37) = 0.48$，$p = 0.636$；在键盘符号启动下的评分差异显著，$t(37) = -2.44$，$p = 0.020$；中性情境的评分显著高于威胁情境。

　　因此，实验二表明，文字符号与情境共同影响了被试对随机几何图形的喜爱度评分。在威胁情境下，相较于常用键盘符号，汉字与假字提升了被试对随机几何图形的喜爱度评分。

四、讨论

　　本研究表明，国家形象、历史遗产和汉字的中华文化符号对大学生的情感产生调节作用。在威胁情境下，与一般几何图形或键盘符号相比，大学生在中华文化符号启动下对随机几何图形的喜爱度评分更高，对无意义图形产生更积极情感。在知觉到中华文化符号后，即使是阈下知觉，个体亦产生了积极情感，这种情感对威胁情境带来的消极情绪具有调节和修复作用。国家形象和历史遗产的非语言文化符号在中性情境下也发挥作用，在国家形象符号和历史遗产符号启动下，大学生提升了对随机几何图形的喜爱度评分。

（一）关于文化符号的情感唤起作用

卡西尔（Cassirer）在《符号形式的哲学》中指出：所有在某种形式上或在其他方面能为知觉所揭示出意义的一切现象都是符号，尤其当知觉作为对某些事物的描绘或作为意义的体现并对意义做出揭示时更是如此。符号代表的是深藏于背后的意义，这种意义来自人对他物认知后形成的观念。吉罗在1971年出版的《符号学概论》中指出：符号一直是某种意愿的标志，它传播一种意义。符号作为一种意识活动，可帮助人类认知客观世界，其意义得到普遍重视。文化符号亦如是。

文化涵盖由共识符号系统载荷的社会信息及其生成和发展（蔡俊生等，2003）。同一性或一体性文化在广大族群成员中横向传播和代际传承，离不开文化"符号化"与符号"扩散化"（范俊，2021）。一方面，文化符号表达了人类的精神文化。当一种文化现象被人们普遍接受为标志性特征，就说明其蕴含的精神被人们普遍认可，由此形成了一致性文化符号。另一方面，文化符号是识别文化族群的标志。文化符号标志了不同族群，代表不同的文化共同意识，人们可以通过文化符号区分不同文化族群，也可以在自身族群的文化符号中找到现实中的自我和想象中的自我（邴正，2013）。

文化形成包含了人与自然的相互作用，文化符号的产生是人与自然交换能量并不断凝聚思想内涵的过程（李琳，2022）。在文化形成过程中，随着时间沉淀形成了某些独特事物，如习俗、服饰、建筑等。这些事物并不都具有文化的特征与意义。只有人作为文化实践的主体在某些看似平凡的事物中注入了情感、赋予了价值，这些事物才产生意义。实际上，在任何意义活动的符号化过程中，当情感注入其中，便会发生"化学反应"，文化符号化便获得了文化传播优势（刘子建、贾明楚，2017）。已有研究表明，人们对所属族群的文化符号存在注意偏向（Han & Northoff，2008；李莹，2020；梅静，2019）。这种注意偏向的实质是内群体偏好——有关"我们"的信息获得了更多的认知资源与更正向的评价。这种偏好源于个体对"我们"族群的认同。"我们"与"他们"的区分（内、外群体的区分）不仅是纯粹的认知分类，还具有强烈的情感意义。人类对群体的依恋，内群体优先于外群体，在社会生活中具有普遍性（Brewer，2016）。

进一步地，人们往往用暗示血缘关系的语言亲切地与内群体对话。例如，称呼祖国为"母亲"，将自己标识为祖国的"儿女"。"祖国"就是一个民族共同体的标记符（Mnemonic），它与相关的象征性标识（如国旗）构成了一个有共同意义的复杂网络，构成了文化依恋的对象。文化依恋理论认为，文化依恋的对象可以是抽象的文化符号；这种依恋类似于亲子依恋，能够启动个体的安全基地图式，帮助个体在面对威胁时缓解心理压力，重新获得安全感（Hong et al.，2013；Yap et al.，2017）。

简而言之，文化符号的情感作用不仅体现为族群成员对"我们"的文化符号持有普遍的情感认同，还表现在文化符号能够启动个体的安全基地图式，为族群成员提供了安全感，帮助其缓解消极情绪，应对威胁情境。就像对每一个具有家国情怀的中国人而言，说一句"祖国同我（你）在一起"或"祖国在我（你）身后"，也会使个体增加安全感和力量。这样的例子在生活中比比皆是。本研究用实证的方法证明了这一点。

（二）关于在中国文化背景下的文化依恋

1. 关于大学生对非语言文化符号的依恋

相对于已有研究结果，本研究发现，对中国大学生来说，国家形象与历史遗产的非语言文化符号带来的安全感并不只是在威胁情境下才得到凸显，在中性情境下，这些符号也提升了个体的积极情绪。这是中华文化的核心理念——家国情怀所致。

中华传统文化中的"家"与现代语境中的"家"有一定区别。《说文解字》："家，居也。"现代语境中的"家"多指家庭。钱穆（2004）指出："百亩之田，五口之家，既得安居，又可传之百世，生长老死，不离此土，可乐益甚。"梁启超指出："吾中国社会之组织，以家族为单位，不以个人为单位，所谓家齐而后国治是也。"然而，在古代，"家"还有另外的含义。《说文解字》："国，邦也。"在西周时，诸侯的封地称为"国"，大夫的封地称为"家"。"国"与"家"均强调"居"之地域。稳定居所的代际延续凸显了祖先的意义。由此，家园意识、祖源意识和由认同带来的力源意识构成了家国情怀（陈望衡、张文，2021）。之所以说"家国"而不说"国家"，是因为言及"家国"，所凸显的是一种对家的情怀——爱国如爱家。家国情怀是一种源自个体内心的朴素的情感表达，也是中华优秀传统文化的基本内涵之一（郭太铭，2020）。

当代大学生正处在中华民族伟大复兴的战略全局和世界百年未有之大变局中，四十多年改革开放带来了经济空前发展、生产方式变革、社会结构变迁和社会现代化转型；科技革命深入推进、经济全球化持续发展、大国战略博弈推动、文明交流互鉴不断强化的叠加冲击带来了错综复杂的国际环境。在"两个大局"背景下，尽管大学生的三观尚处于发展过程中，但家国情怀作为中华文化的"基因"依然根基深厚。在本研究中，大学生的家国情怀具体表现为在国家形象符号与历史遗产符号阈下启动下能够激发大学生的安全基地图式，使其产生积极情感。

本研究结果与外显调查研究结果基本一致。王一川等（2010）通过问卷调查发现，在大学生眼中，最具有代表性的中国文化符号主要集中在传统文化符号、政治文化符号和非物质文化符号上。国家形象符号对应政治文化，历史遗产符号对应传统文化，两者分别契合了家国情怀中的家园意识和祖源意识。在家国情怀作用下，国家形象符号与历史遗产符号的呈现，即使是难以被觉察的阈下呈现，也能够改善个体面临威胁时的情绪，还能够提升个体在中性情境下的情感体验。

2. 关于大学生对语言文化符号的依恋

语言是文化的重要载体。身处异乡的漂泊之人在听到乡音时总是倍感亲切。这是由于语言的物质外壳展现出个体所属的文化群体，羁旅之人通过语言将其与自己归属于某一文化群体，产生了情感上的趋近。

文化依恋的形成离不开语言。个体接触文化，通过与文化的相互作用形成情感联结，这一过程往往发生在一定的语言环境中。个体借助语言进行思维，对文化社团进行喜好判断，使用语言进行交际，建立群体关系。概言之，在个体的依恋发展中，语言发挥着不可或缺的作用。

理论上，文化依恋实质上是将文化作为母体，是个体对类似母体的文化社团的情感寄托。如果将这一母体文化社团具象化，核心所指是个体所属族群。族群意指在同一社会中共享文化，特别是共享同一语言的一群人（Barfield，1997）。族群成员用独特的行为维持文化特征，以排除他族的性质，被称为族群边界。语言对维持族群边界起着重要作用（周大鸣，2001）。个体根据自身所处的文化社团或经历的文化体验形成了"我们"族群。由此推论，语言与文化依恋关系密切。本研究为以上推论提供了证据。汉字作为中华民族的语言符号，对中国大学生来说具有安全基地的功能。当他们面临威胁情境时，汉字的阈下呈现激活了他们的安全基地图式，帮助他们缓解了心理压力，从而提高了他们对随机几何图形的喜爱度评分。

第一，汉字契合了家国情怀中的家园意识。汉字是世界上唯一还在使用的表意文字。汉字在历史上虽然为华夏族首先使用，但在中华各民族大融合的过程中，汉字逐渐成为中华各民族共同使用的文字。当旅居国外者走进唐人街，看到各种各样的汉字标识，就仿佛回到家乡，思乡情绪顿时会得到极大的缓解。

第二，汉字契合了家国情怀中的祖源意识。中华民族使用汉字的历史已几千年，在这期间，虽然汉字形体发生了很大变化，经历了"甲骨文→金文→大篆、六国古文→小篆→隶书→楷书、草书、行书"各个发展阶段，但其结构和规律已延续下来。而且，无论中国历史上的统治者是华夏族还是少数民族，中国的诸多典籍绝大多数都是用汉字书写的，从汉字的发展变化可以看出中华民族的历史变迁，用汉字撰写的典籍在不断述说着祖先的故事。

第三，汉字契合了家国情怀中的力源意识。语言标志个体的族群身份，对语言符号的依恋是对族群认同的象征之一。有研究表明，中国大学生对中国的语言符号有理性的认知，在全国大学生对最具代表性的中国文化符号评分中，"汉语/汉字"在270个选项中得分高居首位（王一川等，2010）。

本研究表明，大学生与汉字符号有密切的情感联结，汉字成为大学生的依恋对象，可以启发他们的安全基地图式，激发他们的积极情感，体现了语言的认同功能（李宇明，2018；Shearer & Sun，2017；孙宏开，2017）。

本研究还表明，对大学生而言，在现实中不存在而且缺乏意义的假字也具有安全基地的功能。假字的出现缓解了个体在威胁情境下产生的消极情绪，使其对随机几何图形的评分不低于在中性情境下。由于假字是采用汉字部件按照汉字的正字法规则构造的，因此，尽管结果难以区分是部件还是正字法抑或两者的共同作用，但考虑到是阈下呈现，具备部件和结构规则的元素均可能激发个体的积极情感。实际上，在汉字知觉中存在由整体到部分和由部分到整体的双向平行加工（张积家，2007）。实验二表明，只要汉字知觉的进路被激活，即使最后无法通达假字的语义，有关的情感联结还是能够被启动。当然，如果最后通达了语义，情感联结的激活会更强，表现在真字对个体消极情绪的缓解效果比假字更好。

3. 关于非语言文化符号与语言文化符号的依恋模式差异

本研究表明，对中国大学生而言，非语言文化符号和语言文化符号均具有激活安全基地的功能，但两者的依恋模式存在差异：非语言文化符号在中性情境下也能够激发积极情感，语言文化符号只在威胁情境下产生了情感支持作用。这可能有两方面原因：

首先，从意义上看，实验二使用的语言文化符号是高频汉字。评定表明，这些汉字的情感意义是中性的。它们虽然具有丰富的语义，却并不具有强烈的情感意义。对比之下，实验一使用的非语言文化符号是有代表性的中华文化象征物，如国旗、长城等，这些事物图像本身就传达了强烈的情感，因而在中性情境下也能够唤起大学生的安全基地图式。

其次，从形式上看，本研究使用图像作为非语言文化符号，比起文字符号，彩色图像具有更强的视觉冲击力，使基于感性思维的图像具有更强大的情感能量，突出表现为身临其境、逼真性和具象性，能够直抵人心（Hill & Helmers，2004）。对比之下，文字主要诉诸理性和逻辑推理。有学者认为，图像是人类情感的符号化创造（朗格，1986）。图像不仅有常见的移情作用，还能表现人们的审美情感。有研究表明，若包装上有产品图片，消费者会对产品产生更积极的态度，并增强对品牌的关注（Underwood et al.，2001）。在某种程度上，图像更具有传播力，情感比理性更有说服力，能够轻松地跨越语言文字符号的畛域（刘庆、何飞，2021），因而更能唤起知觉者的情绪，启动知觉者的安全基地图式。

（三）本研究的启示和局限

本研究结果对铸牢中华民族共同体意识具有重要启示。一方面，培养文化依恋有助于铸牢中华民族共同体意识。中华文化认同是凝聚中华民族共同体意识的强大力量（崔榕、赵智娜，2021；王稳东，2021）。文化在很大程度上是基于表征性的表现，通过代表文化的符号来呈现，如旗帜、地点、人物等。对儿童而言，在其适应所处文化情境／完成社会化之前，这些符号是无意义的，并未表现出更高的审美价值或情感价值。但在他们从无到有了解这些符号所蕴含的价值过程中，必然会接触到这些符号所蕴含的情感标记，如爱国情感。这种情感标记通常会使人形成特定身体反应。例如，在国际赛事上看到国旗升起时心率升高的生理反应。这种身体反应在依恋形成中发挥着积极作用。尽管情感的衍生有复杂的机理，然而，根据具身理论，情绪情感与身体是相互统一的关系（李荣荣等，2012；Winkielman et al.，2015）。这种强烈的情感将文化符号与个体经历和群体记忆联结起来，成为理性意义认知的基础。简而言之，树立和突出各民族共享的中华文化符号的情感意义，为其厚植家国情怀，是对广大青少年进行铸牢中华民族共同体意识教育的有效途径。

另一方面，良好的文化依恋有助于维护个体和群体的心理健康。在跨文化情境下，文化依恋能够缓解个体因跨文化交流与文化融入产生的心理压力，提高心理与社会适应水平（Fu et al.，2015；Hong et al.，2013；邵雪莹，2016；Yap et al.，2017）。本研究表明，对中国大学生而言，国家形象符号与历史遗产符号不仅在威胁情境下能够产生情感支持和情绪调节作用，在中性情境下也能够激发积极情感。国家形象符号与历史遗产符号是各民族共享的中华文化符号，也是中华民族共同体的象征。中华文化符号能够引起对中华文化的依恋，使个体对中华民族产生积极情感，增强对伟大祖国、中华民族、中华文化、中国特色社会主义道路的认同，铸牢中华民族共同体意识，对个体心理健康也有支持作用。因此，在教育中，应该充分重视文化符号的理性价值和情感价值，发挥文化符号的积极作用。

本研究有一定局限性：①研究的因变量只是对随机几何图形的主观评分，缺乏脑活动和生理变化的证据。未来研究可以采用脑科学和生理心理学的方法和技术，进一步考察不同类型文化符号对情绪的调节作用。②本研究的被试是大学生，他们的文化水平相对较高，熟谙各种文化符号，未涉及儿童和文化水平较低的人群。未来研究可以扩大被试的类别，考察文化依恋的发展。③本研究使用的非语言文化符号未涉及少数民族的文化符号（如布达拉宫、成吉思汗像、蒙古包）。未来研究可以扩展文化符号的类型，考察不同民族的文化符号对其他民族是否也具有启动安全基地图式的作用，是否也能够提升其他民族的积极情绪，为铸牢中华民族共同体意识提供证据。

五、结论

在中国文化背景下，文化符号对个体情绪具有调节作用，其作用模式受符号类型和情境制约。在威胁情境下，阈下呈现国家形象符号、历史遗产符号和汉字提升了大学生的积极情绪；在中性情境下，阈下呈现国家形象符号和历史遗产符号也能够提升大学生的积极情绪。

研究二　语言符号与所处文化情境对双语者疼痛共情的影响

一、引言

共情（Empathy）是指分享他人感受的能力（Bernhardt & Singer，2012）。其初级形式是感性共情（Affective Empathy），分享他人情感状态（如 I feel what you feel），如陌生人之间的情绪传染（Emotional Contagion）；其高级形式是知性共情（Cognitive Empathy），立足他人视角看待问题（如 I understand what you feel），一般只产生于血亲或熟人之间（Shamay-Tsoory et al.，2009）。作为一种间接的情绪情感分享，共情可以通过目睹、听闻他人的情绪情感状态，甚至是阅读而引发（Keen，2006）。

疼痛共情（Empathy for Pain）是共情的典型类型之一（Singer et al.，2004；Forgiarini et al.，2011），指个体对他人疼痛的感知、判断和情绪反应（Danziger et al.，2006）。疼痛共情对个体具有积极意义：一方面，个体能通过疼痛共情感知和了解他人的痛苦，从而增进理解，促进人际和谐；另一方面，能感知他人处于疼痛情境，可令个体对危险刺激或情境保持警惕，从而做出防御性的行为反应，保护自身安全（Decety，2009；Jackson et al.，2006）。

从内部神经活动过程来看，疼痛共情的产生是以个体的认知与情绪加工为基础。在物质基础上，生理性疼痛共情与直接感受疼痛在脑区激活上有重叠，但两者具有不同的神经机制，疼痛共情更多的是情感上的"共鸣"。一方面，与直接接受疼痛刺激相比，观察他人疼痛刺激所引发的次级感觉皮层和感觉运动皮层（S1/M1）激活程度较轻（Jackson et al.，2006；Cheng et al.，2008）。另一方面，在感知自身疼痛条件下，中脑以及中脑导水管周围灰质内的神经核团与前部脑岛的功能联结更强；而在观看他人疼痛条件下，背内侧前额叶与前扣带皮层和前部脑岛有更强的功能联结（孟凡成等，2016）。在神经活动的时间进程上，P3与LPP反映了晚期的认知控制和评估，并得到了较为一致的证实（李想等，2018）。其中，P3受自上而下的注意调节（Lin et al.，2020；Polich，2007），在疼痛共情中调节对象主要是疼痛线索，LPP主要反映对他人的疼痛进行认知加工和评价（Fan & Han，2008）。而N1与N2代表的早期情绪分享的自动化加工，则受到一些研究的质疑。例如，Coll（2018）通过元分析发现N1、N2效果量具有较高的异质性。疼痛与非疼痛刺激均可诱发较大N2或无差异（Liao et al.，2018），即N2也可能是早期对威胁性刺激的检测或其他机制。有研究者提出，认知加工同时存在于疼痛共情的早期和后期阶段，早期疼痛真实性认知会对个体情绪产生影响；而晚期注意线索影响观察者对他人疼痛水平的判断（Fan & Han，2008）。

在日常生活中，人们往往是在一定语言环境下进行共情体验的，而语言可以调节认知与情绪。一方面，根据Whorf（1956）的语言关联性假设，每种语言包含独特的、与文化组织相似的内部逻辑，其约束着言说者的思维过程，造成不同语言言说者的认知差异。另一方面，语言影响情绪知觉，情绪知觉的形成和发展依赖于语言的习得和发展（Widen & Russel，2011）；情绪知觉受到语言可用性的影响而变化（Halberstadt et al.，2009），表现出范畴知觉效应（Fugate et al.，2010）；不同语言言说者的情绪知觉呈现出明显的差异（Jack et al.，2012）；此外，语言能调节情绪，人们可以通过语言与他人或自己对话，以达到宣泄、缓解情绪的目的（刘宏艳等，2009）。例如，重新评价减少了消极情绪和体验，增加了积极情绪和体验（Gross，2002）。

正如前文所述，疼痛共情受观察者的情绪与认知影响，而情绪与认知可以通过语言进行调节。理论上可推，语言影响疼痛共情。然而，就目前而言，有关语言对疼痛共情影响的探讨尚不多见。

Wu等（2020）以中英双语者为被试，操作启动语言与图片刺激两个自变量，要求被试先看中文词汇或英文翻译对等词，再看疼痛图片或非疼痛图片，然后对图片的疼痛程度和不愉悦度进行评分；同时，记录被试的脑电活动。结果发现，在主观评定上，中英双语者对疼痛图片与非疼痛图片的疼痛程度评分存在差异，英文启动条件显著高于中文启动条件，不同条件下的不愉悦度没有差异；在脑电活动上，反映共情早期阶段的自动激活 N1 波幅在英文启动下差异显著，而在中文启动下没有差异，且英文启动下反映共情控制加工的 P3 成分的振幅差异明显大于中文启动下，另一个反映共情晚期加工的指标 LPP 波幅差异在不同条件下不存在区别。由此，研究者得出结论：在外语条件下，观察者的疼痛共情更为强烈；结合在图片刺激出现前所记录到的额中央区自发 α 振荡功率，英文启动显著低于中文启动，研究者认为，这种波动反映外语条件改变了双语者的警惕状态和唤醒状态，使其在感知疼痛刺激后产生更为强烈的共情反应。

Wu 等（2020）的研究结果富有启发意义。警惕或唤醒状态是指在完成任务时保持注意力或警觉程度的水平，意味着认知负荷的增加。认知负荷是指同时要求施加于工作记忆上的心智活动总量。一般来说，外语的使用增加了人们的认知负荷（Cooper & Sweller, 1987; Bosker & Reinisch, 2017）。在 Wu 等（2020）的研究中，英文单词引发了较低的额中央区自发 α 振荡功率。α 波的功率降低与执行认知任务相关（Pfurtscheller & Da Silva, 1999）。换言之，相对于中文词汇，英文单词会增加认知负荷。

此外，英文单词启动下的疼痛图片诱发了更大的 N1 和 P3。实际上，N1 不仅与早期自动化的情绪感染有关，也与主动性控制的注意投入密切相关（Giller & Beste, 2019; Wolff et al., 2018）。P3 既与晚期阶段注意线索对疼痛共情的调节作用有关，还表征大脑对当前结果主观价值的评价；对结果的主观价值评价越高，P3 波幅越大（Gu et al., 2011）。疼痛共情受到注意的影响（Gu & Han, 2007）。结合英文单词引发较低的自发 α 振荡功率，英文单词通过增加认知负荷来促进疼痛共情。但是，如果外语仅仅通过增加认知负荷来调节疼痛共情，那么其作用应该只表现在早期加工阶段。因为有关认知负荷对疼痛共情影响的脑电研究发现，认知负荷主要影响疼痛共情加工的早期、自动化加工阶段（程家萍等，2017）。具体来说，认知负荷水平与图片类型只是在早期成分 P2 与 N2 上出现显著的交互作用，即在记忆六位数的高认知负荷条件下，疼痛图片诱发的 P2 与 N2 波幅与非疼痛图片诱发的波幅存在显著差异，而在记忆两位数的低认知负荷条件下，两种图片诱发的波幅差异不显著。实际上，外语条件下疼痛图片与非疼痛图片所诱发的波幅差异在早期 N1 和晚期 P3 均显著高于母语条件下（Wu et al., 2020）。换言之，外语同时影响了疼痛共情的早期自动化加工与晚期控制加工。

实际上，疼痛共情受疼痛者与观察者关系调节（Hadjistavropoulos & Craig，2002）。大量研究表明，相对于外群体，人们对内群体成员的疼痛共情更强。Xu 等（2009）以磁共振功能成像技术考察高加索人和中国人在不同种族条件下疼痛共情的神经差异，结果发现，当疼痛者与观察者属于同一种族时，疼痛刺激诱发了对前扣带回皮层和额下回及脑岛皮层的激活；当两者属于不同种族时，前扣带回皮层中的共情神经反应显著降低，即对同族群成员的疼痛共情才会引发较强的疼痛情感成分相关脑区活动。Avenanti 等（2010）采用经颅磁刺激技术，以高加索人和非洲人为被试进行实验，结果发现，当疼痛者和观察者属于同一种族时，观察者的感觉运动系统的疼痛表征更为强烈。Forgiarini 等（2011）也以高加索人和非洲人为被试，采用肤电技术记录食指和无名指的肤电反应，结果发现，高加索人观察者对非洲人遭受疼痛的肤电反应显著低于高对加索人遭受疼痛的肤电反应。简而言之，人类在疼痛共情上具有内群体偏好。而语言在构筑"我们"族群过程中扮演十分重要的角色。作为族群的重要文化特征之一，语言通常被认为是维持族群边界的基础（周大鸣，2002）。如果母语是构成本民族成员身份的内在标志，那么外语是否会增加心理距离而减少情感共鸣？实际上，疼痛共情的主观评定数据表明，相对于母语，外语只是提升了疼痛程度评分，不影响不愉悦程度评分（Wu et al., 2020）。

进一步推论，尽管外语在早期增强了观察者的警惕性，即增加了认知负荷，由此对疼痛刺激更为敏感，产生了更高的疼痛程度主观评分，但是在后期认知评估加工中，由于外语与自身心理距离大，不愉悦程度并没有随疼痛程度评分提升而增加。

综上，本研究认为，疼痛程度评分主要反映观察者对疼痛者的疼痛感知，而不愉悦程度反映了观察者对疼痛者的疼痛情感，两者具有一定的独立性。外语影响疼痛共情的疼痛感知，但不影响主观情感体验。人们在疼痛共情中具有内群体偏好（Xu et al., 2009；Avenanti et al., 2010；Forgiarini et al., 2011）；对于中国人来说，即使是在同一族群，人们也会根据人际关系的距离调节疼痛共情（宋娟等，2016；周海波等，2019）。与此同时，相对于母语，双语者使用外语进行决策加工产生更为理性的判断，这种现象被称为"外语效应"（Keysar et al., 2012）。外语效应的产生，一方面是由于外语增强了认知加工，另一方面是由于外语削弱了情感加工。结合语言是族群的标志与象征，即使语言符号的高认知负荷条件引起了更大的疼痛感，也不会让人们产生更强的不愉悦感，除非该符号与母语密切相关。

为了检验该假设，本研究引入汉语假字，假字是通过调换真字部件的相对位置而得，其结构、位置与真字一致，符合正字法规则但没有意义（郑昭明，

1982）。已有研究表明，在汉字识别中，假字比真字需要更长的反应时，准确率更低（郑昭明，1982；彭聃龄、王春茂，1997；银花、梁丽，2009）；相对于真字，假字加工吸引了更多认知资源（Wang et al.，2011）。换言之，假字与外语符号都能带来较高的认知负荷，由此可以预期，假字与外语符号会带来较高的疼痛程度评分；但是，与外语不同的是，假字与母语汉字关系密切，假字会带来更高的不愉悦程度评分，而外语符号不会。

进一步地，本研究认为：语言对疼痛共情的作用受双语者所处文化情境的影响。从理论上看，按照文化适应性假设，当个体处于某一情境时，会以一种适应或迎合当前文化的方式做出回应。例如，个体在跨文化情境中入乡随俗。同时，文化框架转换理论假设双语者具有文化框架转换能力（Katan，2004）；框架转换可能会发生在对背景（如家庭、学校、族群、国家）、符号（如语言）等暗示的反应中（Hong et al.，2000）。需要说明的是，一般来说，背景与语言所蕴含的暗示是一致的，如在学校学习第二语言、在家里讲方言；但有些时候，两者会有差异，如在异国听到母语。那么，双语者此时所选择的框架是与背景一致还是与语言一致？尽管文化框架转换理论没有明确给出说明，但正如人们所了解的，语言虽是文化的载体，但文化还以许多其他形式存在（Markus & Kitayama，1994），而且文化中许多有趣的方面可能根本不是以知识激活为介导的（Hong et al.，2000）。换言之，背景的作用可能强于单独的语言符号。由此可推，双语者所处的文化环境会调节语言对疼痛共情的作用。具体来说，对于身处母体文化的双语者，高认知负荷的外语或假字会增强疼痛的生理体验，但情感体验受语言符号的心理距离影响，即外语不会增强其情感体验，但与母语密切相关的假字会增强其情感体验；对于跨文化双语者，高认知负荷的外语不仅会增强其疼痛的生理体验，还会带来与母语类似的情感体验。

本研究设计了两个实验检验上述假设。实验一以中英双语者为身处母体文化双语者样本，考察语言符号对观察者疼痛共情的影响：如果高认知负荷的语言符号只影响疼痛感知体验，那么汉语假字和英语符号会带来更高的疼痛程度评分；如果心理距离近的符号影响情感体验，那么假字会带来更高的不愉悦程度评分，而母语会带来较低的疼痛程度评分和更高的不愉悦程度评分。实验二以在中国的日中/韩中双语者为跨文化双语者样本，考察不同语言对观察者疼痛共情的影响：如果外语能增强其疼痛的生理体验并带来与母语类似的情感体验，那么汉语和英语会带来比日/韩语更高的疼痛程度评分，且汉语与日/韩语的不愉悦程度评分没有差异。

本研究对扩展语言与认知、情感关系的研究，厘清语言与疼痛共情的关系，有重要的理论意义；对于运用语言促进共情、发挥语言社会性，也有重要的实践价值。

二、实验一：语言符号对中英双语者疼痛共情的影响

（一）目的

采用经典的启动范式，考察不同语言符号对身处母体文化的中英双语者疼痛共情的影响。

（二）被试

采用 GPower 3.0 以统计功效 power = 0.95，中等效应量 f = 0.25 和重复测量 2（自变量集合类型：8 个水平）为参数估计的最小样本量为 N = 24。

70 位在读大学本科生参与实验，其中男性 12 人、女性 58 人。年龄 20—22 岁（20.37 ± 0.667），视力正常或矫正后正常，均为右利手，无精神病史。该实验是经笔者所在单位人类被试科学研究伦理审查委员会批准后进行，所有被试均自愿参与实验。正式实验之前所有被试都签署了被试知情同意书，且均已获得相应的实验报酬。

（三）方法

1. 实验设计

4（启动符号：汉语真词、汉语假词、英语单词、图形符号）× 2（图片刺激：疼痛、非疼痛）被试内设计。因变量是被试对图片疼痛刺激疼痛程度和不愉悦程度的评分。

2. 实验材料

实验材料包括刺激图片与启动符号。

刺激图片共 64 张，来源于孟景（2010）编制的疼痛－非疼痛黑白图片。图片展现了黄种人的手、脚或前臂的日常生活场景，其中疼痛和非疼痛图片各 32 张。疼痛图片是黄种人受到伤害的图片，例如，切菜时手被刀割伤或脚被针扎。每张非疼痛图片都与疼痛图片对应，例如，手拿刀切菜或脚被铅笔轻触。明度、对比度和颜色在疼痛和非疼痛图片间匹配。

启动符号共 64 个，包括 16 个高频汉语真词、16 个英语单词、16 个汉语假词与 16 个图形符号。16 个汉语真词的词频数据来自《现代汉语常用词词频

词典》（刘源等，1996），分组后两组词频差异不显著，$t(14) = 1.14$，$p = 0.27$。16 个英语单词是所选汉语真词的英语翻译对等词，下载美国当代英语语料库（Corpus of Contemporary American English，简称 COCA）高频词目表查询单词词频，分组后两组词频差异不显著，$t(14) = 0.37$，$p = 0.72$。16 个汉语假词是以一组与汉语真词词频相匹配的词为参照，假词所参照词的词频和真词词频无显著差异，$t(30) = -0.25$，$p = 0.98$；这 16 组形似真字但不是真字的词是将语音部件和语义部件按照正字法组合而成，假词的制作通过 Windows 10 自带的编字软件完成。16 个图形符号是电脑键盘中常用的符号，如"#"，为避免情感因素的干扰，标点符号不予选用。

上述 4 组符号随机平均分为两组，向 60 位不参加正式实验的大学生发放问卷，要求他们对两组符号的效价（1 是消极词，4 是中性词，7 是积极词）和唤醒度（1 是最低唤醒值，7 是最高唤醒值）进行评分，结果如表 3-6 所示。

表 3-6　实验一启动符号材料的评定数据（$M \pm SD$）

启动符号类型	组别	效价	唤醒度	词频
汉语真词	组 1	4.13 ± 0.84	3.98 ± 1.22	1 689.13 ± 2 571.25
	组 2	4.11 ± 0.91	3.96 ± 1.21	1 699.88 ± 1 904.17
英语单词	组 1	4.45 ± 1.14	4.13 ± 1.26	676.75 ± 931.27
	组 2	4.40 ± 1.14	4.17 ± 1.26	545.01 ± 370.63
汉语假词	组 1	2.75 ± 1.30	3.29 ± 1.54	—
	组 2	2.72 ± 1.12	3.18 ± 1.36	—
图形符号	组 1	3.39 ± 1.30	3.35 ± 1.30	—
	组 2	3.58 ± 0.98	3.46 ± 1.01	—

配对样本 t 检验发现，母语者对两组汉语真词的效价评分无显著差异，$t(59) = 0.305$，$p = 0.762$，对唤醒度的评分差异不显著，$t(59) = 0.474$，$p = 0.637$；对两组英语单词的效价评分无显著差异，$t(22) = 0.76$，$p = 0.475$，对唤醒度的评分差异不显著，$t(22) = -0.373$，$p = 0.713$；对两组汉语假词的效价评分无显著差异，$t(22) = 0.317$，$p = 0.754$，对唤醒度的评分差异不显著，$t(22) = 1.341$，$p = 0.193$；对两组图形符号的效价评分无显著差异，$t(22) = -1.459$，$p = 0.159$，对唤醒度的评分差异不显著，$t(22) = -0.769$，$p = 0.450$。

组 1 和非疼痛图片匹配，组 2 和疼痛图片匹配。

3. 实验程序

实验在明亮且无噪声的环境中进行。实验程序在 E-Prime 上编写、运行，刺激程序在 27 英寸的液晶显示器上进行。屏幕分辨率为 1 024×768 像素，刷新率为 60 Hz。被试头部距离电脑屏幕约 60 cm，眼睛基本平视屏幕中央。

实验流程如图 3-3 所示。实验开始时，在屏幕中央呈现 500—700 ms 注视点，随后屏幕中央随机呈现启动符号，呈现时间为 1 000 ms，启动符号消失后呈现 500—800 ms 空屏，屏幕中央再随机呈现刺激图片，刺激图片呈现时间为 1 000 ms，图片消失后要求被试根据自己的感觉判断所感受到的疼痛程度和不愉悦程度，并迅速按下键盘中相对应的数字键，评分范围为 1—9（1 为没有疼痛 / 没有不愉悦，9 为非常疼痛 / 非常不愉悦）。记录被试疼痛程度和不愉悦程度的评定反应时和等级。每次评定时间最长为 3 000 ms，若超过 3 000 ms 程序会自动进入下一个环节并记录为无反应。

除启动符号外，实验中出现的语言均以被试的母语形式呈现。实验分为 4 组共 64 试次，为了避免语言切换效应，每组实验的启动符号只出现一种条件，每组实验间要求被试休息 1 分钟，4 组实验间进行了拉丁方平衡处理。

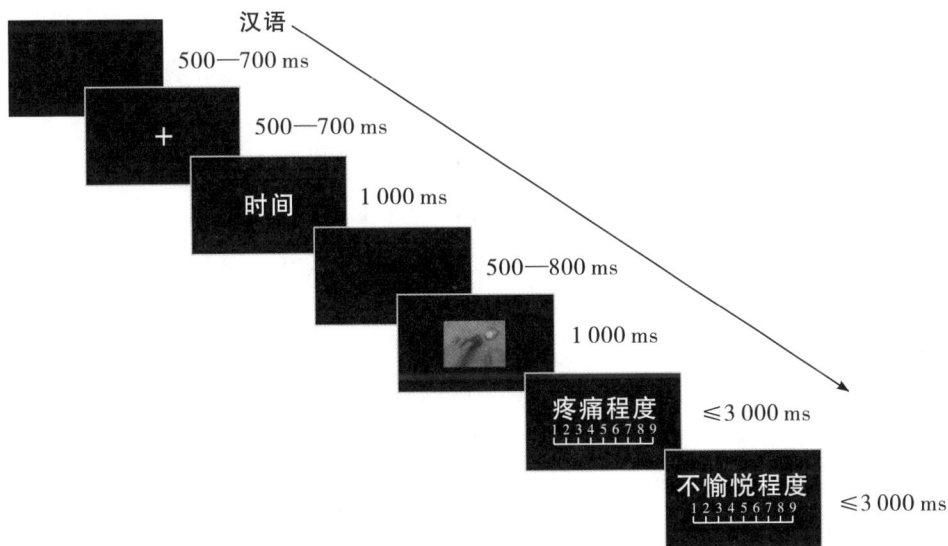

图 3-3　实验一程序示意图（以汉语真词为例）

（四）结果与分析

2 位被试误解指导语而导致其反应方向相反。删除这 2 份无效样本后，有效样本共 68 份。使用 SPSS 26.0 对实验数据进行分析处理。

1. 疼痛程度评分

被试在不同条件下的疼痛程度评分见表 3-7。

表 3-7   中英双语者在不同条件下的疼痛程度评分（ $M \pm SD$ ）

图片类型	汉语真词	汉语假词	英语单词	图形符号
疼痛图片	5.25 ± 1.68	5.68 ± 1.41	5.25 ± 1.52	5.06 ± 1.37
中性图片	1.92 ± 1.64	2.04 ± 1.12	2.16 ± 1.25	1.83 ± 0.82

重复测量方差分析显示，启动符号主效应显著，$F(3, 68) = 10.291$，$p < 0.001$，$\eta_p^2 = 0.322$。LSD 事后检验分析发现，汉语假词的疼痛程度评分（ $M = 3.864$，$95\%CI$ [3.602, 4.127]）显著高于汉语真词（ $M = 3.58$，$95\%CI$ [3.30, 3.87]），$p = 0.019$，也显著高于英语单词（ $M = 3.70$，$95\%CI$ [3.42, 3.98]），$p = 0.027$，还显著高于图形符号（ $M = 3.45$，$95\%CI$ [3.22, 3.67]），$p < 0.001$；英语单词的疼痛程度评分（ $M = 3.70$，$95\%CI$ [3.42, 3.98]）显著高于图形符号，$p = 0.001$，汉语真词和英语单词（ $p = 0.234$ ）、图形符号（ $p = 0.172$ ）的疼痛程度评分差异均不显著。

图片刺激主效应显著，$F(1, 68) = 408.476$，$p < 0.001$，$\eta_p^2 = 0.859$。LSD 事后检验分析发现，疼痛图片的疼痛程度评分（ $M = 5.31$，$95\%CI$ [4.97, 5.65]）显著高于中性图片（ $M=1.99$，$95\%CI$ [1.75, 2.22]），$p < 0.001$。

语言与图片交互作用显著，$F(3, 68) = 5.160$，$p = 0.003$，$\eta_p^2 = 0.192$。进一步分析显示，在疼痛图片刺激下，疼痛程度评分差异接近显著水平，$F(3, 68) = 2.055$，$p = 0.107$，因其有边缘显著的趋势，所以对其进行了 LSD 事后检验。在 LSD 事后检验中发现，汉语假词的疼痛程度评分（ $M = 5.68$，$95\%CI$ [5.34, 6.02]）显著高于图形符号（ $M = 5.06$，$95\%CI$ [4.73, 5.40]），$p = 0.018$，汉语假词的疼痛程度评分（ $M = 5.68$，$95\%CI$ [5.34, 6.02]）边缘显著高于汉语真词（ $M = 25$，$95\%CI$ [4.84, 5.66]），$p = 0.096$，其他组差异均不显著（ $ps > 0.1$ ）。在中性图片刺激下，不同启动符号差异不显著，$F(3, 68) = 0.894$，$p = 0.444$。

为了仔细分析不同启动符号对被试疼痛共情的影响，将疼痛图片刺激下的疼痛程度评分减去中性图片刺激下的疼痛程度评分，得出疼痛程度评分差值。不同启动符号条件下的疼痛程度评分差值如表 3-8 所示。

表 3-8   中英双语者不同启动符号条件下的疼痛程度评分差值（ $M \pm SD$ ）

启动符号类型	$M \pm SD$
汉语真词	3.32 ± 2.33
汉语假词	3.64 ± 1.34
英语单词	3.08 ± 1.58
图形符号	3.23 ± 1.30

单因素方差分析发现，中国被试在不同启动符号条件下的疼痛程度评分差值差异不显著，$F_{(3, 68)} = 1.285$，$p = 0.280$。LSD 事后检验分析发现，汉语假词启动下的疼痛程度评分差值（$M = 3.64$，$95\%CI\,[\,3.31,\,3.86\,]$）边缘显著高于英语单词启动下的疼痛程度评分差值（$M = 3.08$，$95\%CI\,[\,2.70,\,3.47\,]$），$p = 0.059$，其他各组的疼痛程度评分差值无显著差异（$ps > 0.05$）。

2. 不愉悦程度评分

被试在不同条件下的不愉悦程度评分见表 3–9。

表 3–9　中英双语者在不同条件下的不愉悦程度评分（$M \pm SD$）

图片类型	汉语真词	汉语假词	英语单词	图形符号
疼痛图片	5.87 ± 1.55	5.90 ± 1.47	5.60 ± 1.54	5.42 ± 1.55
中性图片	2.00 ± 1.01	2.15 ± 1.21	2.05 ± 1.11	1.90 ± 0.95

重复测量方差分析显示，启动符号主效应显著，$F_{(3, 68)} = 9.36$，$p < 0.001$，$\eta_p^2 = 0.123$。LSD 事后检验分析发现，汉语假词的不愉悦程度评分（$M = 4.03$，$95\%CI\,[\,3.76,\,4.30\,]$）显著高于英语单词（$M = 3.83$，$95\%CI\,[\,3.56,\,4.09\,]$），$p = 0.013$，也高于图形符号（$M = 3.66$，$95\%CI\,[\,3.40,\,3.92\,]$），$p < 0.001$；图形符号的不愉悦程度评分（$M = 3.66$，$95\%CI\,[\,3.40,\,3.92\,]$）显著低于汉语真词（$M = 3.93$，$95\%CI\,[\,3.67,\,4.19\,]$），$p < 0.001$。汉语真词和汉语假词（$p = 0.201$）及英语单词（$p = 0.141$）的不愉悦程度评分无显著差异。

图片主效应显著，$F_{(1, 68)} = 548.780$，$p < 0.001$，$\eta_p^2 = 0.891$，表明疼痛图片刺激下被试的不愉悦程度评分（$M = 5.70$，$95\%CI\,[\,5.35,\,6.04\,]$）显著高于中性图片（$M = 2.02$，$95\%CI\,[\,1.79,\,2.25\,]$）。

启动符号与图片交互作用显著，$F_{(3, 68)} = 2.698$，$p = 0.048$，$\eta_p^2 = 0.039$。进一步分析发现，在疼痛图片刺激下，不愉悦程度评分差异不显著，$F_{(3, 68)} = 1.503$，$p = 0.214$。LSD 事后检验分析发现，汉语真词的不愉悦程度评分（$M = 5.87$，$95\%CI\,[\,5.49,\,6.24\,]$）边缘显著高于图形符号（$M = 5.42$，$95\%CI\,[\,5.05,\,5.80\,]$），$p = 0.093$；汉语假词的不愉悦程度评分（$M = 5.90$，$95\%CI\,[\,5.55,\,6.26\,]$）也边缘显著高于图形符号（$M = 5.42$，$95\%CI\,[\,5.05,\,5.80\,]$），$p = 0.068$；其他组差异均不显著（$ps > 0.1$）。在中性图片刺激下，不愉悦程度评分差异不显著，$F_{(3, 68)} = 0.237$，$p = 0.870$；LSD 事后检验分析发现，各组不愉悦程度评分差异也均不显著（$ps > 0.1$）。

为了仔细分析不同启动符号对被试疼痛共情的影响，将疼痛图片刺激下的不愉悦程度评分减去中性图片刺激下的不愉悦程度评分，得出不愉悦程度评分差值。在不同启动符号条件下的不愉悦程度评分差值如表 3-10 所示。

表 3-10　中英双语者在不同启动符号条件下的不愉悦程度评分差值（$M \pm SD$）

启动符号类型	$M \pm SD$
汉语真词	3.87 ± 1.53
汉语假词	3.75 ± 1.37
英语单词	3.55 ± 1.55
图形符号	3.52 ± 1.44

单因素方差分析发现，中国被试在不同启动符号条件下的不愉悦程度评分差值差异不显著，$F_{(3, 68)} = 0.877$，$p = 0.453$。

配对样本 t 检验发现，汉语真词启动下的不愉悦程度评分差值高于英语真词启动下的不愉悦程度评分差值，$t_{(67)} = 2.335$，$p = 0.023$。汉语真词启动下的不愉悦程度评分差值也高于图形符号启动下的不愉悦程度评分差值，$t_{(67)} = 2.465$，$p = 0.016$。其他各组的值无显著差异（$ps > 0.05$）。

3. 性别对疼痛共情的影响

男、女被试在不同条件下的疼痛程度评分见表 3-11。

表 3-11　中国男、女被试在不同条件下的疼痛程度评分（$M \pm SD$）

图片类型	性别	汉语真词	汉语假词	英语单词	图形符号
疼痛图片	男（$n = 12$）	4.91 ± 1.90	5.22 ± 1.59	4.86 ± 1.44	4.58 ± 1.23
	女（$n = 56$）	5.32 ± 1.64	5.78 ± 1.37	5.33 ± 1.53	5.17 ± 1.39
中性图片	男（$n = 12$）	1.58 ± 1.37	2.00 ± 1.14	2.20 ± 1.00	1.59 ± 0.77
	女（$n = 56$）	2.00 ± 1.69	2.05 ± 1.12	2.15 ± 1.30	1.88 ± 0.83

以启动符号（汉语真词、汉语假词、英语单词、图形符号）为被试内自变量，以性别（男：12 人，女：56 人）为被试间因素，以被试在疼痛图片刺激下的疼痛程度评分为因变量，进行混合设计方差分析，结果发现，启动符号主效应不显著，$F_{(3, 68)} = 0.972$，$p = 0.412$。

图片类型主效应不显著，$F_{(1, 68)} = 1.301$，$p = 0.258$。

性别主效应不显著，$F_{(1, 68)} = 1.075$，$p = 0.304$。

启动符号与性别交互作用不显著，$F_{(1, 68)} = 0.563$，$p = 0.642$。

图片类型与性别交互作用不显著，$F_{(1, 68)} = 0.870$，$p = 0.354$。

启动符号、图片类型与性别三因素交互作用不显著，$F_{(3, 68)} = 0.135$，$p = 0.939$。

男、女被试在不同条件下的不愉悦程度评分见表3-12。

表3-12 中国男、女被试在不同条件下的不愉悦程度评分（$M \pm SD$）

图片类型	性别	汉语真词	汉语假词	英语单词	图形符号
疼痛图片	男（$n = 12$）	5.47 ± 1.56	5.29 ± 1.64	5.35 ± 1.59	5.03 ± 1.56
	女（$n = 56$）	5.95 ± 1.55	6.03 ± 1.41	5.68 ± 1.53	5.51 ± 1.55
中性图片	男（$n = 12$）	2.05 ± 0.98	2.20 ± 0.92	2.25 ± 0.91	1.79 ± 0.72
	女（$n = 56$）	1.99 ± 1.03	2.14 ± 1.16	2.01 ± 1.15	1.92 ± 0.99

方差分析发现，启动符号主效应不显著，$F_{(3, 68)} = 1.064$，$p = 0.366$。

图片类型主效应不显著，$F_{(1, 68)} = 0.889$，$p = 0.349$。

性别主效应不显著，$F_{(1, 68)} = 0.399$，$p = 0.530$。

启动符号与性别交互作用不显著，$F_{(1, 68)} = 0.776$，$p = 0.508$。

图片类型与性别交互作用不显著，$F_{(1, 68)} = 2.594$，$p = 0.112$。

启动符号、图片与性别交互作用不显著，$F_{(3, 68)} = 0.531$，$p = 0.662$。

（五）小结

实验一结果发现，从疼痛程度评分来看，相对于母语或图形符号，高认知负荷的外语符号与假字带来了更高的评分，即促进了观察者对疼痛者的疼痛感知。从不愉悦程度评分来看，相对于外语符号，母语符号带来了更高的评分，即人们在母语条件下对疼痛者产生更强的情感体验；相对于图形符号，与汉语接近的假字也带来了较强的情感体验。这些效应不受性别的影响。

需要说明的是，上述效应的产生是由于观察者处于母体文化情境，即当母语是观察者所处文化情境的主要语言时，外语影响了双语者的疼痛感知，但不影响其情感体验。那么，当观察者处于跨文化情境，外语成为双语者所处文化情境的主要语言时，双语者的共情体验是否会产生变化？实验二将对此展开探讨。

三、实验二：语言符号对日中 / 韩中双语者疼痛共情的影响

（一）目的

采用经典的启动范式，以在中国生活的日中 / 韩中双语者为被试，考察不

同语言符号对身处跨文化情境的双语者疼痛共情的影响。

（二）被试

采用 GPower 3.0 以统计功效 power = 0.95，中等效应量 f = 0.25 和重复测量 2（自变量集合类型：8 个水平）为参数估计的最小样本量为 N = 24。

共收集到实验样本 25 份，所有样本均为有效样本，其中女性样本 14 份、男性样本 11 份，包含 16 份日语母语者样本（9 份女性、7 份男性）、9 份韩语母语者样本（5 份女性、4 份男性）。被试年龄在 36—59（47±7.108）岁。所有被试均以日语或韩语为母语，有一定英语水平，汉语水平在 HSK3 以上，且被试父母双方均为日本人或韩国人。被试均无任何精神疾病或神经疾病。该实验是经笔者所在单位人类被试科学研究伦理审查委员会批准后进行，所有被试均是自愿参与实验。正式实验之前所有被试都签署了被试知情同意书，且均已获得相应的实验报酬。

（三）方法

1. 实验设计

4（启动符号：汉语真词、日语 / 韩语单词、英语单词、图形符号）× 2（图片刺激：疼痛、非疼痛）被试内设计。因变量是被试对图片疼痛刺激的疼痛程度和不愉悦程度的评分。

2. 实验材料

实验材料包括刺激图片与启动符号。

刺激图片同实验一。

启动符号共 64 个，包括 16 个高频汉语真词、16 个日语 / 韩语单词、16 个英语单词与 16 个图形符号。16 个高频汉语真词、16 个英语单词和 16 个图形符号同实验一，16 个日语 / 韩语单词是所选汉语真词的日语 / 韩语翻译对等词。

上述 4 组符号随机平均分为两组。向 20 位不参加正式实验的日中 / 韩中双语者（10 位日中双语者、10 位韩中双语者）发放问卷，要求他们对两组不同符号的效价（1 是消极词，4 是中性词，7 是积极词）、唤醒度（1 是最低唤醒值，7 是最高唤醒值）、难度（1 是最容易，7 是最难）进行评分，结果如表 3-13 所示。

表 3-13　实验二启动符号材料的评定数据（$M \pm SD$）

启动符号类型	组别	效价	唤醒度	难度
汉语真词	组 1	3.45 ± 1.10	2.75 ± 1.11	2.60 ± 0.94
	组 2	3.15 ± 1.08	2.70 ± 0.80	2.50 ± 0.76
英语单词	组 1	3.35 ± 0.81	2.85 ± 1.03	2.45 ± 0.91
	组 2	3.10 ± 1.33	2.91 ± 1.07	2.55 ± 0.88
日语单词	组 1	3.00 ± 1.15	2.50 ± 0.84	2.18 ± 0.74
	组 2	3.40 ± 0.96	2.60 ± 1.26	2.21 ± 0.88
韩语单词	组 1	3.70 ± 1.05	2.30 ± 0.82	2.40 ± 0.94
	组 2	3.43 ± 1.17	2.51 ± 1.17	2.38 ± 1.04
图形符号	组 1	2.20 ± 0.83	2.10 ± 0.85	2.01 ± 0.75
	组 2	2.15 ± 0.87	1.95 ± 0.88	2.03 ± 0.78

配对样本 t 检验发现，两组汉语真词的效价评分无显著差异，$t(19) = 0.82$，$p = 0.41$，唤醒度评分差异不显著，$t(19) = 0.14$，$p = 0.88$，难度评分差异不显著，$t(19) = 0.30$，$p = 0.76$。两组英语单词的效价评分无显著差异，$t(19) = 0.65$，$p = 0.52$，唤醒度评分差异不显著，$t(19) = -0.13$，$p = 0.89$，难度评分差异不显著，$t(19) = -0.33$，$p = 0.75$。两组图形符号的效价评分无显著差异，$t(19) = 0.18$，$p = 0.85$，唤醒度的评分差异不显著，$t(19) = 0.56$，$p = 0.57$，难度评分差异不显著，$t(19) = -0.26$，$p = 0.79$。两组日语单词的效价评分无显著差异，$t(9) = -1.07$，$p = 0.31$，唤醒度评分差异不显著，$t(9) = -0.19$，$p = 0.85$，难度评分差异不显著，$t(9) = 0.32$，$p = 0.71$。两组韩语单词的效价评分无显著差异，$t(9) = 0.61$，$p = 0.56$，唤醒度评分差异不显著，$t(9) = -0.34$，$p = 0.73$，难度评分差异不显著，$t(9) = -0.41$，$p = 0.61$。

组 1 和非疼痛图片匹配，组 2 和疼痛图片匹配。

3. 实验程序

除指导语与评分语言提示以被试的母语呈现外，其他同实验一。

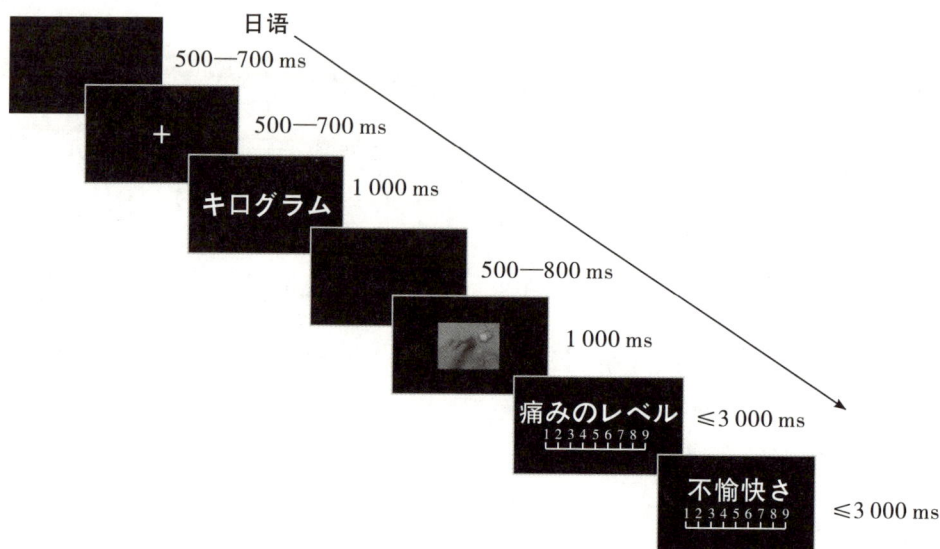

图 3-4　实验二程序示意图（以日语母语者为例）

（四）结果与分析

所有被试数据均进入分析，使用 SPSS 26.0 对实验数据进行处理。

1. 疼痛程度评分

被试在不同条件下的疼痛程度评分见表 3-14。

表 3-14　日中/韩中双语者在不同条件下的疼痛程度评分（$M \pm SD$）

图片类型	日语/韩语单词	汉语真词	英语单词	图形符号
疼痛图片	5.15 ± 1.57	5.87 ± 1.70	5.83 ± 1.72	5.07 ± 1.42
中性图片	2.02 ± 1.27	2.06 ± 1.26	1.98 ± 1.22	2.13 ± 1.22

重复测量方差分析显示，启动符号主效应显著，$F_{(3, 25)} = 4.648$，$p = 0.012$，$\eta_p^2 = 0.388$。LSD 事后检验分析发现，汉语真词启动下的疼痛程度评分（$M = 3.96$，$95\%CI$［3.60，4.33］）和日语/韩语单词启动下的疼痛程度评分（$M = 3.58$，$95\%CI$［3.04，4.13］）差异边缘显著，$p = 0.090$，其他差异不显著（$ps > 0.05$）。

图片主效应显著 $F_{(1, 25)} = 223.284$，$p < 0.001$，$\eta_p^2 = 0.903$，疼痛图片的疼痛程度评分（$M = 5.48$，$95\%CI$［5.09，5.82］）显著高于中性图片（$M = 2.04$，$95\%CI$［1.68，2.41］）。

启动符号与图片刺激交互作用不显著，$F_{(3, 25)} = 1.951$，$p = 0.139$。

为了仔细分析不同启动符号对被试疼痛共情的影响，将疼痛图片刺激下的疼痛程度评分减去中性图片刺激下的疼痛程度评分，得出疼痛程度评分差值。不同启动符号条件下的疼痛程度评分差值如表 3-15 所示。

表 3-15　日中 / 韩中双语者在不同启动符号条件下的疼痛程度评分差值（$M \pm SD$）

启动符号类型	$M \pm SD$
汉语真词	3.81 ± 2.43
日语 / 韩语单词	3.13 ± 1.14
英语单词	3.85 ± 2.26
图形符号	2.94 ± 1.14

单因素方差分析发现，不同启动符号条件下的疼痛程度评分差值差异不显著，$F(3, 25) = 1.597$，$p = 0.195$。因有边缘显著的趋势，在进一步 LSD 事后检验中发现，英语单词启动下的疼痛程度评分差值（$M = 3.85$，$95\% CI [2.91, 4.79]$）和图形符号启动下的疼痛程度评分差值（$M = 2.94$，$95\% CI [2.46, 3.41]$）差异边缘显著，$p = 0.084$，汉语真词启动下的疼痛程度评分差值（$M = 3.81$，$95\% CI [2.80, 4.82]$）和图形符号启动下的疼痛程度评分差值差异也是边缘显著，$p = 0.098$。

2. 不愉悦程度评分

被试在不同条件下的不愉悦程度评分见表 3-16。

表 3-16　日中 / 韩中双语者在不同条件下的不愉悦程度评分（$M \pm SD$）

图片类型	日语 / 韩语单词	汉语真词	英语单词	图形符号
疼痛图片	4.93 ± 1.79	5.66 ± 2.11	5.48 ± 2.19	5.01 ± 1.81
中性图片	2.09 ± 1.30	2.18 ± 1.27	2.04 ± 1.11	2.10 ± 1.17

重复测量方差分析结果显示，启动符号主效应显著，$F(3, 25) = 3.289$，$p = 0.040$，$\eta_p^2 = 0.310$。LSD 事后检验分析发现，汉语真词启动下的不愉悦程度评分（$M = 3.92$，$95\% CI [3.52, 4.31]$）和日语 / 韩语单词启动下的不愉悦程度评分（$M = 3.51$，$95\% CI [2.93, 4.09]$）差异边缘显著，$p = 0.077$。汉语真词的不愉悦程度评分稍高于日语 / 韩语单词的不愉悦程度评分，但汉语真词的不愉悦程度评分和英语单词（$p = 0.565$）、图形符号（$p = 0.232$）的不愉悦程度评分差异均不显著；日语 / 韩语单词和英语单词（$p = 0.529$）、图形符号（$p = 0.928$）的不愉悦程度评分差异也不显著；英语单词和图形符号之间的不愉悦程

度评分差异同样不显著（$p = 0.494$）。

图片主效应显著，$F_{(1, 25)} = 140.947$，$p < 0.001$，$\eta_p^2 = 0.854$，疼痛图片的不愉悦程度评分（$M = 5.27$，$95\%CI$［4.79, 5.75］）显著高于中性图片的不愉悦程度评分（$M = 2.10$，$95\%CI$［1.77, 2.43］）。

启动符号与图片刺激交互作用不显著，$F_{(3, 25)} = 1.951$，$p = 0.524$。

为了仔细分析不同启动符号对被试疼痛共情的影响，将疼痛图片刺激下的不愉悦程度评分减去中性图片刺激下的不愉悦程度评分，得出不愉悦程度评分差值。不同启动符号条件下的不愉悦程度评分差值如表 3–17 所示。

表 3–17　日中 / 韩中双语者在不同启动符号条件下的不愉悦程度评分差值（$M \pm SD$）

启动符号类型	$M \pm SD$
汉语真词	3.48 ± 2.92
日语 / 韩语单词	2.83 ± 1.40
英语单词	3.43 ± 2.58
图形符号	2.90 ± 1.17

单因素方差分析发现，不同启动符号条件下的不愉悦程度评分差值差异不显著，$F_{(3, 25)} = 0.621$，$p = 0.603$。

3. 性别对疼痛共情的影响

不同性别的被试在不同条件下的疼痛程度评分见表 3–18。

表 3–18　不同性别日中 / 韩中双语者在不同条件下的疼痛程度评分（$M \pm SD$）

图片类型	性别	汉语真词	日语 / 韩语单词	英语单词	图形符号
疼痛图片	男（$n = 11$）	6.01 ± 1.80	5.12 ± 1.70	6.21 ± 1.10	5.04 ± 1.75
	女（$n = 14$）	5.76 ± 1.68	5.17 ± 1.52	5.53 ± 1.08	5.09 ± 1.18
中性图片	男（$n = 11$）	1.87 ± 1.07	2.35 ± 1.55	2.07 ± 1.31	2.26 ± 1.28
	女（$n = 14$）	2.20 ± 1.42	1.75 ± 0.98	1.86 ± 1.13	1.96 ± 1.19

启动符号和图片类型为被试内因素，以性别（男性 11 人、女性 14 人）为被试间因素，进行混合设计重复测量方差分析，结果发现，启动符号主效应不显著 $F_{(3, 25)} = 1.284$，$p = 0.307$。

图片类型主效应显著，$F_{(3, 25)} = 12.910$，$p = 0.001$，$\eta_p^2 = 0.370$。

性别主效应不显著，$F_{(1, 25)} = 0.323$，$p = 0.57$。

启动符号与性别交互作用不显著，$F_{(1, 25)} = 0.499$，$p = 0.687$。

图片类型与性别交互作用不显著，$F_{(1, 25)} = 0.322$，$p = 0.576$。

启动符号、图片类型与性别交互作用不显著，$F(3, 25) = 0.954$，$p = 0.420$。男、女被试在不同条件下的不愉悦程度评分见表 3–19。

表 3–19 不同性别日中 / 韩中双语者在不同条件下的不愉悦程度评分（$M \pm SD$）

图片类型	性别	汉语真词	日语 / 韩语单词	英语单词	图形符号
疼痛图片	男（$n = 11$）	5.89 ± 2.18	5.03 ± 1.89	5.80 ± 2.17	4.88 ± 2.25
	女（$n = 14$）	5.47 ± 2.12	4.85 ± 1.78	5.22 ± 2.25	5.10 ± 1.50
中性图片	男（$n = 11$）	2.00 ± 1.14	2.46 ± 1.65	1.97 ± 1.26	2.10 ± 1.17
	女（$n = 14$）	2.32 ± 1.39	1.80 ± 0.92	2.09 ± 1.03	2.18 ± 1.02

方差分析显示，启动符号主效应不显著，$F(3, 25) = 1.158$，$p = 0.350$。图片类型主效应显著，$F(3, 25) = 11.109$，$p = 0.003$，$\eta_p^2 = 0.336$。性别主效应不显著，$F(1, 25) = 0.246$，$p = 0.625$。启动符号与性别交互作用不显著，$F(1, 25) = 0.284$，$p = 0.836$。图片类型与性别交互作用不显著，$F(1, 25) = 0.322$，$p = 0.576$。启动符号、图片类型与性别交互作用不显著，$F(3, 25) = 0.954$，$p = 0.420$。

（五）小结

实验二结果发现，对于跨文化双语者，不管疼痛程度评分还是不愉悦程度评分，启动符号与图片刺激均独立产生作用，两者并无显著的交互作用。在疼痛程度评分差值上，在外语（英语或汉语）启动下，其对疼痛的生理感知相对更为敏感。但这种情况并未出现在不愉悦程度上。

相对于实验一处于母语文化的双语者，高认知负荷的外语（汉语或英语）对实验二的跨文化双语者有增强疼痛共情中疼痛感知的作用，但是，在心理体验（不愉悦程度评分）上，母语与外语不存在差异。

四、数据再分析：文化情境对语言符号影响疼痛共情的调节作用分析

为了深入分析文化情境的作用，基于实验一和实验二的实验材料有重叠部分，以国籍为被试间变量，以启动符号和图片刺激为被试内因素，以被试对图片刺激的疼痛程度和不愉悦程度的评分为因变量，采用三因素混合设计方差分析，对比分析不同文化情境下语言符号对双语者疼痛共情的影响。

（一）疼痛程度评分

中国和日 / 韩被试在母语、英语、图形符号启动下的疼痛程度评分见表 3–20。

表 3-20 中国和日/韩被试在母语、英语、图形符号启动下的疼痛程度评分（$M \pm SD$）

图片类型	情境类型	母语启动	英语启动	图形符号启动
疼痛图片	母体文化情境（中国被试）	5.25 ± 1.68	5.25 ± 1.52	5.06 ± 1.37
	跨文化情境（日/韩被试）	5.15 ± 1.57	5.83 ± 1.72	5.07 ± 1.42
中性图片	母体文化情境（中国被试）	1.92 ± 1.64	2.16 ± 1.25	1.83 ± 1.82
	跨文化情境（日/韩被试）	2.02 ± 1.27	1.98 ± 1.22	2.13 ± 1.22

方差分析显示，启动符号主效应显著，$F(2, 93) = 5.347$，$p = 0.006$，$\eta_p^2 = 0.106$。LSD 事后检验分析发现，英语启动下的疼痛程度评分（$M = 3.80$，$95\%CI\,[3.55, 4.06]$）显著高于图形符号启动下的疼痛程度评分（$M = 3.25$，$95\%CI\,[3.29, 3.76]$），$p = 0.002$，也边缘显著高于母语启动下的疼痛程度评分（$M = 3.58$，$95\%CI\,[3.35, 3.87]$），$p = 0.099$。母语启动下的疼痛程度评分和图形符号启动下的疼痛程度评分均无显著差异（$ps > 0.1$）。

图片类型主效应显著，$F(1, 93) = 433.363$，$p < 0.001$，$\eta_p^2 = 0.826$，疼痛图片刺激下的疼痛程度评分（$M = 5.27$，$95\%CI\,[4.96, 5.57]$）显著高于中性图片刺激下的疼痛程度评分（$M = 2.00$，$95\%CI\,[1.78, 2.23]$），$p < 0.001$。

国籍主效应不显著，$F(1, 93) = 0.292$，$p = 0.590$。

启动符号与国籍交互作用不显著，$F(2, 93) = 0.370$，$p = 0.646$。

图片与国籍交互作用不显著，$F(1, 93) = 0.088$，$p = 0.767$。

启动符号与图片类型交互作用不显著，$F(2, 93) = 1.468$，$p = 0.233$。

启动符号、图片类型与国籍交互作用显著，$F(2, 93) = 3.120$，$p = 0.039$，$\eta_p^2 = 0.035$。进一步分析显示，不管是疼痛图片刺激还是中性图片刺激，中国被试和日/韩被试在母语、英语、图形符号三种刺激启动下的疼痛程度评分均无显著差异（$ps > 0.1$）。

中国和日/韩被试在汉语启动下的疼痛程度评分见表 3-21。

表 3-21 中国和日/韩被试在汉语启动下的疼痛程度评分（$M \pm SD$）

启动符号	情境类型	疼痛图片	中性图片
汉语	母体文化情境	5.25 ± 1.68	1.92 ± 1.64
	跨文化情境	5.87 ± 1.70	2.06 ± 1.26

方差分析发现，图片刺激主效应显著，$F(1, 93) = 167.313$，$p < 0.001$，$\eta_p^2 = 0.648$；疼痛图片刺激下的疼痛程度评分（$M = 5.56$，$95\%CI\,[5.17, 5.98]$）显著高于中性图片刺激下的不愉悦程度评分（$M = 1.99$，$95\%CI\,[1.63, 2.35]$），$p < 0.001$。

国籍主效应不显著，$F(1, 93) = 2.102$，$p = 0.150$。

图片与国籍交互作用不显著，$F(1, 93) = 0.785$，$p = 0.378$。

不同启动符号条件下的疼痛程度评分差值如表 3-22 所示。

表 3-22　中国和日/韩被试在不同启动符号条件下的疼痛程度评分差值（$M \pm SD$）

情境类型	母语启动	汉语启动	英语启动	图形符号启动
母体文化情境（中国被试）	3.32 ± 2.33	3.32 ± 2.33	3.08 ± 1.58	3.23 ± 1.30
跨文化情境（日/韩被试）	3.81 ± 1.14	3.81 ± 2.43	3.85 ± 2.26	2.94 ± 1.14

独立样本 t 检验发现，在英语启动下，汉语母语者和日语/韩语母语者的疼痛程度评分差异边缘显著，$t(91) = -1.872$，$p = 0.071$，日语/韩语母语者在英语启动下的疼痛程度评分略高于汉语母语者。在汉语、母语、图形符号启动下，汉语母语者和日语/韩语母语者的疼痛程度评分均无显著差异（$ps > 0.1$）。

（二）不愉悦程度评分

中国和日/韩被试在母语、英语、图形符号启动下的不愉悦程度评分见表 3-23。

表 3-23　中国和日/韩被试在母语、英语、图形符号启动下的不愉悦程度评分（$M \pm SD$）

图片类型	文化情境	母语启动	英语启动	图形符号启动
疼痛图片	母体文化情境（中国被试）	5.87 ± 1.55	5.60 ± 1.54	5.42 ± 1.55
	跨文化情境（日/韩被试）	4.93 ± 1.79	5.48 ± 2.19	5.01 ± 1.81
中性图片	母体文化情境（中国被试）	2.00 ± 1.01	2.05 ± 1.11	1.90 ± 0.95
	跨文化情境（日/韩被试）	2.09 ± 1.30	2.04 ± 1.11	2.01 ± 1.17

方差分析结果显示，启动符号主效应不显著，$F(2, 93) = 1.532$，$p = 0.222$。

图片刺激主效应显著，$F(1, 93) = 495.368$，$p < 0.001$，$\eta_p^2 = 0.845$，疼痛图片的不愉悦程度评分（$M = 5.38$，$95\%CI\ [5.07, 5.70]$）显著高于中性图片（$M = 2.03$，$95\%CI\ [1.82, 2.24]$），$p < 0.001$。

国籍主效应不显著，$F(1, 93) = 0.779$，$p = 0.380$。

启动符号与国籍交互作用不显著，$F(2, 93) = 1.118$，$p = 0.329$。

启动符号与图片类型交互作用不显著，$F(2, 93) = 1.051$，$p = 0.352$。

图片类型与国籍交互作用边缘显著，$F(1, 93) = 3.833$，$p = 0.053$，$\eta_p^2 = 0.040$。进一步分析后发现，在两种图片刺激下，中国被试和日/韩被试的不愉悦程度评分差异均不显著（$ps > 0.1$）。

启动符号、图片类型与国籍交互作用边缘显著，$F(2, 93) = 2.801$，$p = 0.063$，$\eta_p^2 = 0.030$。进一步分析显示，在母语启动下，中国被试的不愉悦程度评分显著高于日/韩被试，$t(91) = 0.246$，$p = 0.016$。在英语和图形符号启动下，汉语母语者和日语/韩语母语者的不愉悦程度评分差异均不显著（$ps > 0.05$）。

汉语启动下两类被试的不愉悦程度评分如表 3–24 所示，方差分析结果显示，图片类型主效应显著，$F(1, 25) = 137.94$，$p < 0.001$，$\eta_p^2 = 0.852$，疼痛图片刺激下的不愉悦程度评分（$M = 5.63$，$95\%CI\ [5.12, 6.14]$）显著高于中性图片（$M = 1.94$，$95\%CI\ [1.62, 2.27]$），$p < 0.001$。

国籍主效应不显著，$F(1, 24) = 1.385$，$p = 0.251$。

图片类型与国籍交互作用不显著，$F(1, 93) = 0.395$，$p = 0.536$。

表 3–24　中国和日/韩被试在汉语启动下的不愉悦程度评分（$M \pm SD$）

启动符号	情境类型	疼痛图片	中性图片
汉语	母体文化情境	5.60 ± 1.12	1.71 ± 0.84
	跨文化情境	5.66 ± 2.11	2.18 ± 1.27

两种文化情境下被试在不同启动符号条件下的不愉悦程度评分如表 3–25 所示，独立样本 t 检验结果显示，在母语启动下，中国被试的不愉悦程度评分显著高于日/韩被试，$t(91) = 2.834$，$p = 0.006$；在图形符号启动下，中国被试的不愉悦程度评分边缘显著高于日/韩被试，$t(24) = 1.917$，$p = 0.058$；在汉语和英语启动下，中国被试和日/韩被试的不愉悦程度评分无显著差异（$ps > 0.1$）。

表 3–25　中国和日/韩被试在不同启动符号条件下的不愉悦程度评分差值（$M \pm SD$）

情境类型	母语启动	汉语启动	英语启动	图形符号启动
母体文化情境（中国被试）	3.87 ± 1.53	3.87 ± 1.53	3.55 ± 1.55	3.67 ± 1.47
跨文化情境（日/韩被试）	3.48 ± 2.92	2.83 ± 1.40	3.43 ± 2.58	2.90 ± 1.17

（三）小结

通过对比实验一和实验二的数据可以发现，语言对疼痛共情的作用受双语者所处文化情境的影响。具体来说，在疼痛共情的疼痛感知上，在外语（英语）启动下，身处母体文化情境的双语者（中国被试）的评分低于身处跨文化情境的双语者（日／韩被试）；而在疼痛共情的情感体验上，在母语启动下，身处母体文化情境的双语者（中国被试）的评分高于身处跨文化情境的双语者（日／韩被试）。

五、讨论

本研究使用观察者两种主观评定衡量其疼痛共情状况，其中，疼痛程度评分反映观察者对疼痛者的疼痛感知，不愉悦程度反映观察者对疼痛者的疼痛情感。两者具有一定的独立性，即高疼痛程度评分并不一定带来更高的不愉悦程度评分，并且两者的影响因素存在差异。

（一）认知负荷对他人疼痛感知的影响

疼痛共情首先源于对他人疼痛的感知。在感知过程中，认知资源的分配直接影响信息加工过程与结果。工作记忆是公共的认知资源，其容量有限。而认知负荷是个体在一定时间内强加于工作记忆的总心理活动量（Cooper，1990）。在双任务加工中，若认知负荷过高，对任务相关刺激的加工的认知资源就会减少，以致分心刺激得不到有效抑制。相较于低认知负荷，分心刺激在高认知负荷下会得到更多的注意，从而被加工得更好（Lavie，2011）。由于疼痛共情包含认知加工，认知资源会对疼痛共情产生调节作用。相较于低认知负荷，在高认知负荷下，他人的疼痛会得到更多的注意（程家萍等，2017）。

已有研究表明，外语会给双语者带来较高的认知负荷。人们在使用外语表述时会产生更高的认知负荷（Service et al.，2002）；用外语说谎时所诱发的CNY波幅比用母语说谎时更大，即用外语说谎比用母语说谎产生了更高的认知负荷（张积家等，2020）；双语者的外语视觉的记忆广度小于母语视觉的记忆广度（Ardila，2003）。此外，相对于汉语真字，汉语假字会引起更高的认知负荷，表现为更长的加工时间与更差的准确率（郑昭明，1982；彭聃龄、王春茂，1997；银花、梁丽，2009）。由此，在包括外语和汉语假字的高认知负荷的语言符号启动条件下，被试的疼痛程度评分较高，即增强了双语者在疼痛共情中的疼痛感知，这种作用不受双语者所处文化情境的影响。

需要说明的是，外语条件下与多位数或汉语假字条件下所产生的认知负荷，具有性质上的差异。尽管两者均表现为认知负荷的提升，即占用了更多的注意资源，但外语诱发的是注意警觉，P200波幅更大（Wu et al.，2020），而多位数或与母语相关的假字引发的是注意维持或执行加工，P200波幅也更大（程家萍等，2017；张顺梅，2016）。

　　具体来说，外语会造成注意偏向，这涉及工作记忆的定向，即信息选择与贮存过程，发生于信息被编码进入工作记忆阶段。一方面，外语会给双语者带来焦虑，"外语焦虑是一种产生于外语学习过程和课堂外语学习相联系的有关自我知觉、信念、情感和行为的独特的综合体"（Horwitz，1986），口语、阅读和写作均受外语焦虑影响（Sibel，2015；Jing，2017；Gülşah & Ahmet，2015），焦虑使个体产生警觉（Koster et al.，2006），对威胁性刺激产生注意易化；另一方面，由于语言是维持族群边界的基础（周大鸣，2002），而大脑对种族特征加工表现出注意偏向（琚长庭、汪亚珉，2012；Ito & Urland，2005），作为外群体标志的外语会诱发警觉状态，对威胁性刺激更为敏感。类似地，在外语条件下，消极情感词加工比积极情感词更快；相反，在母语条件下，积极情感词加工比消极情感词更快（汪怡群，2016）。

　　但是，多位数和假字影响的分别是注意维持与执行加工。一方面，保持多位数需要更多的注意资源，这个信息保持或复述（Retention / Rehearsal）过程，会通过不断复述来激活贮存器中正在消退的信息；另一方面，假字加工需要更多的资源执行加工（Centeral Executive，简称 CE），这个过程主要负责控制与协调系统的信息加工。根据多重标准识别模型（Grainger & Jacobs，1996），大脑在加工假字时激活了很多跟其相似的真字，因此会有一个将其识别为真字的优势反应偏向，抑制其产生"否"的反应。由于对执行加工的资源需求更高，假字加工比真字加工困难。

　　进一步地，注意偏向在信息加工早期是自动化过程（Theeuwes & Burger，1988；Yantis，1993），不受任务的影响，也不需要意志努力。因此，高认知负荷的外语增强了双语者对他人疼痛的感知，不受双语者所处文化情境的影响。

（二）心理距离对他人疼痛情感的影响

　　根据解释水平理论（Construal Level Theory，简称 CLT），个体对事件的反应取决于其对事件的心理表征（Liberman et al.，2002）。而人们对事件的表征是层级化的（Vallacher & Wegner，1987；Trope et al.，2007），即具有不同的解释水平（抽象程度）。高水平解释是抽象表征，不依赖于背景信息，包含事物首要的、决定性的特征；低水平解释是具体表征，依赖于背景信息，包含事物次要的特征（Amit et al.，2009）。解释水平高低取决于个体所感知到的与客体之间的心理距离（李雁晨等，2009；Trope et al.，2007）。心理距离（Psychological Distance）是以此时、此地自己的直接经验为参照点，当某事物接近或远离参照点时，个体所产生的一种主观体验（Liberman & Trope，2008）。心理距离包括时间距离、空间距离、社会距离和概率距离四个维度，任何维度上的非直接经验对人们来说，在心理上都是有距离的；四个维度之间联系密切，影响相似（Bar-Anan et al., 2007；祝帼豪等，2011）。

心理距离不仅影响人们对事物的表征方式，还影响人们的认知加工过程。例如，随着心理距离的缩小，人们会采用更多的认知资源更为具体地进行信息加工（刘怡雪，2020）。心理距离影响个体认知视角，在心理距离小的条件下，个体会采取他人视角；反之，个体会采取自我视角（刘新燕等，2023）。

文化适应模式理论认为，语言、文化与社会距离的关系密不可分（Schumann，1986）。有研究者调查了在香港国际学校学习的具有外国国籍的英语族裔、英语华裔和具有香港背景的华裔（三岁后在香港生活），结果发现，三个被试群体对中国社会、文化和语言的社会距离和心理距离从大到小排序依次为英语族裔、英语华裔、具有香港背景的华裔（郑岱华，2007）。研究者采用分类判断范式发现，汉语与近社会距离相关，英语与远社会距离相关；相较于英语，中英双语者对汉语的心理距离更小（李琪，2013）。

对于处于母体文化情境的中英双语者来说，对英语的心理距离比母语或汉语假字要大。由此，尽管母语启动下的疼痛感知低于外语或汉语假字，母语及相近的汉语假字启动下的不愉悦程度评分反而高于外语。这是因为，在母语或汉语假字启动下，双语者采取他人视角，产生了更强的情感，而在外语启动下，双语者采取自我视角，情感共鸣程度较弱。对处于异文化环境的跨文化双语者而言，由于空间距离和社会距离拉近，对外语的心理距离与对母语的心理距离的差距会缩小，虽然母语启动下的疼痛感知低于外语（包括英语与汉语），但外语与母语启动下的不愉悦程度评分没有显著差异。

六、结论

疼痛共情中的疼痛感知与疼痛情感相对独立，高认知负荷的语言符号增强了双语者在疼痛共情中的疼痛感知，这种作用不受双语者所处文化情境的影响；对于身处母体文化情境的中英双语者来说，汉语加深了疼痛共情中的情感体验，与母语接近的汉语假字也具有类似作用；对于身处跨文化情境的日／中或韩／中双语者来说，外语与母语对疼痛共情中的情感体验的调节作用类似。

第三节　定居者语言面貌与文化依恋的关系

研究三　语言与户籍对客家镇潮汕青年文化依恋的影响

一、引言

随着城镇化进程的加快和旨在促进城乡融合发展的户籍制度改革的推进，我国跨区域流动人口逐渐增加。越来越多流动人口跨地区定居于异地工作和生活，自然而然产生了跨文化适应的问题。城乡统筹背景下农民工文化适应压力问题的实质是：农民工进城务工是现代意义上的"文化移民"（袁琳、刘思佳，2018）。在此期间，农民工主要面临思乡、焦虑等文化适应压力，需要进行生活方式、价值观念和社会心理等的转变，从而实现在城市立足。即使是省内迁移，也可能会出现文化适应的问题。例如，广东粤、闽、客三大方言鼎立。潮汕地区属于闽方言区，地少人多，当地人具有勇于开拓的精神，大批潮汕人外出打工。他们主要迁向广州、深圳、东莞，而人口的大量迁移必然带来社会融入的问题。相较于粤、闽方言使用者，客家人是特殊的移民群体。客家人所迁徙到的居住地就像一个小小的"社会"，他们保持着固有的文化与语言习俗，这种封闭和自力更生的生活方式无形中强化了他们的宗族观念（李惠娟，2004）。虽然潮汕人和客家人是两个不同的族群，但随着人口的跨区域流动，族群之间的交流也更加紧密。尤其是对于第二代移民青年而言，如何适应迁入地的文化，缓解心理压力尤为重要。作为21世纪出现的新兴理论，文化依恋理论凸显个体与文化的情感联结，为研究个体跨文化适应提供了新的研究视角。

文化依恋是个体与文化之间的一种稳定的情感联结。通过这种情感联结，个体能够拥有归属感，同时，在跨文化区域居住时，面对文化的差异，能够从母体文化中得到安全感。文化依恋起源于亲子依恋。人类生来就具有向最初照顾者寻找并维系亲密关系的倾向（Bowlby，1973），即建立依恋关系的需要。儿童早期与照顾者互动的经验使他们获得了人际交往知识，这些体验型知识以内在方式储存下来，形成儿童人际交往模板，即内部工作模型（Ainsworth et al.，1978）。当儿童以亲子依恋为基础探索外部环境时，依恋的体验类似儿童心中的安全基地图式，为其提供内在支持和外部动力。当面对压力、威胁情境时，安全基地图式就会启动，为个体"提供能量"，帮助个体重获安全感（Mikulincer & Florian，1998）。当个体逐渐成长，依恋对象会从曾经的照顾者转变为"重要他人"，如朋友、恋人等。安全基地图式适用于成年人。侯珂等（2005）认为，成人与亲人、朋友或者伴侣等亲密关系对象也能形成如儿童依恋般的依恋关系，即成人在一段亲密关系中也会出现分离焦虑等消极情绪，并且会出现将亲密对象作为安全基地的依恋行为。这种依恋不再是简单的身体接触，更多是情感和安全感的需要。个体依恋往往是在一定社会环境中和群体交往过程中形成的。在社会环境（如学校、社团或单位）里，个体在社会群体中的适应与发展一定程度上类似于婴儿在家庭中的成长，发展同群体中特定他人的依恋关系有助于个体更好地适应环境；而由共享相似经历和体验的个体所构成的社会群体也可以向个体提供情感支持，缓解其在现实生活中的紧张与不安。由此，群体作为依恋对象，为个体提供支持与保护，其力量的根源是群体共享信念、价值观、行为准则，体现为具体的行为（如相互接纳、理解、支持或帮助）和抽象的符号系统（如共同的图腾或语言）。群体依恋是个体与其所属群体深刻、稳定的情感联结，群体成员之间相互影响和相互依赖的心理状态。个体依恋与群体依恋是平行关系（Smith et al.，1999）。其中，社会群体往往共享相同的文化。由此，文化群体所提供的安全感可以表现为抽象化的形式。正如成人形成关于依恋对象的心理表征后不需要直接的身体接触也能满足情感需要一样，面临文化适应压力的个体不必返回原有文化环境，也可以通过抽象的文化符号获得安全感。

研究者采用文化启动实验范式检验了文化依恋的作用。Hong 等（2006）采用文化启动实验范式表明双文化或者多文化个体能够根据不同的情感需要在不同的文化框架内来回切换。当向被试呈现中国文化符号（中国龙）时，被试会采用集体主义观点来破解两难困境；而呈现美国文化符号（米老鼠）时，被试则采取个人主义观点来解释。这表明了个体可以与不同的文化形成情感联结。为进一步证明文化符号对个体文化依恋的影响，Hong 等（2013）参考 Mikulincer 等（2001）的情绪启动范式，以留学新加坡的印度尼西亚学生为被试，向被试分别呈现了代表新加坡和印度尼西亚文化的启动图片，在启动图片消失后要求被试对随机几何图形进行喜爱度评分。结果表明，在威胁情境下，个体会产生疏离焦灼和死亡焦虑，但母体文化图片会为个体带来积极的情绪缓解，表现在个体会对无意义几何图形评分更高，即文化图片可以激活个体的安全基地图式，缓解个体的压力。Yap 等（2017）采用皮肤电导反应为指标发现，文化符号可以降低威胁情境下个体身体对危险的生理反应，发挥缓冲作用。邵雪莹（2016）对中国异地就读大学生群体进行问卷调查时发现，文化能够作为依恋对象引发积极情绪，文化依恋各维度与歧视知觉、心理弹性、心理压力存在显著相关。杨惠淑（2017）通过问卷调查将文化依恋理论应用于民族文化研究中，研究对象为异地就读的少数民族大学生，结果发现，文化依恋通过影响应对策略进而影响个体的适应状况。周婷（2021）研究发现家乡文化环境能启动人们的家乡文化依恋，彰显家乡文化自信；当人们身处家乡时，多文化经验与家乡文化依恋呈正相关。

需要指出的是，文化依恋研究的已有研究对象主要集中于短期的跨文化者（留学生、异地就读的大学生），鲜有关注长期的跨文化定居者。根据跨文化适应领域对人群的划分标准，"定居者"是指长期居留在某种社会文化中的非本文化群体中的个体，他们留在当地长期居住，例如移民、难民。本研究在中国城镇化背景下以定居于客家镇的潮汕青年为研究对象，考察其文化依恋状况。

客家、潮汕与广府是华南汉族三大族群，其融合与发展颇受史学家和人类学家的关注。然而，目前对华南族群的研究存在以下问题：注重研究族群的历史源流、文化习俗、宗教、语言等，但对于族群之间的交流和互动则重视不够（宋德剑，2004）。

潮汕地区通常是指现在汕头、潮州、揭阳三市所管辖的区域。秦汉以后，中原人民不断南下，由于占据气候条件和生活条件的优势，潮汕群体自成一派。但随着人口的膨胀，受潮汕地区土地制约，潮汕人不断外迁。早期潮汕人主要移民至东南亚地区，随着改革开放国内市场经济吸引力加强，东南亚对潮汕人的吸引力逐渐减弱。潮汕人迁移的城市以广州、深圳、东莞为主。

相较于潮汕文化，客家文化是在迁徙过程中形成的一种独特文化。客家人是在移民浪潮中产生的，主要是指明清时从三省交界处向外迁移的移民，如今广东沿海的客家人大多源于这次移民。由于客家移民迁入前耕地条件较好的地区已被广府人和潮汕人占据，因此客家移民只能在山区落脚，也就是还没被开发的地区。"无客不住山，逢山必有客"正是对客家移民群体居住状况的总体描述。相较于闽方言和粤方言使用者，客家先民的主体来自中原士族。郑秋晨（2016）指出，客家方言一直都保留着中原古汉语的主要部分，客家人在长期的迁徙过程中始终没有舍弃原有的语言，因为客家人坚信客家的"根"在中原。

周大鸣（2005）认为潮客关系有三种模式：①潮客族群独立发展；②客家族群潮汕化；③潮汕族群客家化。对于族群而言，其界定标准离不开民俗、语言、文化等，因此是否会讲客家话或者潮汕话是区分客家人与潮汕人的一个重要标准。但潮客方言存在被互相取代的现象，有学者在研究潮客族群的文化交流时发现，由于本族群文化内涵发生很大变异，导致某个族群的文化日渐萎缩，甚至在方言使用上完全被另一方强制替代。陈支平（1997）提到方言与生活习俗的移植与消融与否是由移民人数与当地人口的力量对比决定的。宋德剑（2004）在调查潮客族群互动与文化认同时证明，行政归属、婚姻网络、人口迁移等因素影响潮客文化认同，在多种因素共同作用下，本属的客家方言被潮汕方言完全替代。

对于潮客关系的族群转换问题，学者们更多注意到客家人的潮汕化，而潮汕人转化为客家人的现象却较少被注意（陈雪峰，2019）。族群间的转化是十分复杂的，陈春声（2006）指出，客家作为一个族群，其存在和繁衍并不是由自然意义上的"血统"的正统性或者纯洁性来决定，而是建立在语言、民俗等方面的基础上。有学者认为，在潮客互动中，潮汕人更不容易被客家化。陈雪峰（2019）认为，相较于潮汕人，客家人更容易被潮汕化。潮汕人客家化，至少必须会讲客家话，并且在心里认同客家文化。潮汕人变成客家人的例子较少，潮汕人必须深入客家人真正强势的地区，或者说"核心聚集地"，才有可能被客家化。周大鸣（2005）对粤东丰顺县进行调查后发现，𨻧隍镇富足村的魏姓潮州人，其周围全为刘姓客家人，因为长期与客家人通婚，于是逐渐从潮州人演变为客家人。

由此可见，潮客在融合方面存在一定困难：一方面是因为潮汕人和客家人分属于两个不同的族群，历史上存在一定的对立情绪（陈春声，2006）；另一方面，潮汕人和客家人一直都比较认可自己的族群身份。族群认同异化和宗族文化变迁，除了移民与当地人力量对比的差距外，还受行政区划的隶属关系、通婚圈的变化、社会经济结构的变化以及人口的迁徙等因素影响，其中经济因素决定了潮客关系的转化。

目前有关广东潮客族群互动的已有研究集中于个案描述，鲜有关注两个族群与各自文化的情感联结。潮汕人和客家人分别属于两个界限分明的族群，在语言、文化习俗等方面具有鲜明的差异。潮汕人历来具有开拓进取的精神，敢闯敢拼。在城镇化的进程中，大量潮汕人离开潮汕地区到达珠三角城市务工。而客家人在明清的移民浪潮推动下来到广东地区后，仍坚信自己的"根"在中原，在山区一带形成属于自己的一个小小的"社会"，保留固有的语言和文化习俗。当外来的潮汕人来到客家族群中生活时，面对跨文化适应的问题，他们的情感态度有何变化，尚待探讨。

本研究选取东莞布清溪镇为研究地。根据清溪镇政府网页介绍，清溪镇是具有 900 多年历史的文明古镇，明朝洪武年间，客家人开始迁入，明清鼎革年间，客家人大量涌入，繁衍生息，以迄于今。清溪镇是客家聚居地，镇里的清厦客家围村是粤中地区客家围村的典型。结合潮汕青年移居客家镇的实际情况，本研究选取了户籍变化、语言 2 个因素，考察两者对在客家镇定居的潮汕青年文化依恋的影响。具体来说，一方面，户籍制度在城市外来人口的社会融入中被认为会带来社会排斥。李强（2002）提出户籍制度是一种"社会屏蔽"制度，它会将社会上一些人屏蔽在城市的社会资源之外。户籍对在城市生活的流动人口产生深远影响，不仅会增加他们生存和发展的成本，还会因为存在不平等因素使他们融入城市社会的难度加大，从而带来心理上的压力。尤其是对于青年而言，教育资源上的差异化感受更加明显。那么，潮汕青年保留原户籍与转为东莞户籍是否影响其文化情感？另一方面，语言是文化的组成部分，潮客两大族群有着泾渭分明的方言，潮客方言是族群区别的主要标志。陈雪峰（2019）提出，潮汕人客家化，至少必须会讲客家话，并且在心里认同客家文化。那么，接受客家方言并且听得懂客家方言的潮汕青年与完全听不懂客家方言的潮汕青年在文化依恋上是否存在差异？

本研究采用情绪启动范式，考察语言与户籍对定居于客家镇的潮汕青年文化依恋的影响。如果户籍、语言和文化类型影响潮汕青年的依恋，将出现三因素交互作用；在威胁情境下，对于具有东莞户籍且能听懂客家话的青年来说，客家文化图片的情绪调节作用强于潮汕文化图片，而对于不具有东莞户籍且不能听懂客家话的青年来说，潮汕文化图片的情绪调节作用强于客家文化图片。不管哪类青年，他们对中华文化图片的依恋程度最高。

二、被试

定居于东莞市清溪镇（客家镇）的潮汕青年共 93 名，其中具有东莞市清溪镇户籍且听得懂客家话的被试 19 名、具有东莞市清溪镇户籍但听不懂客家话的被试 31 名、保留原潮汕户籍但听得懂客家话的被试 20 名、保留原潮汕户籍且听不懂客家话的被试 23 名。年龄在 15—25 岁，平均年龄 18 岁，男女比例大体均衡，作为第二代移居者跟随父母一直在东莞市清溪镇生活和学习，在生活环境、学习能力、教育水平等方面匹配，视力或矫正视力正常，皆为右利手。

该实验经笔者所在单位人类被试科学研究伦理审查委员会批准后进行。所有被试均为自愿参加实验，正式实验之前所有被试都签署了被试知情同意书。实验为个别实施，所有被试此前都未参加过类似的心理实验。

三、方法

（一）实验设计

4（被试类型：具有东莞市清溪镇户籍且听得懂客家话的潮汕青年、具有东莞市清溪镇户籍且听不懂客家话的潮汕青年、保留原潮汕户籍但听得懂客家话的潮汕青年、保留原潮汕户籍且听不懂客家话的潮汕青年）×2（情境：威胁情境、中性情境）×4（启动图片：中华文化图片、客家文化图片、潮汕文化图片、积极控制图片）混合设计。人群为被试间变量，情境和启动图片为被试内变量，因变量是被试对随机几何图形的喜爱度评分。

（二）实验材料

从中国情绪材料情感图片系统选取代表中性情境和威胁情境的图片各 32 张，代表对照组的图片 16 张。要求被试对每张图片的愉悦度、唤醒度和优势度进行 9 点量表评分。统计显示，这些图片具有较好的情绪唤起效果和实用性。不同图片下的愉悦度、唤醒度和优势度的均值和标准差见表 3-26。

表 3-26　不同图片刺激的愉悦度、唤醒度和优势度描述性统计（$M \pm SD$）

图片类型	愉悦度	唤醒度	优势度
威胁情境图片	2.83（0.57）	4.89（0.47）	3.38（0.64）
中性情境图片	5.62（0.38）	4.52（0.59）	6.17（0.52）
积极控制图片	6.45（0.55）	5.30（0.56）	6.52（0.49）

单因素方差分析显示，三类图片在愉悦度上存在显著差异，$F(2, 79) = 389.62$，$p < 0.001$，积极控制图片 > 中性情境图片 > 威胁情境图片，$ps < 0.001$；在唤醒度上存在显著差异，$F(2, 79) = 12.37$，$p < 0.001$，积极控制图片 > 威胁情境图片 > 中性情境图片，$ps < 0.05$；在优势度上存在显著差异，$F(2, 79) = 262.50$，$p < 0.001$，积极控制图片 > 中性情境图片 > 威胁情境图片，$ps < 0.05$。

此外，选取代表中华文化、潮汕文化、客家文化的图片各 16 张，将这些文化图片通过问卷形式分别发放给不参加正式实验的大学生，让他们采用 7 点量表评定图片的代表性（1 = 非常不符合，7 = 非常符合）与熟悉度（1 = 非常不熟悉，7 = 非常熟悉）（见表 3-27）。因为文化图片的代表性和熟悉度需要由当地人进行评定，因此三份问卷的发放对象分别是潮汕大学生、客家大学生和国内其他地区的大学生，年龄在 18—25 岁。基于本实验的要求，实验材料需具有文化代表性，故从国家形象、历史维度、饮食文化等方面进行收集。其中，代表国家形象的图片选取了"国旗、国徽以及代表性建筑等"；代表族群文化的图片选取了"文化活动、饮食以及代表性建筑等"。

将三类文化图片随机分成两组，分别处于威胁情境与中性情境下，每种情境下有 24 张文化图片，即每种情境下三类文化图片各 8 张。

表 3-27　评定图片描述性统计（$M \pm SD$）

图片类型	代表性		熟悉度	
	威胁情境	中性情境	威胁情境	中性情境
中华文化图片	6.29（0.64）	6.23（0.79）	6.73（0.17）	6.72（0.18）
潮汕文化图片	6.19（0.79）	6.29（0.81）	5.94（0.41）	6.01（0.19）
客家文化图片	5.78（0.85）	5.71（0.88）	6.22（0.19）	6.17（0.25）

配对样本 t 检验结果显示，两组中华文化图片的代表性无显著差异，$t(29)=0.84$，$p=0.40$，熟悉度无显著差异，$t(29)=0.34$，$p=0.73$；两组潮汕文化图片的代表性无显著差异，$t(29)=-1.44$，$p=0.15$，熟悉度无显著差异，$t(29)=1.02$，$p=0.31$；两组客家文化图片的代表性无显著差异，$t(29)=0.606$，$p=0.54$，熟悉度无显著差异，$t(29)=1.05$，$p=0.37$。

目标的刺激材料是 64 张黑白的随机几何图形，无任何意义。这些无意义图片参照 Hong（2013）的依恋启动实验中所使用的无意义图片，将原图以圆点、三角形和正方形分别呈现。所有图片的像素为 433 pix × 289 pix。

（三）实验程序

实验环境要求无噪声且光线充足。通过 E-Prime 编写实验程序，将实验程序通过液晶显示器呈现，屏幕的分辨率为 2 210 × 1 400 像素，刷新率为 60 Hz，要求被试头部距离屏幕约 60 cm，眼睛基本平视屏幕中央。

实验流程如图 3-5 所示。具体流程如下：首先在屏幕中央呈现"+"注视点，时间为 1 000 ms；注视点消失后屏幕中央会出现情境刺激图片（中性情境 / 威胁情境），时间为 17 ms；情境刺激图片消失后屏幕中央会出现文化启动图片（中华文化图片 / 潮汕文化图片 / 客家文化图片 / 积极控制图片），时间为 17 ms；文化启动图片消失后屏幕中央会出现屏蔽图片，时间为 30 ms；屏蔽图片消失后屏幕中央会出现随机几何图形。要求被试根据对随机几何图形的喜爱度进行 6 点量表评分（1 = 非常不喜欢，6 = 非常喜欢），并按键盘上的相应数字键。评分没有时间限制，评分结束后，当前的几何图形会消失，呈现空屏 3 s 后开始下一试次。在正式实验前有 8 试次的练习，正式实验包括 64 试次，整个实验持续时间约 15 min。

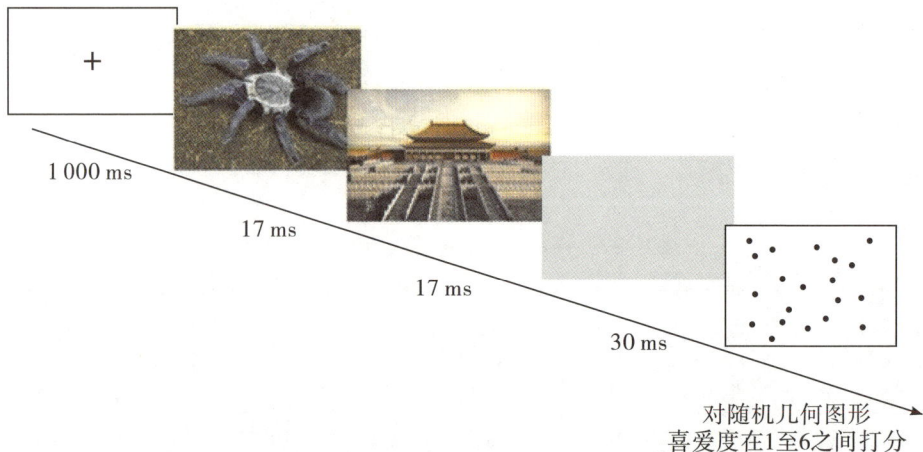

图 3-5 威胁情境下中华文化图片刺激内隐实验程序示意图

四、结果与分析

被试在不同条件下对随机几何图形的评分见表3-28。

表3-28 不同条件下被试对随机几何图形的评分（$M \pm SD$）

图片类型	户籍	语言	威胁情境	中性情境
中华文化图片	东莞户籍	听得懂客家话	4.78（0.60）	4.29（0.60）
		听不懂客家话	4.76（0.86）	4.09（0.95）
	潮汕户籍	听得懂客家话	4.59（0.69）	3.87（0.81）
		听不懂客家话	4.39（0.93）	4.16（0.66）
潮汕文化图片	东莞户籍	听得懂客家话	4.54（0.75）	4.37（0.85）
		听不懂客家话	4.20（0.84）	3.86（0.85）
	潮汕户籍	听得懂客家话	4.13（0.84）	3.76（0.95）
		听不懂客家话	3.91（0.74）	3.84（0.72）
客家文化图片	东莞户籍	听得懂客家话	4.27（0.51）	4.37（0.84）
		听不懂客家话	3.82（0.82）	4.04（0.82）
	潮汕户籍	听得懂客家话	3.57（1.02）	4.02（0.66）
		听不懂客家话	3.86（0.76）	3.98（0.77）
积极控制图片	东莞户籍	听得懂客家话	4.15（0.54）	4.16（0.66）
		听不懂客家话	3.74（0.76）	3.84（0.80）
	潮汕户籍	听得懂客家话	3.64（0.88）	3.48（0.83）
		听不懂客家话	3.76（0.78）	3.92（0.64）

方差分析结果显示，情境主效应显著，$F(1, 89) = 9.45$，$p = 0.003$，$\eta_p^2 = 0.096$。在威胁情境下，在文化图片的刺激下，被试对随机几何图形的评分（$M = 4.12$, $95\%CI\,[4.04, 4.12]$）显著高于中性情境（$M = 3.99$, $95\%CI\,[3.91, 4.08]$）。

文化启动图片主效应显著，$F(3, 182) = 30.93$，$p < 0.001$，$\eta_p^2 = 0.14$。中华文化图片（$M = 4.37$, $95\%CI\,[4.25, 4.49]$）调节作用显著强于潮汕文化图片（$M = 4.06$, $95\%CI\,[3.94, 4.18]$），$p < 0.001$，且显著强于客家文化图片（$M = 3.97$, $95\%CI\,[3.86, 4.09]$），$p < 0.001$，也显著强于积极控制图片（$M = 3.82$, $95\%CI\,[3.71, 3.94]$），$p < 0.001$；潮汕文化图片调节作用显著强于客家文化图片，$p = 0.004$，也显著强于积极控制图片，$p < 0.001$；客家文化图片调节作用显著强于积极控制图片，$p = 0.006$。概言之，在文化图片调节作用中，中华文化图片＞潮汕文化图片＞客家文化图片＞积极控制图片。

文化图片与情境的交互作用显著，$F(3, 182) = 19.47$，$p < 0.001$，$\eta_p^2 = 0.18$。进一步分析显示，在威胁情境下，被试在不同文化图片启动下对随机几何图形喜爱度的评分具有显著差异，$F(3, 182) = 38.11$，$p < 0.001$，$\eta_p^2 = 0.3$。LSD 事后检验分析表明，中华文化图片启动后图形评分（$M = 4.63$，$95\%CI$ [4.46, 4.79]）显著高于潮汕文化图片（$M = 4.19$，$95\%CI$ [4.02, 4.36]），$p < 0.001$，且显著高于客家文化图片（$M = 3.88$，$95\%CI$ [3.71, 4.04]），$p < 0.001$，也显著高于积极控制图片（$M = 3.82$，$95\%CI$ [3.66, 3.98]），$p < 0.001$；潮汕文化图片启动后图形评分显著高于客家文化图片（$p < 0.001$），也显著高于积极控制图片（$p < 0.001$）；客家文化图片与积极控制图片差异不显著，$p = 0.383$。概言之，在威胁情境下，中华文化图片 > 潮汕文化图片 > 客家文化图片 = 积极控制图片。

在中性情境下，被试对随机几何图形喜爱度的评分呈显著差异，$F(3, 182) = 5.34$，$p = 0.004$，$\eta_p^2 = 0.14$。LSD 事后检验分析表明，中华文化图片启动后图形评分（$M = 4.10$，$95\%CI$ [3.93, 4.27]）显著高于潮汕文化图片（$M = 3.95$，$95\%CI$ [3.78, 4.13]），$p < 0.001$，也显著高于积极控制图片（$M = 3.85$，$95\%CI$ [3.69, 4.01]），$p < 0.001$，但与客家文化图片（$M = 4.10$，$95\%CI$ [3.93, 4.26]）无显著差异，$p = 0.825$；客家文化图片（$M = 4.10$，$95\%CI$ [3.93, 4.26]）显著高于潮汕文化图片（$M = 3.95$，$95\%CI$ [3.78, 4.13]），$p < 0.001$，也显著高于积极控制图片（$M = 3.85$，$95\%CI$ [3.69, 4.01]），$p = 0.005$；潮汕文化图片与积极控制图片无显著差异，$p = 0.230$。概言之，在中性情境下，中华文化图片 > 客家文化图片 > 潮汕文化图片 = 积极控制图片。

户籍变化和客家话掌握情况与文化图片交互作用不显著，$F(3, 267) = 1.02$，$p = 0.033$。

户籍变化和客家话掌握情况与情境交互作用不显著，$F(3, 89) = 1.09$，$p = 0.354$。

户籍变化和客家话掌握情况、文化图片、情境三因素交互作用不显著，$F(9, 267) = 1.27$，$p = 0.25$。

五、讨论

本研究采用启动实验，考察了户籍与语言对定居东莞客家镇的潮汕青年文化依恋的影响。结果发现，文化图片与情境的交互作用显著，在威胁情境下，中华文化图片的情绪调节作用最强，潮汕文化图片次之，客家文化图片与积极控制图片的作用相仿；在中性情境下，中华文化图片带来最高的随机几何图形喜爱度评分，其次为客家文化图片，最后为潮汕文化图片，其作用与积极控制图片相似；户籍变化和客家话掌握情况对潮汕青年的文化依恋没有影响。

（一）中华文化图片的安全基地图式作用

实验结果发现，无论是在威胁情境还是中性情境，被试在中华文化图片启动下对随机几何图形的喜爱度评分都是最高的。这体现了潮汕青年对中华文化的自豪感。中华民族自古就有深厚、持久的爱国主义传统，爱国主义是中华民族的精神基因。习近平总书记 2018 年在北京大学师生座谈会上的讲话中提到："爱国，是人世间最深层、最持久的情感，是一个人立德之源、立功之本。"事实上，任何人都无法脱离社会群体单独生存，都需要依托群体、融入社会，才能获得持久、稳定的发展保障。人们在思考如何处理人与社会的利益关系过程中，将个体需要与社会需要相统一，产生了对社会、民族、国家的深深依赖感，形成原始、朴素的爱国主义情感（董静，2017）。

爱国情感是一种最纯洁、最高尚的情感。这种情感萌芽于童年，形成于青少年。中小学阶段是爱国情感形成的关键时期。对青少年来说，在爱国认知、爱国情感和爱国行为的形成中，爱国情感的形成处于核心地位（梅仲孙，2024）。从本研究的结果可以发现，爱国情感（对中华文化的依恋）不仅在威胁情境下发挥着安全基地图式的作用，缓解了消极情绪，还在中性情境下发挥着积极作用，提升了对随机几何图形的喜爱度评分。结果提示，定居客家镇的潮汕青年的爱国情感培养教育效果是相当不错的。

根据最佳独特性理论（Optimal Uniqueness Theory），当个体联系外群体与保持独特性的需求发生冲突时，这两种需求可能促使个体认同一个更具包容性的群体，或认同一个更具排他性的群体（Brewer，1991）。对于定居客家镇的潮汕青年来说，在潮汕文化和客家文化交融过程中，为了平衡联系外在客家群体与保持自身所属潮汕群体的独特性需求，他们更倾向于认同一个更具包容性的文化——中华文化。换言之，在客家镇的潮汕青年深刻地认识到，不管是潮汕文化还是客家文化，均属于中华文化。因此，他们对中华文化的依恋程度最高。

（二）潮汕文化图片与客家文化图片安全基地作用对比

在威胁情境下与中性情境下，被试对潮汕文化图片与客家文化图片启动后的随机几何图形评分出现差异。在威胁情境下，潮汕文化图片启动后被试对随机几何图形的评分显著高于客家文化图片。根据文化依恋理论，个体在受到威胁的刺激后会产生焦虑，启动安全基地图式，以寻求保护。潮汕人作为华南地区三大族群之一，具有强烈的族群意识，这种族群划分体现在对自己的方言、文化等方面的认同与自豪感上。即使身处另一大族群——客家群体中生活,潮汕人自身的族群认同感也并没有消失。威胁情境激发了他们对自身族群文化的认同感,以寻求保护,缓解内心的焦虑不安。因此,相较于客家文化图片,潮汕文化图片的安全基地作用更为强大,能给被试带来更强的安全感,更好地缓解其焦虑。

在中性情境下,客家文化图片启动后被试对随机几何图形的评分显著高于潮汕文化图片。在前文论述的潮客关系转化形式中,部分学者认为潮汕人要实现客家化是比较难的,除非深入客家人经济发展的核心地带才有可能被同化。根据威胁情境下潮客文化图片启动后的随机几何图形评分可知,当前生活在广东省东莞市清溪镇(客家镇)的潮汕青年远远没有达到被客家化的程度。但由于身处以客家人为主的经济文化圈,潮汕人在客家镇经过耳濡目染的学习,也会对客家文化表现出一定的认同感。所以,在中性情境下,潮汕人会对客家文化符号产生较强的积极情感。

需要指出的是,中性情境并没有激活安全基地图式。因此,相较于客家文化图片,在威胁情境下,潮汕文化图片具有更强的安全基地图式作用。事实上,潮客关系并非一直处于完全对立的状态。对于潮汕和客家两大民系来说,潮汕俗语称"大埔无福,澄海无客",即客家区域的大埔县没有潮汕人,潮汕区域的澄海区没有客家人,其他各区域多为潮客杂处。作为古代中原的移民,潮汕地区和客家地区在建筑方面保持了较多的古制,并表现出较强的同构性;从宗族结构的角度可以看出,两者的聚落或由以"房支"为单位的大型民居组成,或体现为以"家庭"为单位的小型民居集合;而在大型民居中,二者皆以"堂横式"为中心(徐粤,2019)。潮客建筑的同构性反映了潮客文化具有一定的相似性。因此,尽管潮客族群转换并不容易,潮汕人变成客家人的例子较少(陈雪峰,2019),但是,当潮汕人深入客家人真正强势的地区,或者说"核心聚集地",情况就可能发生变化。根据本研究结果,潮汕青年生活在客家族群核心竞争力较强的区域会接受客家文化,虽然尚未达到潮汕人转化为客家人的程度,但在一定情况下受到了客家文化的影响:在中性情境下对客家文化表现出认同与喜爱;在威胁情境下则会启动安全基地图式,对所属族群的潮汕文化表现出更强的认同感与依恋。

(三)户籍与语言对潮汕青年文化依恋的影响

实验结果显示,户籍与语言对潮汕青年的文化依恋没有产生显著影响。其中,户籍制度往往被认为是一种"社会屏蔽"制度,但在东莞获取当地户籍打破屏蔽,并不是一件难事。近年来东莞为了留住劳动人口放宽了户籍准入的标准，例如，在东莞稳定就业人员申请入户，原来要求同时满足持有东莞有效"广东省居住证"且累计时间满5年和在东莞正常参加社会养老保险且累计时间满5年，现在调整为同时满足持有东莞有效"广东省居住证"满1年和在东莞正常参加社会养老保险（林朝丰，2024）。由此，对青年学生的父母而言，东莞户籍的获取并不算困难，子女户籍亦同理。

本研究实验对象是第二代定居者，以在校学生为主。事后访谈可知，多数转为东莞户籍的学生是由于求学需要。换言之，青年学生所感知到的户籍改变与否的影响集中体现在入学事宜，对社会融入的其他方面并没有感知到户籍的影响。一方面，第二代定居者社会融入的参照对象更多是当地同龄人。第一代移民（第二代定居者的父辈）往往是在成年之后才开始流动，因此在社会融入过程中，更可能将流入地的城市户籍居民、家乡亲友、有相似流动背景的同乡甚至过去生活在家乡的自己作为参照对象。而对于第二代定居者来说，他们大多从小在当前定居地长大甚至可能在此出生，他们对于父辈以往的家乡生活相对陌生，日常生活中接触更多的是当地户籍同龄人。由此，在社会融入过程中，第二代定居者更多以当地户籍同龄人作为自己是否融入当地社会的标准（宋月萍等，2024）。另一方面，第二代定居者的社会融入维度更为丰富与深入。务工或经商往往是第一代移民迁居的根本原因。相较于父辈聚焦于社会融入的经济维度，第二代定居者在父辈的经济积累基础上，在社会融入时关切的维度更加丰富，即除了经济维度，他们的社会融入还可能延伸至社会生活、文化观念、身份认同等维度（杨菊华，2015）。青年第二代定居者对户籍影响感知的有限性，社会融入参照对象的相对单一与社会融入维度的丰富多元，在很大程度上消解了户籍的影响。因此，户籍对在客家镇的潮汕青年的文化依恋没有产生显著影响。

此外，语言对文化依恋的影响甚微，很可能是由于本研究对被试的语言要求宽松。目前大多数学生在校主要是讲普通话，因此寻找能够流利使用客家话的潮汕学生较为困难，于是，在寻找实验对象时将语言标准由"能否讲客家话"调整为"能否听得懂客家话"。有学者认为潮汕人客家化的重要标准是会讲客家话（陈雪峰，2019），显然本研究对象是不太符合这一标准的。未来研究可以严格遵守这一标准选取实验对象，以明确客家化的潮汕人的文化依恋状况。

六、结论

本研究采用启动实验考察定居于客家镇的潮汕青年的文化依恋状况，结果发现，不管是威胁情境还是中性情境，中华文化图片启动下被试对随机几何图形喜好度的评分最高；在威胁情境下，潮汕文化图片比客家文化图片更能调节被试的情绪，从而得到更高的随机几何图形评分；在中性情境下，客家文化图片启动比潮汕文化图片启动带来更高的随机几何图形评分；户籍变化与客家话掌握情况对潮汕青年的文化依恋没有影响。

第四节　语言与族群认知的关系

研究四　语言演变差异与族群/方言名称对族群信息加工的影响

一、引言

"族群"是一个被广泛使用的概念，虽然学术界对族群的划分标准还有争论，但对族群的文化特征基本形成了共识。"族群边界"理论从族群的排他性和归属性来界定族群，认为"族群"存在于与其他族群的互动关系中，族群成员通过不同的行为维持自身的文化特征，来限定"我们"、排除"他们"，巴斯将这种排他性定义为"边界"。在历史发展过程中，族群不是固定不变的实体，而是流动的共同体，由此凸显了"边界"的意义；"边界"是构建的，其实质是分类的实践，在族群互动的情境中，体现为个体对"我们"族群的认同。

族群认同的实质是群体的自我认同。根据社会身份理论和自我归类理论，社会认同来自于社会分类和社会比较，与社会身份的获得息息相关。族群身份的获得是从被动到主动、从表面到深层的过程，族群认同也随之发生潜移默化的变化（刘红旭，2013）。在中华文化中，族群身份的构建往往绕不开祖根。中国传统文化具有"崇先报本，慎终追远"的情怀，表现为个体对祖源的追寻和报答。由此，族群认同也是对群体自我的"同一性"和"连续性"的追寻与确认。

族群的生成与发展，既是共同血缘与文化共同体的延续与发展，也是在环境与文化的交互作用中与其他族群融合及分化的结果。族群在演变中自然产生了同根族群。在与同根族群互动时，人们如何分类？虽然研究者未直接考察，但相关探讨仍然颇有启发意义。例如，寻根的捷径是追寻姓氏（家族血缘标志）、谱系（一家一姓之史），姓氏既是个体的符号，也是同根共祖的标签（王泉根，2012）。有研究发现，同姓氏陌生人比异姓氏陌生人有更高的自我相关性，相对于异姓氏，同姓氏会诱发更大的P200波幅（Zhu et al.，2018），表明代表祖先血统的姓氏引发了与自我有关的加工。又如，同根共祖往往意味着曾经生活在共同的地理环境中（葛兆光，2012），即拥有共同的祖籍地；

对祖籍的族群认同体现为老乡心理（姜永志等，2012）。当人身处外地时，参照本省（市）人加工的成绩显著优于参照其他群体的加工（张鹏英、张海钟，2013），提示老乡身份会引发强烈的"老乡情结"和"老乡认同"。

一般来说，语言构成族群成员身份的内在标志。语言习得是人置身于社会中，逐渐领会语言指代的意义并学会说话的过程。换言之，个体的成长发育是在以语言为内核的族群精神气质的长期潜移默化中进行的。因此，语言作为言说载体，因为具有边界，可为族群划定界域。语言确立族群边界，维持并强化族群意识。语言被视为维护和继承族群文化遗产的重要方式。恰如洪堡特所言："语言的所有最为纤细的根茎生长在民族精神力量之中，民族精神力量对语言的影响越恰当，语言的发展也就越合乎规律，越丰富多彩。语言就其内在联系方面而言，只不过是民族语言意识的产物……"由此推论，从有思想意识到有明确的族群认知，语言不只是信息交互的媒介。语言遗存了族群发展演变的痕迹，这些痕迹虽然不一定被人认知，但在语言习得和运用中自然而然地影响了人，构筑了人的文化底蕴，形成了人的祖根意识。

这种现象在客家方言中表现得最明显。"宁卖祖宗田，不忘祖宗言"是客家人世代恪守的祖训。客家话是客家文化的重要组成部分，它承载了丰厚的客家文化记忆和生活信息，是凝聚与辨识客家族群的鲜明标志。黄遵宪道："筚路桃弧展转迁，南来远过一千年。方言足证中原韵，礼俗犹留三代前。"（《己亥杂诗·筚路桃弧展转迁》）客家先民主体是中原士族，代表中原发达的汉文化，以中原汉民族共同语——河洛雅言作为通行交际语（周文顺、徐宁生，1998）。客家话发端于古汉语，是古汉语保存最完整的语言。客家方言口音与中原古音同源，是古中原汉语的活化石。客家方言音韵极接近唐五代至宋初时中原地区的语言，是在晚唐五代至宋初时从中原汉祖语中分离出来，逐渐发展演变而成，许多音韵特征与晚唐五代宋音韵要点相符。音韵学证据与史学家结论以及文献族谱记载大体一致（邓晓华、王士元，2003）。许多中原汉语的古语词，虽然在现代汉语中逐渐消亡，但在客家话中依然保持生命力（樊洛平，2016）。因此，客家话保持了中原古汉语的主体成分。客家人在南迁中不忘自己的语言，提示客家人的"根"在中原（郑秋晨，2016）。"客家"名称在塑造客家人的中原意识方面也起到重要作用。客家人、广府人、潮汕人都是南方汉族支系，但客家是唯一不以地域命名的汉族民系。

同样是移民语言，与客家话相比，粤语与潮汕话各有特点。粤语发展更具个性。粤语在唐代已基本成熟，在语音上与中原汉语接近，在词汇和语法上残留着古越语底层，是与汉语共同语有相对差异性的地域方言。粤语的主要来源是古代华夏语言，即雅言。雅言的基础是华夏部落联盟使用的原始华夏语。到周朝，其发展成为中原一带的民族共同语。粤语与普通话虽然"同源"，但自秦、汉以后，各自的历史发展轨迹不同。当粤语形成了既有特点又大体上同于汉语的方言且有一定流通范围后，便不再接受北方汉语的进一步同化，甚至对这种同化产生抗拒作用，从"求同"转向"求异"（李新魁，1994）。拒绝同化的原因是粤语较多地保留了隋唐前中原汉语的面貌，并保持相对稳定，现在的广府人常以此为荣。虽然中原地区从"永嘉之乱"起受北方游牧民族统治接近300年，汉语内部发生了很大变化，但岭南汉人使用的粤语仍较多保留着魏晋年间中原汉语的面貌。粤语与中原汉语距离拉开主要是中原汉语变化所致（叶国泉、罗康宁，1995）。如今，粤语和普通话不仅早已脱离了古汉语，少了许多相同之处，更各自增加了许多特色，表现出更明显的差别（李敬忠，1991）。

潮汕话的来源具有多元性，其近祖是福建闽语，远祖是江浙吴语（李新魁，1987a）。主要包括三方面：①古吴越语遗存，并吸收了楚方言（楚语）成分。潮汕话是闽方言分支，闽方言从吴语演变而成，而早在先秦时期，吴语就受楚语影响，即潮汕话的远祖包括吴语及部分楚语。②直接与间接受中原汉语影响。③土著民族（闽越）语言的某些沉积成分（李新魁，1994）。现代潮汕话有差别明显的两种读音：说话音和读书音。前者保存了大量汉代语言特点和汉代词语或特有词义，这些是三国前吴越语的遗留；后者较多地保留了六朝及唐代的语言特点及词义。现代潮汕方言词，不单在词汇上与吴语相同或相近，在某些特殊用语上也与其相同或相近（李新魁，1987b）。

广东位于中国南端，是历史上多次大规模南向移民的重要归宿。粤、闽、客方言在广东呈三足鼎立之势。最强势的是粤方言，分布在珠三角区域、粤西西江流域、粤北北江流域及粤东部分地区，使用人口约 6 000 万。闽方言集中分布于粤东南与粤西南的沿海区域，分为潮汕片和雷州片两种次方言，前者接近闽南方言，后者接近海南方言，中山、清远、韶关、惠州等地还有一些闽方言岛，使用人口约 1 895 万。客家方言主要集中在粤东北与粤北地区，粤西也有部分成片的客家话地区分布，零星的客家话村落散布于全省多数地区，使用人口约 2 000 万（甘于恩、简倩敏，2010）。

客家话、粤语和潮汕话三大汉语方言族群，虽然都主要由中原汉人南移形成，但语言来源、演变历史和方言名称存在差异。从语言本身来看，客家话与中原汉语差异最小，粤语次之，潮汕话与中原汉语差异最大；从语言变异时间来看，客家话从中原汉语变异最晚，粤语次之，潮汕话最早；从方言名称来看，客家话名称中有"客"语素，时刻提醒讲话者"根"在中原，粤语和潮汕话则以地域名称之。族群名称也存在差异，广府人、潮汕人以居住地名称之，客家人名称却宣示着"外来者"身份。笔者预期，三个族群对中原汉族族群的认知也存在差异，这种差异既与语言间差异大小、变异时间长短有关，也与族群 / 方言名称有关。方言与汉祖语差异越大，方言从汉祖语变异而来的时间越长，方言讲话者对同祖语讲话者的认知就越差。族群名称宣示着"外来者"身份，方言名称强调方言与汉祖语的关系，有利于对同祖语族群的认知。客家话讲话者对中原族群的认知会呈现出较强的祖根意识。本研究选取懂广东三大方言的大学生，通过考察对族群信息的记忆与注意，探查对中原族群的认知是否存在差异，揭示语言演变差异和族群 / 方言名称对族群信息加工的影响。本研究对扩展语言与文化、认知关系的研究，厘清语言变异、族群 / 方言名称与族群认知的关系，有重大理论意义；对祖根文化的构建、铸牢中华民族共同体意识，也有重要实践价值。

二、实验一：语言演变差异对族群信息记忆的影响

本研究采用群体参照的 R/K 范式考察语言演变差异是否影响族群信息记忆。由于历史上河南是华夏民族和华夏文明的发源地，所以，选取河南人代表中原族群，选取朝鲜族人代表无关族群，作为本族群的对照。如果语言演变差异和族群 / 方言名称影响群体参照效应，方言族群与参照族群会出现交互作用，具体来说，三个方言群体在不同族群参照下会产生不一致的加工成绩，客家人在河南人参照下的记忆成绩应好于在无关族群参照下，广府人和潮州人在河南人和无关族群参照下的记忆成绩无显著差异或差异比客家人小。

（一）被试

汉族本科生 90 名，客家人、广府人、潮州人各 30 名。所讲方言只限于本族群方言。年龄在 17—23 岁，平均年龄为 20.6 岁。男女比例大体均衡，普通话水平均在二级乙等以上。皆为广东籍，一直在广东学习并参加高考，在生活环境、学习能力、教育水平等方面匹配。视力或矫正视力正常，皆为右利手。

（二）方法

1. 实验设计

3（被试类型：客家话讲话者、粤语讲话者、潮汕话讲话者）× 3（参照族群：本方言族群、河南人、无关族群）混合设计。被试类型为被试间变量，参照族群为被试内变量。

2. 实验材料

从《现代汉语常用词词频词典》（刘源等，1990）中选择中等频度人格特

质词 180 个，积极词和消极词各半。在学习阶段，分层随机抽取 120 个双极形容词（积极词和消极词各半）与 3 个族群搭配成 120 个词对，得到"本族群 – 积极词、本族群 – 消极词，河南人 – 积极词、河南人 – 消极词，朝鲜族人 – 积极词、朝鲜族人 – 消极词" 6 组各 20 个词对。在再认阶段，分别从 6 组词对中随机抽取 10 个词对保留，由 60 个学过的双极形容词（积极词与消极词各半）与 60 个未学过的双极形容词（积极词与消极词各半）构成 120 个再认词。匹配积极词与消极词的词频和笔画数，30 名同质被试采用 7 点量表评定词语效价（1= 非常消极，7 = 非常积极）。材料信息见表 3–29。

表 3–29　实验一人格特质词信息表

实验阶段	词语类型	材料举例	平均笔画数	平均词频	词语效价
学习阶段	积极词	正直　可靠	17.18（4.54）	165.55（67.79）	5.66（1.43）
	消极词	势利　固执	18.60（5.13）	159.36（72.74）	2.43（0.93）
再认阶段	积极词	踏实　稳重	17.53（3.74）	163.49（68.33）	5.58（1.63）
	消极词	粗鲁　马虎	18.15（5.47）	160.57（72.81）	2.32（0.96）

注：①词频选自北京语言学院语言教学研究所编《现代汉语频率词典》1986 年版，单位为百万分之一。②括号内数字为标准差，下同。

统计结果表明，在学习阶段，两组词语的平均笔画数差异不显著，$t(118)=1.60$，$p = 0.112$；平均词频差异不显著，$t(118) = 0.275$，$p = 0.784$。将积极词和消极词分别取调节后效价（中值"4"减去原效价后取绝对值）进行 t 检验，积极词和消极词的平均效价差异不显著，$t(118) = 1.34$，$p = 0.794$。在再认阶段，两组词语的平均笔画数差异不显著，$t(118) = 0.16$，$p = 0.871$；平均词频差异不显著，$t(118) = 0.86$，$p = 0.591$。积极词和消极词的平均效价差异不显著，$t(118) = 1.46$，$p = 0.621$。

3. 实验程序

本实验包括三个阶段（见图 3–6）：

（1）学习阶段：首先在屏幕中央呈现"+"注视点 300 ms，然后呈现问题（"你觉得下面这个词适合描述本族群的人 / 河南人 / 朝鲜族人吗？"），空屏 300 ms 后，将该问题与某个人格特质词同时呈现 3 000 ms，要求被试判断。半数被试按 F 键表示"是"，按 J 键表示"否"；半数被试的按键方式相反。共有 120 试次，项目随机呈现。

（2）分心阶段：为防止被试复述，在学习阶段结束后，屏幕上出现指导语，提示被试在空白纸上执行纸笔任务，以大写方式按顺序每隔一个写下 26

个英文字母的 13 个字母，时间 1 min。

（3）再认阶段：主试讲解 R 和 K 的意义，确定被试理解后进行 4 轮练习，再进入正式实验。每一试次安排如下：首先在屏幕中央呈现"+"注视点 300 ms，空屏 300 ms 后，在屏幕中央呈现人格特质词，要求被试按键判断该词是否在学习阶段出现过。如果认为该词在学习阶段未出现，按 M 键，直接进入下一试次。如果认为该词在学习阶段出现过，按 C 键，按键后在屏幕中央会出现新的判断任务"请做记得 / 知道判断"。如果能说出某个特定项目，并回忆起与该项目相关的具体细节，即"记得"，按 A 键；如果只觉得该项目熟悉却回忆不起相关细节，即"知道"，按 K 键。被试完成判断后进入下一试次。共有 120 试次，项目随机呈现。实验持续约 15 min。

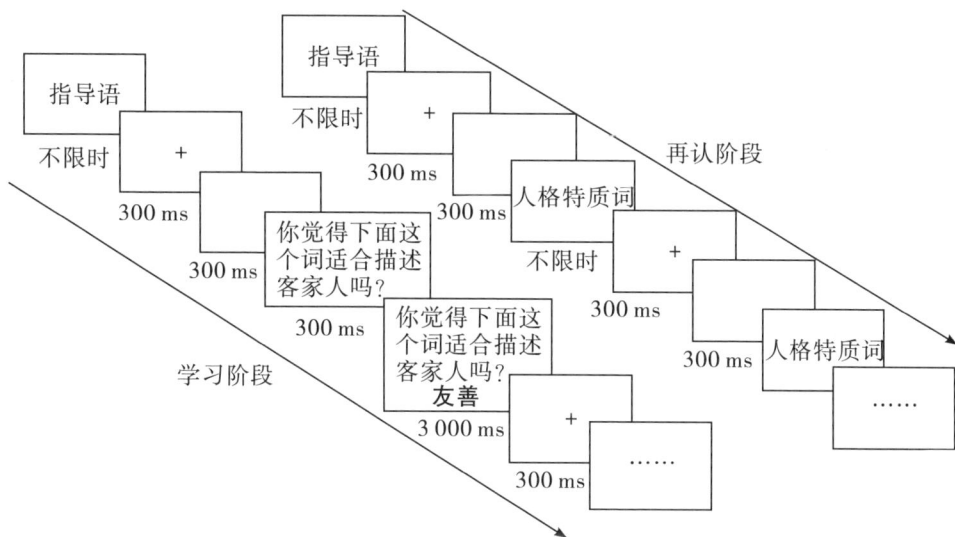

图 3-6　实验一程序示意图

（三）结果与分析

被试的整体再认率高于 10%，数据均进入分析。再认成绩、R 成绩及 K 成绩见表 3-30。

表 3-30　不同方言群体在不同参照加工任务中的再认率及 R/K 判断率

被试类型	参照条件	记忆类型		
		再认	R	K
客家话讲话者	参照客家人（本族）	0.76（0.15）	0.45（0.25）	0.30（0.23）
	参照河南人（中原）	0.68（0.19）	0.40（0.24）	0.33（0.19）
	参照朝鲜族人（无关）	0.66（0.20）	0.35（0.22）	0.28（0.17）

（续上表）

被试类型	参照条件	记忆类型		
		再认	R	K
粤语讲话者	参照广府人（本族）	0.76（0.13）	0.46（0.25）	0.29（0.15）
	参照河南人（中原）	0.70（0.14）	0.35（0.22）	0.30（0.21）
	参照朝鲜族人（无关）	0.70（0.15）	0.38（0.24）	0.35（0.20）
潮汕话讲话者	参照潮汕人（本族）	0.76（0.19）	0.53（0.24）	0.23（0.15）
	参照河南人（中原）	0.64（0.18）	0.38（0.22）	0.26（0.16）
	参照朝鲜族人（无关）	0.63（0.22）	0.37（0.21）	0.24（0.14）

1. 再认成绩分析

再认校正成绩（击中百分比—虚报百分比）的方差分析表明，被试类型的主效应不显著，$F(2, 87) = 0.57$，$p = 0.567$。参照族群的主效应显著，$F(2, 174) = 23.71$，$p < 0.001$，$\eta_p^2 = 0.214$。均数比较表明，参照本族群成绩（$M = 0.76$，$95\%CI[0.72, 0.79]$）显著高于参照无关族群成绩（$M = 0.67$，$95\%CI[0.63, 0.71]$）和参照河南人成绩（$M = 0.67$，$95\%CI[0.64, 0.72]$），$ps < 0.001$，其他参照条件之间的成绩差异不显著，$ps > 0.05$；被试类型和参照族群的交互作用不显著，$F(4, 174) = 1.44$，$p = 0.224$。

2. "记得"成绩分析

"记得（R）"校正成绩（击中百分比—虚报百分比）的方差分析表明，被试类型的主效应不显著，$F(2, 87) = 0.13$，$p = 0.875$。参照族群的主效应显著，$F(2, 174) = 29.02$，$p < 0.001$，$\eta_p^2 = 0.25$。均数比较表明，参照本族群成绩（$M = 0.48$，$95\%CI[0.43, 0.53]$）显著高于参照无关族群成绩（$M = 0.37$，$95\%CI[0.32, 0.42]$）和参照河南人成绩（$M = 0.38$，$95\%CI[0.33, 0.43]$），$ps < 0.001$，其他参照条件之间的成绩差异不显著，$ps > 0.05$。被试类型和参照族群的交互作用显著，$F(4, 174) = 2.50$，$p = 0.045$，$\eta_p^2 = 0.05$。简单效应分析表明，客家话讲话者对不同参照族群的记忆成绩呈现梯级效应，即参照本族群成绩（$M = 0.46$，$95\%CI[0.36, 0.55]$）显著高于参照河南人成绩（$M = 0.40$，$95\%CI[0.31, 0.49]$），$p = 0.017$，参照河南人成绩高于参照无关族群成绩（$M = 0.35$，$95\%CI[0.26, 0.44]$），$p = 0.050$。另两个方言族群参照本族群成绩显著高于参照其他族群成绩，$ps < 0.05$，参照河南人和无关族群的成绩差异不显著，$ps > 0.05$。

3. "知道"成绩分析

"知道（*K*）"校正成绩（击中百分比－虚报百分比）方差分析表明，各种主效应和交互作用均不显著，*ps* > 0.05。

（四）小结

"记得"成绩是反映自我认知加工的稳固指标（Conway & Pleydell-Pearce, 2000）。实验一表明：①三个方言族群在本族群参照下均表现出更好的记忆成绩，出现本族群参照效应。②相对于粤语族群和潮汕话族群，客家话族群对代表中原人的河南族群的信息有更好的记忆，出现同祖语族群参照效应。

三、实验二：语言演变差异对族群信息注意的影响

由于客家人始终"不忘祖宗言"，并认为自己的祖先是中原士族，因此，相对于无关族群，客家人会对中原族群的信息分配更多注意资源，形成更好的记忆。客家人对中原族群的信息是否存在注意偏向？注意偏向（Attentional Bias）是指个体对特定刺激的高敏感性并且伴随选择性注意。例如，与无情绪色彩刺激相比，有情绪色彩刺激更能吸引注意或占用更多注意资源，这会使颜色加工变慢（Sveen et al., 2009）。注意偏向有两种类型：①注意警觉。这是个体对未出现但可能出现的对个体有重要适应意义的刺激保持的觉察和持续的机能准备状态（覃义贵，2012）。人类对负性刺激存在注意警觉（Chen & Jackson，2006；冯文锋等，2010；寇慧等，2015；Miltner et al.，2004），会对负性刺激优先关注。例如，消极情绪刺激会诱发更大的 N100 波幅（Bar-Haim et al.，2005；Doallo et al.，2007；Luo et. al.，2010）和更大的 N170 波幅（Montalan et al.，2008）。P200 更多地指向消极信息（郭军峰、罗跃嘉，2007；罗跃嘉等，2006；马建苓等，2012；张积家等，2020）。②注意脱离困难。Cho 和 Lee（2013）发现，身体不满意度高的男性会更频繁、更长时间地注意有肌肉的身体图片，身体不满意度高的女性会更频繁、更长时间地注意瘦的身体图片。在语言认知中，如果某一词语或概念被激活了，对于该词语或概念的注视会多于对其他刺激（王丹等，2018；闫国利等，2010）。实验二设置不同族群名称为启动刺激——本族群名称、河南人（中原族群）、朝鲜族人（无关族群），同时设置数学符号启动条件，要求被试判别靶词的颜色。如果语言演变差异和族群 / 方言名称影响对族群信息的注意，方言族群与启动族群就会出现交互作用。具体来说，三个方言群体在不同启动族群条件下会产生不同的注意分配，相对于无关族群启动，客家人在河南人启动下会产生注意偏向，干扰随后的加工，表现为对词语颜色判断更慢、准确率更低；广府人和潮州人则

不会出现这种情况。

（一）被试

汉族本科生 90 名，客家人、广府人、潮州人各 30 名。所讲方言只限于本族群方言。年龄在 17—26 岁，平均年龄为 22.2 岁。男女比例均衡，普通话水平均在二级乙等以上。皆为广东籍，一直在广东学习并参加高考，在生活环境、学习能力、教育水平等方面匹配。视力或矫正视力正常，皆为右利手。均未参加实验一。

（二）方法

1. 实验设计

3（被试类型：客家话讲话者、粤语讲话者、潮汕话讲话者）×4（启动类型：本族群名称、河南人、朝鲜族人、数学符号启动）×3（人格特质词效价：消极、积极、无关）混合设计。被试类型为被试间变量，启动类型和人格特质词效价为被试内变量。

2. 实验材料

材料由启动类型 – 靶词对构成。以族群类别词"本族群名称 / 河南人 / 朝鲜族人 / ****"为启动刺激，"****"为数学符号启动条件。靶词皆为形容词，包括三类：①积极人格特质词（88 个，每一启动条件 22 个，21 个用于正式实验，1 个用于练习）；②消极人格特质词（88 个，每一启动条件 22 个，21 个用于正式实验，1 个用于练习）；③无关词，与人格特质完全无关的描述环境和景物的词（88 个，每一启动条件 22 个，21 个用于正式实验，1 个用于练习）。共有 264 个词。词语选自《现代汉语常用词词频词典》（刘源等，1990）。刺激呈现在计算机屏幕中央，靶词背景为白色，字体为黑体。在实验前，将目标字混合呈现打印在纸上交给被试，确保被试熟悉后开始实验。匹配 3 组汉字的词频和笔画数，30 名同质被试采用 7 点量表评定词语效价（1= 非常消极，7 = 非常积极）。材料的信息见表 3–31。

表 3–31　实验二靶词信息

靶词类型	材料举例	平均笔画数	平均字频	平均效价
积极词	善良　勤劳	23.50	187.70	6.01
消极词	狡诈　懒惰	24.14	168.11	1.87
无关词	明亮　危险	23.03	172.20	4.03

统计结果表明，3 组汉字的平均笔画数差异不显著，$F(2, 261) = 5.33$，$p = 0.78$；平均字频差异不显著，$F(2, 261) = 6.20$，$p = 0.85$；将积极词和消极词分别取调节后效价（效价中值"4"减去原效价后取绝对值）做 t 检验，积极词和消极词的平均效价差异不显著，$t(174) = 1.16$，$p = 0.51$。取积极词和消极词的平均效价与无关词做方差分析，差异不显著，$F(2, 261) = 2.10$，$p = 0.40$。

3. 实验程序

采用 E-Prime 系统编程，用奔腾 4 型计算机呈现材料。实验程序（见图 3-7）：先在屏幕中央呈现"+"注视点 300 ms，接着呈现一个黑色启动词（族群名称）或黑色"****"600 ms，空屏 500 ms 后，接着以红色、绿色或蓝色快速呈现靶词 400 ms，空屏 3 000 ms，要求被试在这 3 000 ms 内通过按键判别词语的颜色，即用左、右手食指和右手拇指尽量准确、快速按键做出"红"或"绿"或"蓝"判断（实验前将"红""绿""蓝"提示标签分别贴在键盘的 Q、P 和空格键上）。计算机会自动记录被试的反应时和反应正误。实验包括 252 试次，材料呈现顺序随机。在正式实验前，会用非实验材料进行 12 次练习。

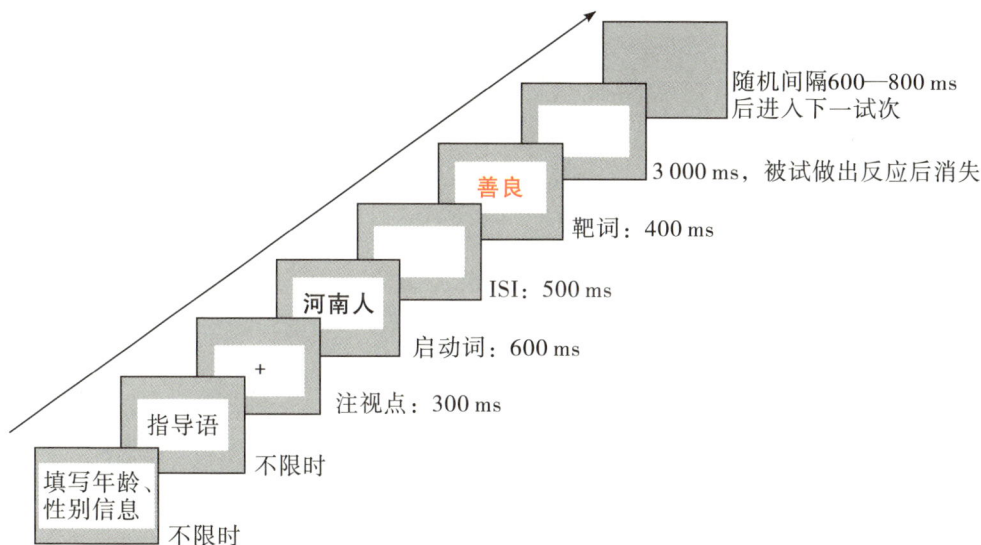

图 3-7　实验二程序示意图

（三）结果与分析

反应时分析剔除错误反应和 $M \pm 2.5SD$ 之外的数据，占 1.78%。结果见表 3-32。

表3-32 不同方言族群启动的平均反应时和平均错误率

被试类型	启动类型	靶词					
		积极词		消极词		无关词	
		反应时/ms	错误率/%	反应时/ms	错误率/%	反应时/ms	错误率/%
客家话讲话者	客家人（本族）	1 041（459）	2.13（4.87）	1 056（448）	1.93（4.06）	1 036（459）	1.83（3.07）
	河南人（中原）	817（257）	1.80（3.46）	810（227）	3.10（4.65）	816（228）	2.13（3.52）
	朝鲜族人（无关）	638（148）	3.27（4.95）	624（137）	3.43（6.52）	628（141）	2.80（4.39）
	数学符号启动	621（170）	2.43（3.89）	621（164）	2.30（3.53）	640（164）	2.80（4.88）
粤语讲话者	广府人（本族）	925（354）	1.50（2.33）	911（338）	2.33（2.91）	931（354）	2.00（3.10）
	河南人（中原）	617（105）	2.83（2.84）	628（108）	2.83（3.64）	634（110）	2.60（4.70）
	朝鲜族人（无关）	634（115）	1.67（2.73）	623（101）	1.80（3.21）	635（126）	2.83（3.86）
	数学符号启动	628（100）	2.30（3.77）	526（103）	1.67（2.73）	639（125）	1.17（2.52）
潮汕话讲话者	潮汕人（本族）	905（243）	1.30（3.33）	908（225）	2.67（3.40）	933（242）	3.67（2.73）
	河南人（中原）	583（143）	2.70（5.03）	585（147）	2.03（6.21）	591（155）	3.23（5.13）
	朝鲜族人（无关）	587（156）	3.33（3.55）	578（156）	2.43（4.83）	588（158）	2.53（5.85）
	数学符号启动	585（172）	3.33（4.22）	583（148）	1.97（4.31）	588（155）	2.40（5.40）

反应时的方差分析表明，在族群名称启动条件下，被试类型的主效应显著，$F(2, 87) = 3.21$，$p = 0.049$，$\eta_p^2 = 0.067$。客家话讲话者反应时（$M = 815$，$95\%CI\,[748, 883]$）显著长于潮汕话讲话者（$M = 701$，$95\%CI\,[634, 769]$），$p = 0.020$，边缘显著长于粤语讲话者（$M = 726$，$95\%CI\,[659, 794]$），$p = 0.067$；潮汕话讲话者和粤语讲话者的反应时差异不显著，$p = 0.599$。启动族群名称的主效应显著，$F(2, 174) = 88.27$，$p < 0.001$，$\eta_p^2 = 0.50$。本族群名称启动反应时（$M = 959$，$95\%CI\,[885, 1\,034]$）显著长于河南人启

动（$M = 672$，$95\%CI$［636，708］）和朝鲜族人启动（$M = 611$，$95\%CI$［584，639］），河南人启动反应时显著长于朝鲜族人启动，$ps < 0.001$。被试类型与启动族群名称的交互作用显著，$F_{(4, 174)} = 2.71$，$p = 0.032$，$\eta_p^2 = 0.06$。其他启动条件的主效应和交互作用均不显著，$ps > 0.05$。在数学符号启动条件下，各种主效应和交互作用都不显著，$ps > 0.05$。

为了比较不同方言被试的表现，分别进行不同方言族群在族群名称启动时的反应时方差分析。

对客家话讲话者的分析表明，启动族群名称的主效应显著，$F_{(2, 58)} = 26.69$，$p < 0.001$，$\eta_p^2 = 0.48$。本族群名称启动反应时（$M = 1\,023$，$95\%CI$［855，1191］）显著长于河南人启动（$M = 804$，$95\%CI$［715，893］）和朝鲜族人启动（$M = 618$，$95\%CI$［570，667］），河南人启动反应时显著长于朝鲜族人启动，$ps < 0.001$。其他启动条件的主效应和交互作用均不显著，$ps > 0.05$。

对粤语讲话者的分析表明，启动族群名称的主效应显著，$F_{(2, 58)} = 23.41$，$p < 0.001$，$\eta_p^2 = 0.45$。本族群名称启动反应时（$M = 922$，$95\%CI$［794，1\,051］）显著长于河南人启动（$M = 626$，$95\%CI$［587，665］）和朝鲜族人启动（$M = 631$，$95\%CI$［590，672］），$ps < 0.001$；河南人启动和朝鲜族人启动的反应时差异不显著，$p = 0.467$。其他启动条件的主效应和交互作用均不显著，$ps > 0.05$。

对潮汕话讲话者的分析表明，启动族群名称的主效应显著，$F_{(2, 58)} = 53.54$，$p < 0.001$，$\eta_p^2 = 0.65$。本族群名称启动反应时（$M = 932$，$95\%CI$［842，1\,021］）显著长于河南人启动（$M = 586$，$95\%CI$［532，641］）和朝鲜族人启动（$M = 585$，$95\%CI$［528，643］），$ps < 0.001$。河南人启动和朝鲜族人启动的反应时差异不显著，$p = 0.888$。其他启动条件的主效应和交互作用均不显著，$ps > 0.05$。

错误率的方差分析表明，各种主效应和交互作用均不显著，$ps > 0.05$。

（四）小结

实验二发现，在反应时上：①客家话讲话者的反应时显著长于潮汕话讲话者和粤语讲话者。究其原因是，客家话讲话者在本族群名称和河南人启动下的反应时显著长于另两个方言族群。客家话讲话者在本族群名称启动下的反应时（$M = 1\,044$）显著长于潮汕话讲话者（$M = 915$）和粤语讲话者（$M = 922$），反应时差分别为 129 ms 和 122 ms，$ps < 0.001$；客家话讲话者在河南人启动下的反应时（$M = 814$）显著长于潮汕话讲话者（$M = 586$）和粤语讲话者（$M = 626$），反应时差分别为 228 ms 和 188 ms，$ps < 0.001$；客家话讲话者在朝鲜

族人启动下的反应时（$M = 630$）与潮汕话讲话者（$M = 584$）和粤语讲话者（$M = 631$）却无显著差异，反应时差仅为 46 ms 和 –1 ms。②对客家话讲话者而言，本族群名称启动 > 河南人启动 > 朝鲜族人启动。③对潮汕话讲话者或粤语讲话者而言，本族群名称启动 > 河南人启动 = 朝鲜族人启动。这说明，三个族群被试在本族群名称启动下产生注意偏向，在河南人启动下，客家话被试产生注意偏向，潮汕话被试和粤语被试未出现注意偏向。

四、讨论

本研究表明，三个方言族群均表现出对本族群信息的记忆优势与注意偏向，客家话讲话者对以河南人为代表的中原族群表现出记忆优势与注意偏向，粤语讲话者和潮汕话讲话者没有此类表现。

（一）关于本族群的信息加工优势

自我包括三种表征：个体自我、集体自我、关系自我（Brewer & Gardner，1996；Greenwald et al.，1998）。个体自我处于自我的核心，集体自我是个体自我的拓展与延伸。集体自我对记忆的影响可通过群体参照效应体现——当参照对象为所属群体时，对相关材料的记忆优于语义加工，甚至产生与自我参照加工同等的优势（Johnson et al.，2002）。实验一发现，三个方言族群均出现本族群参照效应，当信息与所属族群联系时，记忆效果最好。这与已有研究结果一致（Bennett et al.，2010；Greenwald et al.，1998；Johnson et al.，2002；Xia et al.，2020；杨红升、黄希庭，2007）。本族群参照编码是加工内群体信息，即对"我们"进行加工，因此"记得"比例更高。

三个方言族群在即时加工中均表现出对本族群信息的注意偏向。在本族群名称启动后，将更多认知资源分配到词语语义加工上，从而影响词色判断。由于反应时延缓不仅针对消极词，还针对积极词，这种偏向就包括了注意的警觉、回避和脱离困难。注意警觉或回避大多指向威胁或负性的刺激（Chen & Jackson，2006；Gladwin & Vink，2020），对积极刺激一般是注意脱离困难（江沂芯、陈红，2019；王丹等，2018；闫国利等，2010）。不管是哪种注意偏向，这种由本族群名称启动带来的认知资源分配模式可归因于集体自我，即内群体是关注焦点，相关信息得到重视，获得更多认知资源，加工深度更大，在实时双任务中表现为影响另一任务，在延时再认中表现为提取更容易。因此，对本族群信息的注意偏向与记忆增强是一个连贯的认知加工过程。客家话讲话者对本族群信息的注意偏向更明显，显然与客家话讲话者的自我意识有关。身处广东，客家人的"外来者"身份更明显，族群意识更强，对本族群信息更注意。

（二）关于客家族群对中原族群的祖根情结

客家族群对以河南人为代表的中原族群信息记忆更好，出现同祖语族群参照效应，分配注意资源更多，粤语族群和潮汕话族群却未出现这种效应。客家人一直认为"根"在中原（樊洛平，2016），这种情结可称为"祖根情结"。这种祖根情结可从迁徙历史、族群称谓和语言演变三方面解析：

1. 客家族群的迁徙历史孕育了浓郁的祖根情结

广府人、潮汕人、客家人均是北方汉族人在不同时期迁移到广东不同地区后形成的，客家人是最晚迁入广东的中原移民。

广府人最早迁徙至广东，其先民在先秦时入粤。北方移民与岭南原住民（史称"百越"，又称"百粤"）逐步融合后形成广府人雏形。北方汉族人南移多以南雄珠玑巷为入粤第一站，故广府民系以"南雄珠玑巷"为祖庭（《开平县志》卷二）。在明代，以讲粤语为特征的广府人形成，"广府人"成为广州府一带汉族的俗称（徐杰舜，2012）。潮汕古属闽越，居民是闽越人（岑麒祥，1953）。中原汉族人入潮始于秦汉，形成潮汕族群的主体是因战乱或灾荒从中原入闽后辗转至潮汕的汉族人。汉族入闽源于汉晋之际（郭志超，1996），大规模入闽在东晋至唐，并在当地形成闽南方言。唐宋年间，中原汉族人持续入闽，泉州与漳州地域狭小，闽南人开始向粤东潮汕地区南迁（徐杰舜，1999），史称"福佬人"。在潮属族谱中，先世由闽入潮者众多（叶恩典，1997）。移民的闽南话与当地少数民族方言糅合，逐渐形成了与漳泉闽南话有别的潮汕话。潮汕民系随元明时期潮汕话独立而成。客家人是最晚入粤的中原移民。客家人南迁虽可追溯至东晋义熙九年（413）在大埔、梅县的"流人营"及唐开元年间在宁化的"避役之民"，但大量南迁始于北宋。对于客家民系的形成时间，学术界尚无定论，分别有宋代说（陈运栋，1978；罗香林，1989）、宋元之交说（孔永松，1992）、元末明初说（冯秀珍，2003）、明代中叶说（任崇岳，2019；杨海中，2008）、明末清初说（陈支平，1997；刘佐泉，1996）。不管哪种说法更贴近史实，相较于广府人与潮汕人，客家人都属于后来者。同为南迁汉族人，粤语族群和潮汕话族群抢先占领了珠三角和韩江流域，经济、文化实力强，客家话族群只能向粤东、粤北山区发展。客家先民入粤定居的梅县（现梅州），当时在行政区划上分属于潮州和惠州。先到为主，后到为客，先到者称后到者为"客家"，后到者称先到者为"福佬""广府"。由此，梅县客家人率先把"客家"由他称变成自称。在与其他民系比较中，梅县客家人较早产生了自我完善意识，强化了语言、习俗、价值取向等共性，进入客家成熟期（严峻，2004）。由此，作为最晚从中原迁徙至广东的群体，客家民系对故土的眷恋尤为深重，他们自称"中原士族""三代遗民"，自认为是古老汉族的"嫡系"，十分崇敬祖先，重视追本溯源的族谱（徐杰舜，1999）。

2. "客家"族群称谓对祖根情结起提示作用

客家人、潮汕人、广府人虽均属南方汉族分支，但相较于潮汕人和广府人，客家是唯一不以地域命名的民系。对"客家"称谓来源，语言学家主要从"客"的意义上分析。王力认为，客家是相对于"主"而言的对称，即"外来人"。这一观点被引申为"客而家焉"，做客他方并以此为家，即客家。"客"反映族群迁移过程。刘镇发认为，客家是明末清初客家方言族群大迁徙的产物，迁居异地的客家方言族群被土著称为"客"。在明朝中后期，中国自北而南的人口迁移高潮已结束，广府人、潮汕人定居下来，只有客家人还处在迁移中。"客家"一词在总体上反映了客家民系时时为客、处处为客的历史际遇和"客吾所客""以客自谓"的大度、豁达（王东，1996）。

同属于南迁民系，广府人、潮汕人在迁入地落地生根，逐渐认同当地，并以迁入地为族群称谓；客家人尽管在迁入地居住多年乃至数十代，却始终不肯融合和同化，一直保持"客"的身份。"客家"这一族群称谓时刻提醒族群成员其祖根不在居住地。客家人认为，先祖是中原士族。这种对中原文化认同的祖根意识在客家文化中随处可见。寻找古老原乡是客家人心灵深处的召唤。正如《梅州黄氏源流歌》中所说："轩辕黄帝本苗裔，十传南陆国封黄，国名为姓称始祖，河南光州是原乡。"客家人顽强地固守中原文化，不认同迁入地文化，以"客"自称或被称，以"客"之心态生存在一个个不断变迁的居住地中。

从心理学上说，族群称谓是语言标签。语言标签有分类功能，这种功能可用容器隐喻解释。容器隐喻是指用容器状的意象图式表征抽象概念，用来表征事物类别、个体与他人的亲密度。根据容器隐喻，容器内个体是"内"，容器外个体是"外"（张积家，2018）。由此，族群称谓将人划分成内、外群体，容器内成员互有好感，容器外成员有疏离感。中国的人际交往与传统文化存在以己为中心、以亲属关系为主轴的差序格局（费孝通，1998；涂骏，2009）。因此，祖先或祖根在容器内有相当分量。当客家人自称或被称为"客"时，是一种参照"他者（主）"对"自我（客）"的重新审视，在比较中获取深层次的自我认知，促进持守祖根的文化自觉。

3. 客家方言塑造了客家族群的祖根意识

一方面，语言在族群识别中有重要作用。有学者提出，"客家方言才是界定客家的最基本要素"（陈支平，1997）。据黄淑娉（1999）在广东的调查，当询问"你主要根据什么特征来确认自己和别人是广府人或潮汕人或客家人？"时，64.29% 的广府人、62.73% 的潮汕人和 62.24% 的客家人认为主要根据方言确认。语言保持有助于族群认同提升。对海外华人的研究显示，对汉语的保持有利于中华文化认同与传承（刘慧，2016；邵江泳，2015；吴建玲，1996），对中华文化认同的实质就是对祖籍国的亲情。另一方面，语言也不可避免地随时代发展而变化，特别是迁移族群语言。徐祎（2018）发现，华语对马来西亚华人族群认同的形成和发展起重要作用。但随着时间推移，华语发生了巨大变化，马来西亚华人的族群认同及对中华民族和中华文化的认同度在不断下降。

目前，相关探讨鲜有在汉族内部进行。汉族是我国的主体民族，占全国人口 91.11%（2021 年数据），分布在中国各地。汉族在发展中出现不同程度分化，由此形成不同方言族群。广东是方言复杂省份，粤语、潮汕话和客家话均是从中原汉语中分化出来，分化过程却各具特色。客家话形成年代较粤语与潮汕话晚。粤语和潮汕话属于由于聚居某地域、交通不便、交往减少而逐渐形成的汉语共同语的"地方变体"；客家话是由于集团性人群迁徙形成的移民集团方言，长久而强固地保持祖先所操方言，不易为其他语言或方言同化（李新魁，1994）。从分化历史看，算得上客家话源头的，只有祖先从中原带来的北方方言。客家先民带着中原汉语来到南方，由于迁徙地多在山区和沿海，与中原交往少，加之客家先民有强烈的宗亲观念，重视固有传统，在迁徙中始终保持群体的伙伴意识，有很强的合作观念，重视亲族或血缘联系，虽然在分化过程中也受迁徙地语言影响，融入一些南方语言的语音与词，但始终未被其他语言同化。正是由于这种既维持亲族集体的强固关系和语言发展的相对保守性，使得客家先民从中原带来的北方方言，逐渐形成与中原汉语有别又与南方方言不同的一种新方言。黄遵宪在《〈梅水诗传〉序》中说："此客人者，来自河洛，由闽入粤。传世三十，历年七百，而守其语言不少变。""语言不少变"意味着客家方言从迁徙时就未脱离祖先的北方方言，与北方方言保持长期的紧密关系，后来形成的客家话也比较接近北方方言。

简而言之，客家话在分化中较好地保存了祖先的语言，并生动传达着强烈的自我意识与儒家的伦理观念。客家人在习得和使用客家话时，也是其根源意识茁壮成长之时。

（三）本研究结果的启示

1. 重视同根族群认同在中华民族共同体意识建构中的作用

习近平总书记 2019 年在全国民族团结进步表彰大会上的讲话中指出："一

部中国史，就是一部各民族交融汇聚成多元一体中华民族的历史，就是各民族共同缔造、发展、巩固统一的伟大祖国的历史。我们辽阔的疆域是各民族共同开拓的，我们悠久的历史是各民族共同书写的，我们灿烂的文化是各民族共同创造的，我们伟大的精神是各民族共同培育的。"因此，铸牢中华民族共同体意识就应该加强中国56个民族的同根族群意识。56个民族多元一体，在长期历史发展中交往交流交融，终于形成休戚与共、像石榴籽一样紧紧拥抱在一起的中华民族共同体。这种同根族群意识是民族团结的基础，也是事业发展的保证。

2. 重视语言及其名称在族群认同中的地位与作用

语言是族群文化的核心，在族群认同中发挥着不可或缺的作用。周大鸣（2001）指出："语言与族群紧密相联，……是文化各方面传递的主要机制，亦是族群认同的基础。"王锋（2010）认为，在族群认同中，语言起到不同于其他要素的特殊作用。语言既是认同要素，又是认同载体，其他认同要素要通过语言才得以发挥作用。语言承载着族群演变的历史和文化。语言的去旧纳新印证着族群演变的历史轨迹，这种语言变化在迁徙族群中表现得尤为突出。因为族群在迁徙过程中难免在环境与文化的相互作用下与其他族群融合分化，由此在族群发展过程中产生了同根族群，这种现象表现在语言上是形成了祖语。有关语言对族群认同作用的探讨较少关注同根族群。本研究从心理学角度，以语言演变与语言称谓为出发点，考察迁徙族群对同根族群信息加工的影响，发现操客家话的客家人对同根族群信息产生注意偏向与记忆优势，构筑了"自身族群 – 同根族群 – 其他族群"的差序格局，体现了强烈的祖根情结。

本研究表明，强烈的祖根情感，不仅与语言的来源和演变历史关系密切，还与族群／方言名称息息相关。客家虽为汉族民系，客家话虽为汉语方言，却不以地域命名，而以"客家人""客家话"称说，凸显了固守先祖的观念，强化了族群的内聚性。

客家族群及语言名称维系对祖语的深厚感情，与对祖先宗族和祖国原乡的认同一脉相连。这种情感是祖根文化的内核，也是与同根族群构建共同体的重要资源。推而广之，民族共同体及语言的共有名称，能够促进民族凝聚情感的形成，助力民族共同体构建。"中华民族"是中国各民族的共同称谓，中华民族各民族使用共同的语言和文字——国家通用语言文字。各民族在选择语言时，面临着把它在感情上看作"文化象征"和在理性上看作"交流工具"的双重性，前者注重族群演变历史，后者注重族群成员在生活中的实用价值和未来发展机会（马戎，2004）。如果语言名称能够凸显族群的祖根历史，强化其文化象征意义，言说者在使用该语言时也就巩固了祖根意识与族群认同。实际上，民族共同体认同是个体和共同体的双向建构（林尚立，2013）。从共同体建构角度看，如果能在国家通用语言称谓上突出同根共祖历史与共享文化象征，各民族在使用通用语时就可以更容易地体察中华民族共同体，由此也强化了中华民族共同体意识。从这一角度看，本研究的发现对国家通用语言的称说有借鉴意义。

《中华人民共和国国家通用语言文字法》把"国家通用语言"称为"普通话"。普通话虽是国家通用语言的规范称谓，却不是最早的称谓（文贵良，2009）。在历史上，国家通用语言的名称约有十种，使用较多的是"国语""普通话""标准语""共同语"，得到国家正式认可的是"国语"和"普通话"（曹德和，2011）。就"国语"和"普通话"哪种说法更好，学者有过热烈讨论（丁安仪等，2000；戴昭铭，1999；金丽莉，1997；杨应新，1989；张拱贵、王维周，1987；周有光，1985；祝世娜，2003）。

在新历史时期，国家通用语言文字的功能与地位不断提高。在国内，经济与社会快速发展，引发人口大规模跨区域流动，各民族、各地域对语言交流与服务的需求上升，普通话与各民族语言和各地域方言、汉字与各民族文字如何和谐共存成为研究热点。在国际上，对外交流日益频繁，国际话语权随国力提升。语言互通是文明互鉴的基础，各国对学习中国国家通用语言文字的需求旺盛。

面对国内外形势变化，对国家通用语言文字的称谓应有新认识。笔者认为，从历史发展看，称普通话为"中华民族共同语"、称汉字为"中文"更准确。因为中国是多民族国家，各民族共同使用中华民族共同语和中文。这样能够从名称上凸显国家通用语言文字与各民族语言文字的上下位关系，树立国家统一和民族团结的观念，维护国家主权和民族尊严，兼顾各少数民族与各地方的语言文化多样性，构建和谐的语言关系，凝心聚力，铸牢中华民族共同体意识。

五、结论

语言演变差异和族群/方言名称影响广东方言讲话者对中原族群的信息注意和保持，顽强保持祖先所操语言的客家族群对中原族群产生了群体参照效应，客家族群对中原族群产生了注意偏向。

研究五　印尼华裔来华留学生汉语方言面貌与族群认同的关系

一、引言

印度尼西亚是世界第四人口大国，共有 134 个族群（民族），华人是第三大族群。印尼华人包括具有华人意识的华人和华人后代，这些人受血缘、语言、文化、地域等因素的影响相互关联而共同构成族群（庄国土，2002）。印尼华人总数 1 000 多万，居海外各国之首（庄国土，2010）。绝大部分印尼华人来源地为中国闽粤沿海地区，即广东、福建、海南等地。根据祖籍地语言的不同，可以将印尼华人分为客家方言华人群体、闽南方言华人群体、潮汕方言华人群体和广府方言华人群体等。

大多数印尼华裔语言背景复杂，他们一般会使用印尼语、普通话、英语等语言，也会使用一些汉语方言（如客家方言、闽南方言等）。由此，印尼华裔语言使用情况受到了研究者的关注。

王爱平（2004）通过对 400 名印尼华裔学生进行调查，发现印尼华裔学生的汉语方言能力不差，在印尼仍有较好的汉语环境。在语言态度方面，与东南亚其他国家相比，印尼华裔青少年对汉语怀有更强烈的亲近之感，对汉语功用性的评价也明显高于东南亚其他国家的华裔青少年。黄煜（2012）通过调查发现，印尼华裔学生是以印尼语为主、具有双语或多语能力的语言使用者，他们从小处于一定的汉语环境，具有不同程度的汉语方言能力。在家庭中，他们与父母和亲戚使用普通话和汉语方言的频率较高，对于语言的掌握无论是普通话还是汉语方言都是"听"的能力大于"说"。徐天云（2012）认为印尼华人社会可以根据印尼华人使用语言的特点划分出不同的区域性华语社会。这些华语社会在语言方面表现出区域性、混合性、多样性和不稳定性的特点，形成区域性华语社会的原因包括社会背景和方言背景。这些区域性华语不同于一般的华语，它一方面不断被印尼语影响，另一方面在本区域内又不断融合其他方言。郑军（2013）以社会语言学方法为研究视角，采用问卷方式调查并分析了棉兰华裔青少年的基本语言现状。其研究发现，在棉兰地区，华裔青少年使用华语（普通话）的势头减弱，大部分人在日常生活中使用汉语方言的频率很高，汉语方言使用的势头强劲，且汉语方言在一定时间内将继续保持较强的势头。袁媛（2023）采用自编问卷调查了印尼华裔新生代在家庭、学校和社区的祖语使用和保持情况，结果发现：印尼华裔新生代对印尼语的使用范围广泛；汉语方言和普通话主要用于交谈对象多为华人的社区语言活动中，普通话的使用场合较汉语方言更为正式。普通话、汉语方言和印尼语/英语在"祖—父—子"三代间的发展分别呈现曲折、渐弱和渐强三种模式。传承模式上的差异暗示了印尼华裔新生代对不同语言的态度存在分化。

除了语言背景复杂，由于坎坷的历史和强迫同化的族群政策，印尼华人面临着主流社会和其他族群多重文化的影响，其自我认知也受到诸多挑战。由此，印尼华人身份认同问题也受到了研究者的关注。

杨晋涛、俞云平（2007）在问卷调查的基础上，结合访谈的方式，探究了马来西亚、印度尼西亚、泰国华裔青少年的祖籍记忆、国家认同、族群认同的基本情况和三者之间的异同。结果发现：三国华裔青少年的祖籍记忆较差，祖籍记忆与族群认同之间存在复杂的关系；印尼华裔青少年的国家认同较强，祖籍记忆和族群认同都有由弱变强的趋势。郑一省（2008）以田野调查数据为基础，探讨了印尼棉兰华人的国家认同、族群认同和生活习俗等内容，分析了棉兰华人在当地主流社会的融入度，以及在融入过程中所遇到的主客观问题。他认为，绝大多数印尼华人不愿完全被同化，他们希望在身上保留一定的中华民族印记。郑一省（2012）通过对印尼坤甸地区华人的"烧洋船"这一宗教仪式进行实地考察，分析了当地华人的族群认同、文化认同与文化传承之间的因果关系，还论述了华人族群与当地主流族群的关系。他指出，坤甸华人所举行的"烧洋船"仪式是他们保留族群历史记忆和培养族群文化认同意识的厚重载体。王爱平、鲁锦寰（2012）以印度尼西亚孔教的起源及其形成的具体历史演变过程为出发点，详细论述了印尼华人对祖籍国宗教认同的特点。他们指出，这种华人宗教认同是与其国家认同、民族认同、文化认同、华人族群认同联系在一起的。孔教不仅是一种普通的宗教形式，还是印尼华人继承中华民族的族群身份，维护华人文化，维系族群认同所采取的一种特殊方式。童莹（2018）以印尼马鲁古群岛北部华人为研究对象，探讨了华人社群的发展过程、原因和特点，并指出海外华人的公共记忆在其中所起的重要作用。这些印证着历代华人生活历程、历史面貌、演变轨迹、代际更迭的公共记忆，不仅能够增强海外华人的族群意识，还能对族群文化、中华文化的保护和延续起到关键作用。尤其对一些生活环境复杂的海外华人来说，这种记忆也可以作为一种精神支柱，维持其族群的独立性和完整性。洪桂治、李素丽（2023）采用自编问卷调查了161名印尼棉兰"Z世代"华裔，他们在1995年至2009年出生并与网络信息时代无缝对接，在成长过程中身处良好的汉语与中华文化环境。调查结果发现，他们对中华美德、节日文化、饮食文化了解程度较高，对建筑文化、中医文化、工艺文化不太了解。"Z世代"华裔主要通过家人、朋友、老师、影视广播了解中华文化，也期望通过新媒体、网络搜索获取相关信息。总的来说，大多数学者认为，印尼华人新生代在政治上已经完全融入当地，主观上把自己当作印尼人的一员，也对印尼有不可割舍的情感；但在文化上，在内心深处，他们对中国仍有浓厚的情感向往和心理归属，并希望自己保留并传承一定的中华文化的记忆烙印。换句话说，大多数印尼华裔会继续坚守中华民族的族群身份，保持一定的族群认同意识（胡安琪、代帆，2016；蔡明宏，2017）。

语言在构筑"族群身份确认"和"族群情感归属"的过程中扮演着重要角色，而有关印尼华裔汉语方言面貌与族群认同关系的已有研究并不多。沈玲（2015）采用自编问卷调查了印尼雅加达地区 500 多名新生代华裔所在家庭的语言使用情况，以了解其文化认同状况。其研究发现，华人家庭各成员的语言能力与汉语水平出现代际变化，普通话水平随着华人家庭的代际增加而降低，祖籍方言的熟练程度总体一般。根据语言使用情况，研究者认为新生代华裔对祖籍国中国保留着亲近的情感，对本民族的文化认同度比其祖、父辈的认同程度有所减弱。刘慧（2016）以少数族群的语言景观为研究视角，通过对印尼坤甸、巴淡、北干巴鲁三个地区华语标志牌运用情况的考察，论述了这些标志牌与当地华人族群认同之间的互动关系，并通过问卷调查和访谈的方式对三地上百位华人进行了调查。结果发现，他们的语言认同、语言使用、族群认同等存在较高的一致性，已经形成华人言语社区。张小倩（2016）对印尼坤甸和山口洋两地不同职业华人进行抽样调查和访谈，探究当地华人的风俗和语言使用等情况。结果发现，当地绝大部分华人仍然保留着较好的族群文化认同感，研究者预期这种族群认同感将会在当地华裔中长期保持。邵明明（2023）采用自编的华裔汉语学习者动机调查问卷与中华文化掌握情况问卷和 Phinney（1992）的多族群认同量表（Multi-group Ethnic Identity Measure-Revised，简称 MEIM-R）调查了53 名 18—35 岁印尼华裔青年。结果发现，印尼华裔青年的汉语学习动机自主性较高，对华人族群有较强的认同，但他们对中华文化学习和探索的主动性不强，中华语言文化知识相对匮乏，对文化的深入了解更多依赖于华文教师。

上述研究的结果富有启发意义。这些研究集中考察了印尼不同地区的华人语言使用情况，也有研究涉及语言与文化认同的情况，但是目前尚未发现直接考察印尼华裔新生代的汉语方言面貌与族群认同关系的研究。印尼是海外华人数量最多的国家，如何保持这一庞大群体特别是新生代对中华文化的传承，是兼具理论与实践意义的问题。根据中国人民大学重阳金融研究院 2019 年发布的第 55 期研究报告数据，印度尼西亚近年来一直稳居来华留学生生源国前十，华裔是其主要组成部分（王文、王鹏，2019）。印尼华裔留学生语言背景复杂，他们会讲一些普通话，也会讲一些汉语方言，且水平不一；同时，其所在国族群种类多样，群际关系复杂。印尼华裔新生代的汉语方言经验与其族群认同存在何种关系，尚待探讨。本研究选取具有不同汉语方言经验的印尼来华留学生为对象，采用问卷调查，探究印尼华裔留学生汉语方言的使用情况和族群认同情况，并分析两者之间的关系。

二、调查对象与方法

（一）调查对象

调查对象为掌握汉语方言（客家话、潮汕话、闽南话）的来华留学印尼华裔学生。

（二）调查工具

本调查使用"问卷星"平台、微信发送问卷，共收回 262 份，其中，客家话问卷收回 87 份，潮汕话问卷收回 80 份，闽南话问卷收回 95 份。

调查问卷包括三个部分：

第一部分为人口基本信息，共 6 道题，涉及受访对象的性别、年龄、学历、汉语水平、祖籍地、代际。

第二部分为汉语方言面貌，问卷参照陈松岑（1999）语言态度维度和相关学位论文的问卷编制，共 30 道题，涉及汉语方言使用情况和语言态度（对汉语方言的态度）。这部分问卷分三个版本，分别为客家话版本、潮汕话版本、闽南话版本。汉语方言使用情况方面包含 14 道题（第 1—14 大题）。语言态度方面包含 16 道题，分别是认知维度（第 15 大题中的第 1、3、4、5、6 小题）、情感维度（第 15 大题中的第 2、7、8、9、10 小题）、行为维度（第 15 大题中的第 11—16 小题），按照 1—5 级进行评分，分数越高代表评价越高，三个维度的得分之和即语言态度的总分。该量表 Cronbach's α 系数为 0.941。

第三部分为族群认同，问卷参考多族群认同量表（Phinney，1992）与《中国 11 至 20 岁青少年的民族认同及其发展》（秦向荣，2005）中的民族认同量表进行设计。这部分问卷包括四个维度：认知维度（第 1—4 题）、评价维度（第 5—8 题）、情感维度（第 9—13 题）、行为维度（第 14—20 题）。除了第 1 题是身份选择，其他 19 道题采取李斯特 5 级评分，按照"完全不符合""基本不符合""不确定""基本符合""完全符合"依次计 1—5 分。该量表 Cronbach's α 系数为 0.920。

（三）有效问卷筛选

为了避免随意回答的无效问卷混淆了结果的真实性，本研究设定了以下四条标准排除无效问卷：其一，所答题目的答案完全一样。其二，所答题目的答案呈波浪式。其三，答题时间少于 1 分钟或长于 60 分钟。其四，年龄偏大（大于 50 岁）、学历为小学、不懂汉语方言、代际为第一代的数据。

由此得到有效问卷 242 份，其中，客家话有效问卷 83 份，潮汕话有效问卷 78 份，闽南话有效问卷 81 份。

（四）统计分析

应用 SPSS 21.0 软件进行统计管理，采用卡方分析、方差分析、相关分析等方法进行统计分析。

三、调查结果

（一）人口基本信息

对受访对象的性别、年龄、学历、汉语水平、祖籍地、代际的基本情况进行整理，统计结果如表 3-33 所示。

表 3-33　受访对象基本信息分布

		客家话讲话者	闽南话讲话者	潮汕话讲话者
性别	男	27（32.53%）	36（44.44%）	42（53.85%）
	女	56（67.47%）	45（55.56%）	36（46.15%）
年龄	18 岁以下	3（3.61%）	2（2.47%）	0
	18—25 岁	75（90.36%）	74（91.36%）	77（98.72%）
	26—30 岁	5（6.02%）	5（6.17%）	1（1.28%）
学历	本科	62（74.70%）	71（87.65%）	56（71.79%）
	研究生	21（25.30%）	10（12.35%）	22（28.21%）
汉语水平	HSK 初级	15（18.07%）	4（4.94%）	3（3.85%）
	HSK 中级	34（40.96%）	35（43.21%）	44（56.41%）
	HSK 高级	30（36.14%）	39（48.15%）	30（38.46%）
	其他	4（4.82%）	3（3.70%）	1（1.28%）
祖籍地	广东	37（44.58%）	8（9.87%）	57（73.08%）
	福建	6（7.23%）	62（76.54%）	7（8.97%）
	海南	2（2.41%）	0	0
	广西	1（1.20%）	0	0
	不确定	30（36.14%）	11（13.58%）	13（16.67%）
	其他	7（8.43%）	0	1（1.28%）

（续上表）

		客家话讲话者	闽南话讲话者	潮汕话讲话者
代际	第二代	4（4.82%）	4（4.94%）	1（1.28%）
	第三代	18（21.69%）	30（37.04%）	35（44.87%）
	第四代	31（37.35%）	24（29.63%）	26（33.33%）
	不确定	30（36.14%）	23（28.40%）	16（20.51%）

如表 3-33 所示，三种汉语方言背景的受访对象主要属于青年，在性别、汉语水平的分布比例基本一致。

（二）不同汉语方言群体的汉语方言面貌

不同汉语方言群体的汉语方言习得情况见表 3-34。

表 3-34　不同汉语方言群体的汉语方言习得情况人数分布

		客家话讲话者	闽南话讲话者	潮汕话讲话者
汉语方言熟练度	懂一点	8（9.64%）	7（8.64%）	13（16.67%）
	一般	20（24.10%）	34（41.98%）	36（46.15%）
	较熟练	28（33.73%）	29（35.80%）	28（35.90%）
	很熟练	27（32.53%）	11（13.58%）	1（1.28%）
汉语方言习得时间	从幼儿起	61（73.49%）	54（66.67%）	37（47.44%）
	上小学后	8（9.64%）	10（12.35%）	25（32.05%）
	上中学后	8（9.64%）	10（12.35%）	11（14.10%）
	上大学后	2（2.41%）	2（2.47%）	1（1.28%）
	其他	4（4.82%）	5（6.17%）	4（5.13%）
第一语言	印尼语	36（43.37%）	42（51.85%）	45（57.69%）
	英语	0	0	4（5.13%）
	普通话	3（3.61%）	4（4.94%）	5（6.41%）
	汉语方言	41（49.40%）	32（39.51%）	24（30.77%）
	其他	3（3.61%）	3（3.70%）	0

卡方检验发现，不同汉语方言群体的方言熟练度分布存在显著差异，$\chi^2(6)=33.548$，$p<0.001$；不同汉语方言群体的汉语方言习得时间分布存在显著差异，$\chi^2(9)=19.196$，$p=0.014$；不同汉语方言群体的第一语言分布存在显著差异，$\chi^2(9)=17.038$，$p=0.030$。

不同汉语方言群体语言态度得分如表 3-35 所示，单因素方差分析结果显示，不同汉语方言背景的印尼华裔留学生在语言认知、语言情感、语言行为与语言态度上均存在显著差异（$ps < 0.05$）。LSD 事后检验分析发现，潮汕话群体在各项指标上的得分显著低于客家话群体和闽南话群体，$p < 0.05$。

各群体的不同代际、不同汉语水平在语言态度上均不存在显著差异（$ps > 0.05$）。

表 3-35　不同汉语方言群体语言态度各维度得分和总分的均值与标准差

	语言认知	语言情感	语言行为	语言态度
客家话讲话者	17.39（3.72）	18.9（3.57）	21.96（4.76）	58.26（11.18）
闽南话讲话者	17.75（2.83）	18.56（2.99）	22.24（3.57）	58.56（8.48）
潮汕话讲话者	15.56（3.60）	17.16（3.88）	19.51（4.05）	52.24（10.8）
总体	16.92（3.50）	18.23（3.56）	21.26（4.32）	56.42（10.59）
F 值	9.360**	5.510*	10.313**	9.632**

注：* 表示 $p < 0.05$（双侧），** 表示 $p < 0.001$（双侧）。

从表 3-36 可见，汉语方言习得情况影响了语言态度。不同汉语方言熟练度的华裔具有不同的语言态度，$F(3, 230) = 5.138$，$p = 0.002$，LSD 事后检验分析发现，懂一点汉语方言和汉语方言熟练度一般的华裔语言态度没有差异（$p = 0.961$），但均低于较熟练和很熟练的华裔（$ps < 0.05$）；不同汉语方言习得时间的华裔具有不同的语言态度，$F(3, 230) = 4.343$，$p = 0.002$，LSD 事后检验分析发现，从幼儿开始学汉语方言的华裔语言态度得分高于从小学与从中学开始学汉语方言的华裔（$ps < 0.001$），其他各组没有差异（$ps > 0.05$）；第一语言不同的华裔具有不同的语言态度，$F(3, 230) = 2.719$，$p = 0.030$，LSD 事后检验分析发现，第一语言为汉语方言的华裔语言态度得分高于第一语言为印尼语的华裔（$ps < 0.001$），其他各组没有差异（$ps > 0.05$）。

表 3-36　各群体不同汉语方言习得条件下的语言态度均值与标准差

		客家话讲话者	闽南话讲话者	潮汕话讲话者	总体
汉语方言熟练度	懂一点	53.37（7.50）	58（6.21）	49.92（6.44）	52.92（7.26）
	一般	54.05（14.44）	57.2（8.65）	48.52（13.33）	53.03（12.54）
	较熟练	58.25（9.55）	58.65（7.78）	57.78（5.32）	58.23（7.67）
	很熟练	62.85（9.44）	62.9（10.4）	61（0）	62.82（9.46）

（续上表）

		客家话讲话者	闽南话讲话者	潮汕话讲话者	总体
汉语方言习得时间	从幼儿起	59.37（11.43）	60（8.12）	57.02（5.96）	59.02（9.21）
	上小学后	53.25（11.02）	59.1（7.53）	47.56（12.53）	51.3（12.07）
	上中学后	58.37（9.98）	51.6（10.06）	46.63（14.70）	51.58（12.55）
	上大学后	49（0）	54.（1.41）	57（0）	52.6（3.57）
	其他	55.75（11.44）	57.8（6.97）	51.5（2.38）	55.23（7.60）
第一语言	印尼语	54.88（9.18）	58.57（8.91）	50.42（13.11）	54.51（11.17）
	英语	0	0	53（7.07）	53（7.07）
	普通话	60（3.60）	53.25（5.73）	51.2（5.01）	54.08（5.83）
	汉语方言	61.36（12.33）	59.68（8.36）	55.75（5.59）	59.42（9.92）
	其他	54.66（13.20）	53.66（2.08）	0	54.16（8.47）

（三）不同汉语方言群体的族群认同情况

不同汉语方言群体族群认同得分如表 3-37 所示，单因素方差分析结果显示，不同汉语方言背景的印尼华裔留学生在族群认知、族群评价、族群情感、族群行为与族群认同上均存在显著差异（$ps < 0.001$）。LSD 事后检验分析发现，三个群体在各维度上两两之间对比均存在显著差异，$ps < 0.05$。

各群体的不同代际、不同汉语水平在族群认同上均不存在显著差异（$ps > 0.05$）。

表 3-37　不同汉语方言群体族群认同各维度得分和总分的均值与标准差

	族群认知	族群评价	族群情感	族群行为	族群认同
客家话讲话者	11.08（2.06）	15.19（2.76）	19.28（3.51）	24.95（4.90）	70.51（11.30）
闽南话讲话者	9.9（2.04）	14.04（2.68）	17.87（3.01）	23.6（4.16）	65.43（9.61）
潮汕话讲话者	8.89（2.02）	12.26（3.42）	16.05（3.51）	21.35（4.1）	58.57（11.62）
总体	9.98（2.22）	13.86（3.19）	17.77（3.59）	23.34（4.64）	64.96（11.88）
F 值	23.107**	19.692**	18.775**	13.510**	24.352**

注：** 表示 $p < 0.001$（双侧）。

不同身份标签下印尼华裔留学生的族群认同得分如表 3-38 所示，方差分析结果显示，不同身份标签下印尼华裔留学生在族群认同上存在显著差异，

$F(7, 222) = 3.631$，$p = 0.001$。LSD 事后检验分析发现，身份标签为印尼人的华裔族群认同得分低于印尼华人、汉语方言群体、印尼人 + 印尼华人、印尼人 + 印尼华人 + 汉语方言群体，$ps < 0.05$；印尼华人的族群认同得分低于印尼华人 + 汉语方言群体、印尼人 + 印尼华人 + 汉语方言群体，$ps < 0.05$；其他各组对比没有差异（$ps > 0.05$）。

表 3-38　不同身份标签下的族群认同均值与标准差

	客家话讲话者	闽南话讲话者	潮汕话讲话者	总体
印尼人	52.5（6.60）	50.25（10.53）	55.5（2.12）	52.2（7.49）
印尼华人	69.84（10.91）	66.93（8.15）	56.8（13.30）	63.97（12.41）
汉语方言群体	77.5（2.12）	67（0）	63（0）	71.25（7.50）
不清楚	0	61（5.59）	0	61（5.59）
印尼人 + 印尼华人	59.66（5.50）	57.33（10.26）	62.22（7.38）	60.73（7.70）
印尼华人 + 汉语方言群体	74.07（8.70）	70.11（8.19）	62.66（7.57）	71.28（8.89）
印尼人 + 汉语方言群体	0	0	56.5（6.36）	56.5（6.36）
印尼人 + 印尼华人 + 汉语方言群体	75.94（10.29）	66.76（10.54）	67（0）	71.91（10.93）

（四）汉语方言面貌与族群认同的关系

不同汉语方言群体语言态度与族群认同的相关系数见表 3-39，相关分析发现，不同汉语方言群体的语言态度与族群认同均存在显著相关。汉语方言生动地传达了各个地方的民俗风情、生态面貌以及人们的性格特质、文化信仰等信息。不同的汉语方言均具有维系族群关系的作用，族群中的个体因拥有共同的方言而产生向心力。

表 3-39　不同汉语方言群体语言态度与族群认同的相关系数

客家话讲话者	闽南话讲话者	潮汕话讲话者	总体
0.743**	0.657**	0.860**	0.769**

注：** 表示 $p < 0.001$（双侧）。

从表 3-40 可见，汉语方言习得情况影响了族群认同。不同汉语方言熟练度的华裔族群认同得分存在差异，$F(3, 230) = 12.935$，$p < 0.001$，LSD 事后检验分析发现，懂一点汉语方言和汉语方言熟练度一般的华裔族群认同边缘显著

（$p = 0.06$），但均低于较熟练和很熟练的华裔（$ps < 0.001$）；不同汉语方言习得时间的华裔具有不同的族群认同，$F(3, 230) = 5.835$，$p < 0.001$，LSD 事后检验分析发现，从幼儿开始学汉语方言的华裔除了与从大学开始学汉语方言的华裔族群认同得分没有差异（$ps > 0.05$）以外，均高于其他汉语方言习得时间的华裔（$ps < 0.05$）；第一语言不同的华裔具有不同的族群认同，$F(3, 230) = 7.521$，$p < 0.001$，LSD 事后检验分析发现，第一语言为汉语方言的华裔族群认同得分高于第一语言为印尼语、英语与普通话的华裔（$ps < 0.05$），其他各组没有差异（$ps > 0.05$）。

不同身份标签下的群体语言态度均没有显著差异（$ps > 0.05$）。

表 3-40　各群体不同汉语方言习得条件下的族群认同均值与标准差

		客家话讲话者	闽南话讲话者	潮汕话讲话者	总体
汉语方言熟练度	懂一点	59（4.37）	59.42（7.43）	53.07（7.12）	56.35（7.03）
	一般	65.8（9.08）	63.38（9.28）	54.47（13.57）	60.35（12.08）
	较熟练	70.64（11.78）	67.06（8.65）	66.07（5.01）	67.91（9.03）
	很熟练	77.29（9.35）	71.27（11.30）	68（0）	75.35（10.11）
汉语方言习得时间	从幼儿起	72.98（11.00）	66.29（9.40）	63.45（5.09）	68.28（10.06）
	上小学后	60.25（7.85）	69.2（8.58）	52.12（14.93）	57.6（14.31）
	上中学后	68.25（10.48）	61.1（10.87）	58.63（14.02）	62.13（12.31）
	上大学后	63（12.72）	57.5（16.26）	64（0）	61（10.81）
	其他	61.75（7.41）	60.4（4.92）	52.25（2.87）	58.3（6.47）
第一语言	印尼语	64.66（9.7）	64.88（10）	56.06（13.8）	61.59（12.16）
	英语	0	0	54（4.69）	54（4.69）
	普通话	70.33（8.38）	58.5（7.41）	57（5.09）	60.83（8.39）
	汉语方言	75.85（10.70）	67.56（9.03）	64.37（5.16）	70.27（10.24）
	其他	68（3.60）	59.66（6.50）	0	63.83（6.55）

四、讨论

（一）语言态度与族群认同的关系

本研究调查结果显示，一方面，印尼华裔留学生的语言态度与族群认同具有较高的正相关，汉语方言习得情况影响了族群认同，受访的印尼华裔留学生基本掌握了一定程度的汉语方言，且超过一半的印尼华裔留学生的第一语言为汉语方言，他们对族群方言具有积极的语言态度，对族群认同度较高；另一方面，反映着认同的身份标签只影响族群认同，不影响语言态度，作为第三代、第四代甚至以上的华人，印尼华裔青年在印尼"落地生根"，在身份上大多选择"印尼华人"，说明了他们从心理上对印尼的认同，这些标签影响其族群认同，但并不影响其语言态度。可见，语言态度与族群认同之间关系复杂。

根据现代汉语层级（李宇明，2014），汉语呈现两层级六层次，其中两层级是共同语（普通话）与方言，六层次是土语（地方方言）、次方言、大方言、地方普通话、普通话和大华语。方言与普通话属于不同的层级，但土语是语言之根、文化之根，需要保存与保护（李宇明，2014）。笔者认为，"华语"的指称有歧义，例如，东南亚华人所称"华语"可以细分为包括方言和不包括方言两种（李宇明，2017）。对于印尼华人来说，族群方言作为华语之一，不仅是他们用来呈现、继承其族群特性、文化特性的一种最好方式，也是他们承认、展现其华人身份和中华传统文化的最直接体现。对语言态度和族群认同的调查说明，印尼华裔留学生对祖籍国、祖籍地和同一族群成员依然怀有浓烈的情感。他们的族群认同意识体现在他们对族群方言的使用、语言态度以及对本族群历史起源、相关文化、宗教习俗、祖籍记忆的实际了解和情感向往上。大多数印尼华裔对本族群的态度是正面、积极的，这也显示出他们对本族群传统文化的肯定，对祖籍国的喜爱和亲近之情。

（二）不同汉语方言群体语言态度与族群认同的差异

从语言态度的调查结果来看，印尼华裔留学生中的客家族群和闽南族群对所属族群方言的态度比较积极，而潮汕族群对潮汕话的态度得分相对较低。

客家人移民到印度尼西亚最早可以追溯到唐朝黄巾起义期间，大批广东人因广州沦陷逃避到印尼海港一带；宋、元期间，大量客家人又因为战争不断移居印尼，主要集中在西加里曼丹。经过长时间的发展，客家人在印尼站稳脚跟，融入当地，繁衍后代。如今，在印尼的客家人主要居住在爪哇岛、苏门答腊岛、苏拉威西岛、马鲁古群岛。"宁卖祖宗田，不忘祖宗言"是客家人世代恪守的祖训。客家话是客家文化的重要组成部分，它承载了丰厚的客家文化记忆和生活信息，是凝聚与辨识客家族群的鲜明标志。因此，客家人非常重视后代的语言教育，调查结果显示，客家话的家庭语言环境优于其他汉语方言。从保存结果来看，尽管客家话在海外受到当地语言和其他汉语方言的多重影响，但保存相对较好。吴忠伟（2014）以印度尼西亚苏北省棉兰市郊的美达村华人的客家话为研究对象，从语音、词汇和语法的角度探究了客家话的变化差异，结果发现美达村华人的客家话在各方面均保留了原客家话的基本成分。

闽南人始于宋、元时期迁移到海外，其迁移原因主要是经济因素。这一时期，我国海洋贸易日趋发达，泉州港成为我国最大的对外贸易港口。生活在闽南沿海一带的泉州、漳州人向来具有外向型、海洋性、开放性的性格特征，他们抓住机遇，前往南洋经商。因此，闽南商人多定居于东南亚国家。在印尼，闽南人主要分布在万隆、棉兰、泗水、巴眼亚比等地区。一方面，闽南族群向来具有重商贾善经营与以家族为核心的人文特征，作为族群身份的标识，闽南话成为他们拓展社会网络的重要工具；另一方面，闽南话形成于汉、唐，其底层有原南岛语、南亚语成分（邓晓华、王士元，2003），换言之，闽南话与印尼语共有一些同源的核心词汇，有利于闽南语在印尼的保存。

潮汕族群何时迁移到印尼暂无考证，笔者认为主要因为商业贸易，一开始以印尼苏门答腊岛的巨港等地为支点，后来发展到苏门答腊岛的亚齐、爪哇岛的万丹等地，如今，在印尼的潮汕人主要分布在坤甸、巴淡、棉兰、先达、三宝垄等地。潮汕话的"近祖"是闽语，两者有很多相似之处。陈佩英（2008）对印尼坤甸潮州方言与广东揭阳话的语音、词汇的异同进行了比较，总结出印尼坤甸潮州方言的特点，包括语音上保留了前鼻音韵尾、全套鼻音韵尾和全套古入声韵尾，词汇上存在更多借词。语言因素加上人口数量较少（李学民、黄昆章，2005），可能导致潮汕族群对本族群语言的态度不及客家族群与闽南族群。

从族群认同的调查结果来看，相对于潮汕族群和闽南族群，客家族群的族群认同得分最高。这跟客家人重视本族群文化教育、传统风俗及其强烈的家族观念有关。俗语"天下客家一家人，见面就有三分亲"，反映了客家人团结互助、亲如好友的族群理念，这从其房屋的构造就可以直接看出来。而闽南话和潮汕话被试组的族群认同得分低于客家话的原因，可能也跟其族群文化有关。闽南地区和潮汕地区靠海，培养了当地居民开放、包容的海洋性性格特征。闽南人和潮汕人凭借着得天独厚的地理位置优势，自古以来擅长经商，尤其是海上贸易。因此，与居住在内地、以农业耕种为主要生产、生活方式的客家人相比，他们在很早之前就开始进行大规模的移民，加上其性格特征，很快就能适应移居地的生活。他们对祖（籍）国和祖籍地的物质依赖进而转化为对远方故乡的精神眷恋，久而久之，这种精神眷恋便随着他们在居住地的融入而逐渐消退，在这些华侨华人的后辈脑海中仅存的可能更少。潮汕人的族群认同得分最低，这可能由于潮汕方言自古受到闽南语的影响，潮汕文化属于泛闽南文化的一种，闽南人和潮汕人都信仰"妈祖"和"关帝"，正如《方舆胜览·潮州》所说，"虽境土有闽广之异，而风俗无潮漳之分"，加上潮汕人所居住的地区有较多广府人、客家人和闽南人杂居，因此潮汕人的文化习俗和价值观念往往受多种因素的影响，导致很多潮汕人在激变的时代潮流中较难找准自己的身份归属。

（三）面向印尼的中华语言文化传承启示

地方方言是所在地族群语言与文化之根，本研究调查发现，汉语方言习得情况影响族群认同，这种作用不受华裔的代际及其汉语水平影响。熟练掌握或保留一种民族语言将对华人后代的族群认同产生积极影响。然而，随着华裔的代际更迭，新一代华裔的普通话水平提高，各汉语方言在海外华人社区逐渐成为濒危语言（吴忠伟，2014）。实际上，语言作为一种外在媒介，也是区分一个民族和群体的明显标志。我们必须认识到，海外方言、海外华人群体及其背后所代表的文化，都是中华文化的重要组成部分，如果丢掉了这些特别的部分，就会丧失文化的丰富性和色彩性。由此，在大力推广普通话的同时，加强对海外汉语方言的保护和传承尤为重要。

在汉语方言的保护和传承教育中，家庭环境起着重要作用。家长对中华传统文化、族群文化、普通话或汉语方言的掌握程度，将直接影响后辈对中华传统文化、族群文化和语言的态度。华人家长应积极营造良好的家庭方言环境，鼓励家庭成员使用汉语方言进行日常交流，提高汉语方言的使用频率和水平，引导华裔新生代对自身族群身份的认知和认同。使用汉语方言作为交际手段一般局限于某一地区或私人场合，因此，除了家庭，华人汉语方言社区在汉语方言的使用和保护过程中同样担任着主要角色。当地华人团体、社会传媒等可通过举办与本族群或中华文化相关的民俗文化活动，唤起人们对汉语方言保护的重视和热情。

对于来华留学的印尼华裔学生，要充分利用他们在华学习的机会，开展切合其身份的寻根活动，例如，相关的节日庆祝、民俗活动和宗祠祭祖等，使其真切地感受族群文化，以加深其对华人身份或族群身份的认知与认同。

五、结论

印尼华裔留学生的语言态度与族群认同呈正相关，汉语方言习得情况影响语言态度与族群认同，身份标签对族群认同产生影响，但不影响语言态度；不同汉语方言背景的印尼华裔留学生在语言态度和族群认同上均存在差异，各汉语方言群体的族群认同与语言态度不受华裔的代际与汉语水平影响。

第五节　语言与文化依恋研究展望

作为一个新兴理论，文化依恋的相关研究方兴未艾，研究者在文化依恋的测量工具、作用及其机制方面取得了一些成果。语言与文化紧密相连，如何运用文化依恋理论丰富人们对语言与文化关系的认识，是未来研究发展的重要方向。

第一，一方面，族群边缘文化社团的文化依恋状况尚需进一步探讨。已有文化依恋研究往往聚焦于不同族群文化依恋的变化，较少关注族群边缘文化社团的依恋状况。处于族群边缘的个体或群体包括跨界民族、族际通婚者及其子女、走廊民族、人口众多民族的不同支系或民系、未识别民族和族别识异的民族、双文化者等。处于族群边缘的群体，其族群特征在族群边缘被凸显。由此，在民族共同体的形成与发展过程中，族群边缘成为观察和理解民族共同体心理形成和发展的最佳视角（张积家、冯晓慧，2022）。另一方面，中华民族共同体文化具有聚合的特点，每个民族的文化之间呈现"你中有我，我中有你"（杨晓莉、马超，2019）。由此，族群边缘群体对不同文化（共同体文化、本民族文化）的依恋状况及其关系有待进一步探讨。

第二，语言与文化依恋的深层联系尚待挖掘。尽管核心要素是情感成分，但文化依恋也包含认知与行为成分。这是因为，文化依恋是通过文化符号启动安全基地图式发生作用，而安全基地图式是组织经验的心理结构，包括了认知、行为和情感成分。已有研究表明，语言影响认知，也影响情感。由此可以预期，语言与文化依恋之间具有深层联系，然而这种深层联系并不明确，所关联的神经机制也不清晰，未来可结合不同语言文化特点与认知神经科学技术展开深入探究。

第三，从发展的角度来看，语言与文化依恋的关系有待深入探究。亲子依恋的关键期与母语习得的关键期存在相当多的重合。而3—4岁儿童的语言发展经历了显著的飞跃，他们此时也开始进入文化探索阶段。但是，人们并不了解文化依恋形成的关键期，对母语发展不同阶段中个体对母语所承载的文化的情感如何发展也缺乏认识。此外，随着第二语言学习的开展，个体对新文化的认识与情感如何发展也有待探索。未来研究中，研究者可以结合语言发展理论和文化依恋理论，采用纵向追踪的方法，深入探究语言发展过程中文化依恋的形成与发展，提升人们对文化依恋形成过程的认识，促进文化依恋与认同的培养。

参考文献

[1]　巴斯. 族群与边界：文化差异下的社会组织［M］. 李丽琴，译. 北京：商务印书馆，2014.

[2]　郧正. 面向21世纪的中国文化形象与文化符号：建设社会主义文化强国的理论思考［J］. 社会科学战线，2013（3）：12-16.

[3] 布鲁尔. 我们，你们，他们：群际关系心理学揭秘 [M]. 李卫华，译. 北京：机械工业出版社，2015.

[4] 蔡俊生，陈荷清，韩林德. 文化论 [M]. 北京：人民出版社，2003.

[5] 蔡明宏. "一带一路"视阈下印尼华裔族群意识与家国观念实证调研 [J]. 世界宗教文化，2017（5）：22-29.

[6] 曹德和. 恢复"国语"名称的建议为何不被接受？《国家通用语言文字法》学习中的探讨和思考 [J]. 社会科学论坛，2011（10）：110-116.

[7] 曹云华. 印度尼西亚客家人的社会变迁 [C] //世界客属第 26 届恳亲大会国际客家文化学术研讨会论文集. 香港：日月星出版社，2013：8.

[8] 曹云华. 印尼山口洋的客家人：海外客家人的社会变迁之一 [J]. 八桂侨刊，2014（1）：23-30.

[9] 岑麒祥. 从广东方言中体察语言的交流和发展 [J]. 中国语文，1953（4）：26-33.

[10] 陈春声. 侨批分析：近代韩江流域"侨乡"的形成 [C] //中国社会史学会. 民间文献与地域中国研究. 广州：中山大学历史人类学研究中心，2006.

[11] 陈佩英. 印尼坤甸潮州方言词汇研究 [D]. 北京：北京语言大学，2008.

[12] 陈松岑. 新加坡华人的语言态度及其对语言能力和语言使用的影响 [J]. 语言教学与研究，1999（1）：81-95.

[13] 陈望衡，张文. 论中国传统文化中的家国情怀 [J]. 天津社会科学，2021（6）：125-130.

[14] 陈雪峰. 从祠堂看潮汕文化和广府文化 [J]. 潮商，2012（2）：88-89.

[15] 陈雪峰. 潮汕人的客家化初探 [J]. 韩山师范学院学报，2019，40（5）：7-14.

[16] 陈运栋. 客家人 [M]. 台北：联亚出版社，1978.

[17] 陈支平. 客家源流新探 [M]. 南宁：广西教育出版社，1997.

[18] 程家萍，罗跃嘉，崔芳. 认知负荷对疼痛共情的影响：来自 ERP 研究的证据 [J]. 心理学报，2017，49（5）：622-630.

[19] 崔榕，赵智娜. 文化认同与中华民族共同体建设 [J]. 民族学刊，2021，12（8）：1-8，120.

[20] 戴昭铭. 当前我国语言文字的规范化问题 [M] //吕冀平. 关于民族共同语的名称问题. 上海：上海教育出版社，1999.

[21] 邓晓华，王士元. 古闽、客方言的来源以及历史层次问题 [J]. 古汉语

研究，2003（2）：8-12.

［22］丁安仪，郭英剑，赵云龙. 应该怎样称呼现代中国的官方语言？从英汉对比看"汉语""普通话""国语"与"华语"等概念的使用［J］. 河南师范大学学报（哲学社会科学版），2000（3）：100-106.

［23］董静. 培育当代爱国主义的多维路径［N］. 中国社会科学报，2017-03-15.

［24］樊洛平. 从台湾客家族群记忆溯源河洛文化底蕴：以台湾客家文学为观照对象［J］. 北方论丛，2016（1）：55-60.

［25］范俊. 论中华民族共同体建设的文化符号机制［J］. 广西民族研究，2021（2）：10-16.

［26］费孝通. 乡土中国　生育制度［M］. 北京：北京大学出版社，1998.

［27］冯文锋，罗文波，廖渝，等. 胖负面身体自我女大学生对胖信息的注意偏好：注意警觉还是注意维持［J］. 心理学报，2010，42（7）：779-790.

［28］冯秀珍. 客家文化大观：中册［M］. 北京：经济日报出版社，2003.

［29］甘于恩，简倩敏. 广东方言的分布［J］. 学术研究，2010（9）：140-150.

［30］葛兆光. 寻找主轴与路标的文化史：读《法国文化史》笔记［J］. 读书，2012（5）：74-85.

［31］郭锦桴. 闽南人外迁及其方言文化的流播［J］. 闽台文化交流，2008（1）：35-41.

［32］郭军峰，罗跃嘉. 社会情绪负性偏向的事件相关电位研究［J］. 中国临床心理学杂志，2007，15（6）：574-576.

［33］郭文良，姚琴. 中国传统文化中的家国情怀思想及其教育价值［J］. 当代教育与文化，2023，15（4）：74-80.

［34］郭志超. 闽南人历史文化概观［J］. 福建民族，1996（4）：16-23.

［35］洪堡特. 论人类语言结构的差异及其对人类精神发展的影响［M］. 姚小平，译. 北京：商务印书馆，2009.

［36］洪桂治，李素丽. 印尼棉兰"Z世代"华裔对中华文化的认知探析［J］. 八桂侨刊，2023（3）：1-15，92.

［37］侯珂，邹泓，蒋索. 社会人格取向的成人依恋研究［J］. 心理科学进展，2005（5）：640-650.

［38］胡安琪，代帆. 印度尼西亚华裔新生代的族群认同、族群关系及对华认知［J］. 东南亚纵横，2016（4）：75-80.

［39］胡益顿. 被"压缩"的青年：个体化和主妇化背后家庭主义观念的一致

性 ［J］. 中国青年研究，2021（9）：71-78.

［40］黄闽昌，黄进德，黄佛辉，等. 广东梅州黄氏源流总谱：初稿 ［M］. 梅州：梅州江夏文化研究会，2015.

［41］黄淑娉. 广东族群与区域文化研究 ［M］. 广州：广东高等教育出版社，1999.

［42］黄煜. 印尼华裔青少年对中华文化的认同及其对汉语学习的影响 ［D］. 桂林：广西师范大学，2012.

［43］黄遵宪. 人境庐诗草 ［M］. 北京：中国青年出版社，2000.

［44］吉罗. 符号学概论 ［M］. 怀宇，译. 成都：四川人民出版社，1988.

［45］江沂芯，陈红. 自我客体化的女性对身体线索的注意和记忆偏向 ［J］. 心理科学，2019，42（6）：1462-1469.

［46］姜永志，张海钟，张鹏英. 中国老乡心理效应的理论探索与实证研究 ［J］. 心理科学进展，2012，20（8）：1237-1242.

［47］金丽莉. 官话·国语·普通话 ［J］. 咬文嚼字，1997（4）：8-9.

［48］琚长庭，汪亚珉. 面孔识别中种族效应的认知神经基础 ［J］. 首都师范大学学报（社会科学版），2012（4）：73-79.

［49］卡西尔. 人论 ［M］. 甘阳，译. 上海：上海译文出版社，1985.

［50］卡西尔. 符号形式的哲学 ［M］. 赵海萍，译. 长春：吉林出版集团股份有限公司，2018.

［51］开平市地方志办公室. 开平县志 ［M］. 北京：中华书局，2002.

［52］孔永松. 略论明中叶后客家人的家族制的发展 ［J］. 厦门大学学报（哲学社会科学版），1992（3）：4-8.

［53］寇慧，苏艳华，罗小春，等. 相貌负面身体自我女性对相貌词的注意偏向：眼动的证据 ［J］. 心理学报，2015，47（10）：1213-1222.

［54］朗格. 情感与形式 ［M］. 刘大基，傅志强，译. 北京：中国社会科学出版社，1986.

［55］冷东. 东南亚海外潮人研究 ［M］. 北京：中国华侨出版社，1999.

［56］李炳全. 符号、意义与心理学的文化取向：兼以符号及其意义为中心比较当代三种心理学取向 ［J］. 心理学探新，2006，26（4）：9-13.

［57］李舫. 语言的壁垒 ［N］. 人民日报（海外版），2005-05-16（A5）.

［58］李惠娟. 客家移民与文化的变迁 ［J］. 华南农业大学学报（社会科学版），2004（2）：102-107.

［59］李敬忠. 粤语中的百越语成分问题 ［J］. 学术论坛，1991（5）：65-72.

［60］李琳. 探索文化符号生成机理 ［N］. 中国社会科学报，2022-05-17

（A5）.

［61］ 李琪. 汉语和英语的不同形式心理距离差异研究［D］. 重庆：西南大学，2013.

［62］ 李强，唐壮. 城市农民工与城市中的非正规就业［J］. 社会学研究，2002（6）：13-25.

［63］ 李荣荣，麻彦坤，叶浩生. 具身的情绪：情绪研究的新范式［J］. 心理科学，2012，35（3）：754-759.

［64］ 李想，黄煜，罗禹，等. 好人更值得怜悯？道德评价影响疼痛共情的ERP研究［J］. 中国临床心理学杂志，2018，26（1）：47-51，73.

［65］ 李新魁. 广东闽方言形成的历史过程［J］. 广东社会科学，1987a（3）：123-128.

［66］ 李新魁. 广东闽方言形成的历史过程：续［J］. 广东社会科学，1987b（4）：142-150.

［67］ 李新魁. 广东的方言［M］. 广州：广东人民出版社，1994.

［68］ 李学民，黄昆章. 印尼华侨史：古代至1949年［M］. 广州：广东高等教育出版社，2005.

［69］ 李雅宁，杨伊生，辛自强，等. 文化依恋概念辨析［J］. 心理科学，2024，47（4）：933-939.

［70］ 李雁晨，周庭锐，周琇. 解释水平理论：从时间距离到心理距离［J］. 心理科学进展，2009，17（4）：667-677.

［71］ 李莹. 儿童与青年对中西方文化信息注意偏向的差异研究［D］. 天津：天津师范大学，2020.

［72］ 李宇明. 汉语的层级变化［J］. 中国语文，2014（6）：550-558，576.

［73］ 李宇明. 大华语：全球华人的共同语［J］. 语言文字应用，2017（1）：2-13.

［74］ 李宇明. 语言学是一个学科群［J］. 语言战略研究，2018，3（1）：15-24.

［75］ 利爱娟，杨伊生. 外群体知觉与文化依恋：民族本质论的中介作用［J］. 中国社会心理学评论，2017（1）：37-51，171-172.

［76］ 梁丽，杨伊生，肖前国，等. 文化依恋的研究现状与展望［J］. 民族教育研究，2019，30（2）：107-114.

［77］ 梁启超. 饮冰室合集：第7册［M］. 北京：中华书局，1989.

［78］ 梁漱溟. 东西文化及其哲学［M］. 上海：商务印书馆，1922.

［79］ 林朝丰. 东莞放宽落户，释放什么信号？［N］. 东莞日报，2024-

04-29.

[80] 林尚立. 现代国家认同建构的政治逻辑 [J]. 中国社会科学, 2013 (8): 22-46.

[81] 刘红旭. 族群社会化: 族群身份生成的社会机制 [J]. 黑龙江民族丛刊, 2013 (3): 31-36.

[82] 刘宏艳, 胡治国, 彭聃龄. 情绪与语言加工的相互作用 [J]. 心理科学进展, 2009, 17 (4): 714-721.

[83] 刘慧. 印尼华族集聚区语言景观与族群认同: 以峇淡、坤甸、北干巴鲁三地为例 [J]. 语言战略研究, 2016, 1 (1): 42-49.

[84] 刘庆, 何飞. 网络舆论中图像的情感动员机制研究 [J]. 西南民族大学学报 (人文社会科学版), 2021, 42 (11): 162-168.

[85] 刘新燕, 张惠天, 王璐. "悲" 天悯人, 还是 "乐" 善好施: 受助者困境态度效价与心理距离对捐赠意愿的交互影响 [J]. 南开管理评论, 2023, 26 (2): 48-60.

[86] 刘源, 梁南元, 王德进, 等. 现代汉语常用词词频词典 [M]. 北京: 宇航出版社, 1990.

[87] 刘怡雪. 框架类型、调节定向与心理距离对大学生风险决策偏好的影响 [D]. 长春: 吉林大学, 2020.

[88] 刘子建, 贾明楚. 情感记忆中的文化符号再设计 [J]. 美与时代 (上), 2017 (7): 15-17.

[89] 刘佐泉.《岭南逸史》中的客家史迹 [J]. 湛江师范学院学报 (哲学社会科学版), 1996 (4): 89-93.

[90] 陆洪磊, 金舒洋. 语言帝国主义: 英语作为国际新闻通用语言的历史与批判 [J/OL]. 青年记者, 1-7 [2025-05-10].

[91] 罗柳宁. 族群研究综述 [J]. 西南民族大学学报 (人文社会科学版), 2004 (4): 5-16.

[92] 罗香林. 客家源流考 [M]. 北京: 中国华侨出版公司, 1989.

[93] 罗跃嘉, 黄宇霞, 李新影, 等. 情绪对认知加工的影响: 事件相关脑电位系列研究 [J]. 心理科学进展, 2006, 14 (4): 505-510.

[94] 马建苓, 陈旭, 王婧. 本族效应的认知神经机制 [J]. 心理科学进展, 2012, 20 (3): 376-383.

[95] 马戎. 语言使用与族群关系: 民族社会学连载之三 [J]. 西北民族研究, 2004 (1): 20-33, 147.

[96] 梅静. 不同文化启动水平下藏族青少年的宗教信息注意偏向 [D]. 成

都：四川师范大学，2019.

[97] 梅仲孙. 中小学生爱国情感的结构分析与培养策略 [J]. 现代教学，2024（8）：4-9.

[98] 孟凡成，王聪颖，赵欢，等. 疼痛共情的神经生物学基础 [J]. 神经解剖学杂志，2016，32（1）：129-132.

[99] 孟红莉. 语言使用与族群关系：五种类型分析 [J]. 西北民族研究，2010（1）：71-78，93.

[100] 孟景. 情绪对疼痛共情的影响研究 [D]. 重庆：西南大学，2010.

[101] 彭聃龄，王春茂. 汉字加工的基本单元：来自笔画数效应和部件数效应的证据 [J]. 心理学报，1997（1）：9-17.

[102] 钱穆. 晚学盲言 [M]. 桂林：广西师范大学出版社，2004.

[103] 切博克萨罗夫，切博克萨罗娃. 民族·种族·文化 [M]. 赵俊智，金天明，译. 北京：东方出版社，1989.

[104] 覃义贵. 视觉刺激探测的警觉性注意特征 [D]. 重庆：西南大学，2012.

[105] 邱尹. 新时代大学生家国情怀培育研究 [D]. 贵阳：贵州师范大学，2021.

[106] 任崇岳. 客家民系形成于明代中叶 [N]. 中国社会科学报，2019-09-10（6）.

[107] 邵江泳. 族群语言与族群认同的关系研究：以在美华人为例 [D]. 秦皇岛：燕山大学，2015.

[108] 邵明明. 印尼华裔青少年中华语言文化认同和传承状况研究 [J]. 国际中文教育（中英文），2023，8（4）：12-20.

[109] 邵雪莹. 文化依恋、歧视知觉、心理弹性与心理压力的关系研究 [D]. 哈尔滨：哈尔滨工程大学，2016.

[110] 沈玲. 印尼华人家庭语言使用与文化认同分析：印尼雅加达500余名新生代华裔的调查研究 [J]. 世界民族，2015（5）：73-85.

[111] 沈玲. 东南亚新生代华裔文化认同的国别比较研究 [J]. 民族教育研究，2017，28（6）：124-129.

[112] 谌华玉. 关于族群、民族、国籍等概念的翻译与思考 [J]. 读书，2005（11）：150-155.

[113] 宋德剑. 潮客族群互动与文化认同：丰顺县㽏隍镇九河村的实证分析 [J]. 汕头大学学报（人文社会科学版），2004，20（4）：71-75，80.

[114] 宋娟，郭丰波，张振，等. 人际距离影响疼痛共情：朋友启动效应 [J].

心理学报，2016，48（7）：833-844.

[115] 宋月萍，刘志强，唐士茹. 青年流动人口二代的社会融入：内涵、特征、困境及应对［J］. 中国青年研究，2024（6）：35-43.

[116] 孙宏开. 阿侬语的二十年变迁：由濒危走向严重濒危［J］. 语言战略研究，2017，2（4）：17-24.

[117] 童莹. 海外华人的公共记忆与族群认同：以印尼马鲁古群岛华人为例［J］. 东南亚研究，2018（2）：137-151，158.

[118] 王爱平. 印尼华裔青少年语言与认同的个案分析：华侨大学华文学院印尼华裔学生的调查研究［J］. 华侨华人历史研究，2004（4）：23-31.

[119] 王爱平，鲁锦寰. 宗教认同与文化认同、族群认同：印度尼西亚孔教的缘起与形成［C］//中央民族大学哲学与宗教学学院，中国人民大学宗教高等研究院. 宗教与民族：第八辑. 北京：中国华侨大学华文学院，2012.

[120] 王丹，王婷，秦松，等. 部件启动范式下可成字部件的位置效应［J］. 心理学报，2018，51（2）：163-176.

[121] 王东. 客家学导论［M］. 上海：上海人民出版社，1996.

[122] 王锋. 论语言在族群认同中的地位和表现形式［J］. 云南师范大学学报（哲学社会科学版），2010，42（4）：72-78.

[123] 王泉根. 中国姓氏的文化解析［N］. 人民政协报，2012-03-26.

[124] 王文，王鹏. 培养全球栋梁之才：来华留学事业70年进展、潜力与建议［R］. 北京：中国人民大学重阳金融研究院，2019.

[125] 王稳东. 铸牢中华民族共同体意识的教育机理及其实现［J］. 西北师大学报（社会科学版），2021，58（5）：67-74.

[126] 王一川，张洪忠，林玮. 我国大学生中外文化符号观调查［J］. 当代文坛，2010（6）：4-20.

[127] 汪怡群. 双语发展不平衡双语者情感词语义加工及情感加工［D］. 杭州：浙江大学，2016.

[128] 文贵良. 以严复为中心：汉语的实用理性与"国语"的现代性发生［J］. 华东师范大学学报（哲学社会科学版），2009，41（4）：96-103.

[129] 吴放，邹泓. 幼儿与成人依恋关系的特质和同伴交往能力的联系［J］. 心理学报，1995，27（4）：434-441.

[130] 吴建玲. 对一百名华裔学生语言文化情况的调查报告［J］. 语言教学与研究，1996（4）：122-132.

[131] 吴忠伟. 印尼棉兰美达村客家话词汇比较研究［D］. 广州：暨南大学，

2014.

［132］习近平. 在全国民族团结进步表彰大会上的讲话［N］. 光明日报，
2019-09-28（2）.

［133］徐波. 英语"全球通用语"地位的形成与双重影响［J］. 外国语文，
2010，26（5）：142-145.

［134］徐杰舜. 闽南福佬人的形成及人文特征：华南汉族族群研究之五［J］.
吉首大学学报（社会科学版），1999（3）：75-81.

［135］徐杰舜. 广府人的族群迁徙与文化认同［J］. 广西民族大学学报（哲学
社会科学版），2012，34（3）：36-40.

［136］涂骏. 论差序格局［J］. 广东社会科学，2009（6）：165-170.

［137］徐天云. 印度尼西亚区域性华语社会的特点、发展趋势及对华语教育的
影响［J］. 东南亚纵横，2012（9）：50-53.

［138］徐粤. 广东潮汕及客家风土聚落的同构性研究［J］. 建筑遗产，2019
（1）：43-49.

［139］徐祎. 马来西亚华语与华人族群认同的历时共变［J］. 文化软实力研
究，2018（1）：62-70.

［140］闫国利，巫金根，胡晏雯，等. 当前阅读的眼动研究范式述评［J］. 心
理科学进展，2010，18（12）：1966-1976.

［141］严峻. 寻找家园：客家先民的三次南迁和客家民系的形成［J］. 岭南文
史，2004（S1）：13-15.

［142］杨海中. 图说河洛文化［M］. 郑州：河南人民出版社，2008.

［143］杨红升，黄希庭. 中国人的群体参照记忆效应［J］. 心理学报，2007，
39（2）：235-241.

［144］杨惠淑. 文化依恋、应对策略与适应的关系研究［D］. 哈尔滨：哈尔
滨工程大学，2017.

［145］杨晋涛，俞云平. 东南亚华裔新生代的"祖籍记忆"：马来西亚、泰国、
印度尼西亚个案比较［J］. 世界民族，2007（6）：42-49.

［146］杨菊华. 中国流动人口的社会融入研究［J］中国社会科学，2015（2）：
61-79，203-204.

［147］杨晓莉，马超. 从多元到聚合：优化族群关系的新视点［J］. 湖北民族
学院学报（哲学社会科学版），2019，37（4）：8-16.

［148］杨应新. 关于"普通话"的问题.［J］. 民族语文，1989（3）：4-8.

［149］叶恩典. 略谈泉潮之关系：以泉州民间族谱资料为例［J］. 潮学研究，
1997（6）：343-357.

［150］叶国泉，罗康宁. 粤语源流考［J］. 语言研究，1995（1）：156-160.

［151］银花，梁丽. 正字法规则对汉字识别影响初探［J］. 赤峰学院学报（汉文哲学社会科学版），2009，30（3）：80-82.

［152］袁琳，刘思佳. 城乡统筹背景下农民工文化适应的压力研究［J］. 人口与社会，2018，34（3）：38-47.

［153］袁媛. 印尼华裔新生代社区祖语保持研究［J］. 八桂侨刊，2023（4）：3-12，94.

［154］詹伯慧. 汉语方言及方言调查［M］. 武汉：湖北教育出版社，1991.

［155］张拱贵，王维周. "普通话"，还是"国语"？［J］. 南京师大学报（社会科学版），1987（3）：42-48.

［156］张积家. 整体与部分的意义关系对汉字知觉的影响［J］. 心理科学，2007，30（5）：1095-1098.

［157］张积家. 容器隐喻、差序格局与民族心理［J］. 西南民族大学学报（人文社会科学版），2018，39（5）：214-221.

［158］张积家，陆禹同，张启睿，等. 外语焦虑、紧张情绪与认知负荷对外语说谎的影响：来自中－英双语者的证据［J］. 心理学报，2020，52（7）：861-873.

［159］张鹏英，张海钟. 群体参照视野下的老乡心理效应实验研究［J］. 文化学刊，2013（1）：8-17.

［160］张顺梅. 结构封闭性对汉字识别影响的 ERP 研究［D］. 重庆：西南大学，2016.

［161］张榕轩，张耀轩，张芝田，等. 梅水诗传［M］. 梅州剑英图书馆藏，1901.

［162］张小倩. 印尼西加里曼丹省华人族群文化认同初探：以坤甸和山口洋为例［J］. 八桂侨刊，2016（4）：48-55.

［163］赵运，李宇明. 国际组织语言政策研究［J］. 天津师范大学学报（社会科学版），2025（1）：74-83.

［164］周大鸣. 论族群与族群关系［J］. 广西民族学院学报（哲学社会科学版），2001（2）：13-25.

［165］周大鸣. 中国的族群与族群关系［M］. 南宁：广西民族出版社，2002.

［166］周大鸣. 动荡中的客家族群与族群意识：粤东地区潮客村落的比较研究［J］. 广西民族学院学报（哲学社会科学版），2005（5）：19-26，83.

［167］周海波，甘烨彤，易靓靓，等. 自我—他人重叠影响疼痛共情的 ERP 研究［J］. 心理科学，2019，42（5）：1194-1201.

［168］周婷. 多文化经验、家乡文化依恋与文化自信的关系［D］. 重庆：西南大学，2021.

［169］周文顺，徐宁生. 河洛文化［M］. 北京：五洲传播出版社，1998.

［170］周有光. 文字改革的新阶段［J］. 文字改革，1985（5）：3-9.

［171］郑岱华. 文化适应模式与汉语作为第二语言习得效果的相关研究［D］. 北京：北京语言大学，2007.

［172］郑军. 印尼棉兰华裔学生汉语语言态度调查分析［J］. 云南师范大学学报（对外汉语教学与研究版），2013，11（5）：63-69.

［173］郑秋晨. 梅县客家话对古汉语语音的传承［J］. 文教资料，2016（25）：26-27.

［174］郑一省. 印尼棉兰华人族群融入主流社会初探［J］. 华侨华人历史研究，2008（4）：71-76.

［175］郑一省. 印尼坤甸华人的"烧洋船"仪式探析［J］. 世界民族，2012（6）：32-39.

［176］郑昭明. 汉字认知的历程［M］//高尚仁，郑昭明. 中国语文的心理学研究. 台北：文鹤出版有限公司，1982.

［177］祝帼豪，张积家，陈俊. 解释水平理论视角下的心理距离［C］//中国心理学会. 增强心理学服务社会的意识和功能：中国心理学会成立90周年纪念大会暨第十四届全国心理学学术会议论文摘要集. 广州：华南师范大学心理应用研究中心，2011.

［178］祝穆，祝洙. 宋本方舆胜览［M］. 上海：上海古籍出版社，1991.

［179］祝世娜. 推广普通话的几个理论问题：从汉民族共同语说起［J］. 牡丹江师范学院学报（哲学社会科学版），2003（6）：89-91.

［180］庄国土. 论东南亚的华族［J］. 世界民族，2002（3）：37-48.

［181］庄国土. 华侨华人分布状况和发展趋势［R］. 侨务工作研究，2010.

［182］Ainsworth, M. The bowlby-ainsworth attachment theory［J］. *Behavioral & Brain Sciences*，1978，1（3）：436-438.

［183］Ainsworth, M. D. S., Blehar, M. C., Waters, E., et al. *Patterns of Attachment*：*A Psychological Study of the Strange Situation*［M］. Hillsdale, NJ：Erlbaum，1978.

［184］Amit E., Algom D. & Trope Y. Distance-dependent processing of pictures and words［J］. *Journal of Experimental Psychology*：*General*，2009，138（3）：400-415.

［185］Ardila, A. Language representation and working memory with bilinguals［J］.

Journal of Communication Disorders, 2003, 36（3）: 233–240.

[186] Avenanti, A., Sirigu, A. & Aglioti, S. M. Racial bias reduces empathic sensorimotor resonance with other-race pain [J]. *Current Biology*, 2010, 20（11）: 1018–1022.

[187] Barfield, T. *The Dictionary of Anthropology* [M]. Oxford: Blackwell Publishers, 1997.

[188] Bar-Anan, Y., Liberman, N., Trope, Y. et al. Automatic processing of psychological distance: Evidence from a stroop task [J]. *Journal of Experimental Psychology: General*, 2007, 136（4）: 610–622.

[189] Bar-Haim, Y., Lamy, D. & Glickman, S. Attentional bias in anxiety: A behavioral and ERP study [J]. *Brain and Cognition*, 2005, 59（1）: 11–22.

[190] Bartels, A. & Zeki, S. The neural correlates of maternal and romantic love [J]. *NeuroImage*, 2004, 21（3）: 1155–1166.

[191] Bayar, M. Reconsidering primordialism: An alternative approach to the study of ethnicity [J]. *Ethnic and Racial Studies*, 2009, 32（9）: 1639–1657.

[192] Bennett, M., Allan, S., Anderson, J. et al. On the robustness of the group reference effect [J]. *European Journal of Social Psychology*, 2010, 40（2）: 349–354.

[193] Bernhardt, B. C. & Singer, T. The neural basis of empathy [J]. *Annual Review of Neuroscience*, 2012, 35: 1–23.

[194] Bosker, H. R. & Reinisch E. Foreign languages sound fast: Evidence from implicit rate normalization [J]. *Frontiers in Psychology*, 2017, 8（6）: 1063.

[195] Bowlby, J. *Attachment and Loss, Vol.1: Attachment* [M]. New York: Basic Books, 1969.

[196] Bowlby, J. *Cognition and Psychotherapy* [M]. New York: Plenum Press, 1985.

[197] Brewer, M. B., & Gardner, W. Who is this "We"? Levels of collective identity and self representations [J]. *Journal of Personality & Social Psychology*, 1996, 71（1）: 83–93.

[198] Chen, H. & Jackson, T. Differential processing of self-referenced versus other-referenced body information among American and Chinese young adults with body image concerns [J]. *Eating Behaviors*, 2006, 7（2）: 152–160.

[199] Cheng, Y. W., Yang, C. Y., Lin, C. P. et al. The perception of pain in others suppresses somatosensory oscillations: A magnetoencephalography study

[J]. *NeuroImage*, 2008, 40（4）: 1833–1840.

[200] Cho, A. & Lee, J.-H. Body dissatisfaction levels and gender differences in attentional biases toward idealized bodies [J]. *Body Image*, 2013, 10（1）: 95–102.

[201] Coll, M.-P. Meta-analysis of ERP investigations of pain empathy underlines methodological issues in ERP research [J]. *Social Cognitive and Affective Neuroscience*, 2018, 13（10）: 1003–1017.

[202] Conway, M. A. & Pleydell-Pearce, C. W. The construction of autobiographical memories in the self-memory system [J]. *Psychological Review*, 2000, 107（2）: 261–288.

[203] Cooper, G. & Sweller, J. Effects of schema acquisition and rule automation on mathematical problem-solving transfer [J]. *Journal of Educational Psychology*, 1987, 79（4）: 347–362.

[204] Danziger, N., Prkachin, K. M. & Willer, J. C. Is pain the price of empathy? The perception of others' pain in patients with congenital insensitivity to pain [J]. *Brain*, 2006, 129（9）: 2494–2507.

[205] Decety, J. Empathy, sympathy and the perception of pain [J]. *Pain*, 2009, 145（3）: 365–366.

[206] Doallo, S., Cadaveira, F. & Holguín, S. R. Time course of attentional modulations on automatic emotional processing [J]. *Neuroscience Letters*, 2007, 418（1）: 111–116.

[207] Fan, Y. & Han, S. Temporal dynamic of neural mechanisms involved in empathy for pain: An event-related brain potential study [J]. *Neuropsychologia*, 2008, 46（1）: 160–173.

[208] Forgiarini, M., Gallucci, M. & Maravita, A. Racism and the empathy for pain on our skin [J]. *Frontiers in Psychology*, 2011, 2: 108.

[209] Fu, H. Y., Morris, M.W. & Hong, Y.Y. A transformative taste of home: Home culture primes foster expatriates' adjustment through bolstering relational security [J]. *Journal of Experimental Social Psychology*, 2015, 59: 24–31.

[210] Fugate, J. M. B., Gouzoules, H. & Barrett, L. F. Reading chimpanzee faces: Evidence for the role of verbal labels in categorical perception of emotion [J]. *Emotion*, 2010, 10（4）: 544–554.

[211] Gardner, R. *Social Psychology and Second Language Learning: The Role of Attitudes and Motivation* [M]. London: Edward Arnold, 1985.

[212] Giller, F. & Beste, C. Effects of aging on sequential cognitive flexibility are associated with fronto-parietal processing deficits [J]. *Brain Structure & Function*, 2019, 224 (7): 2343–2355.

[213] Gladwin, T. E. & Vink, M. Spatial anticipatory attentional bias for threat: Reliable individual differences with RT-based online measurement [J]. *Consciousness and Cognition*, 2020, 81: 102930.

[214] Graves, T. D. Psychological acculturation in a tri-ethnic community [J]. *Southwestern Journal of Anthropology*, 1967, 23 (4): 337–350.

[215] Greenwald, A. G., Mcghee, D. E. & Schwartz, J. L. Measuring individual differences in implicit cognition: The implicit association test [J]. *Journal of Personality & Social Psychology*, 1998, 74 (6): 1646.

[216] Gross, J. J. Emotion regulation: Affective, cognitive, and social consequences [J]. *Psychophysiology*, 2002, 39 (3): 281–291.

[217] Grainger, J. & Jacobs, A. M. Orthographic processing in visual word recognition: A multiple read-out model [J]. *Psychological Review*, 1996, 103 (3): 518–565.

[218] Gu, R., Lei, Z., Broster, L. et al. Beyond valence and magnitude: A flexible evaluative coding system in the brain [J]. *Neuropsychologia*, 2011, 49 (14): 3891–3897.

[219] Gu, X. & Han, S. Attention and reality constraints on the neural processes of empathy for pain [J]. *NeuroImage*, 2007, 36 (1): 256–267.

[220] Gülşah, Ç. Y. & Ahmet, E. Y. The effect of peer feedback on writing anxiety in Turkish EFL (English as a Foreign Language) students [J]. *Procedia-Social and Behavioral Sciences*, 2015, 199: 530–538.

[221] Hadjistavropoulos, T. & Craig, K. D. A theoretical framework for understanding self-report and observational measures of pain: A communications model [J]. *Behaviour Research and Therapy*, 2002, 40 (5): 551–570.

[222] Halberstadt, J., Winkielman, P., Niedenthal, P. M. et al. Emotional conception: How embodied emotion concepts guide perception and facial action [J]. *Psychological Science*, 2009, 20 (10): 1254–1261.

[223] Han, S. & Northoff, G. Culture-sensitive neural substrates of human cognition: A transcultural neuroimaging approach [J]. *Nature Reviews Neuroscience*, 2008, 9 (8): 646–654.

[224] Hill, C. A. & Helmers, M. *Defining Visual Rhetoric* [M]. Mahwah, NJ:

Lawrence Erlbaum, 2004.

［225］Hong, Y. Y., Roisman, G. I. & Chen, J. A model of cultural attachment: A new approach for studying bicultural experience［C］// M. H. Bornstein & L. R. Cote (Eds.). *Acculturation and Parent-Child Relationships: Measurement and Development*. Mahwah, NJ: Lawrence Erlbaum Associates, 2006.

［226］Hong, Y., Fang, Y., Yang, Y., et al. Cultural attachment: A new theory and method to understand cross-cultural competence［J］. *Journal of Cross-Cultural Psychology*, 2013, 44 (6): 1024–1044.

［227］Hong, Y. Y., Morris, M. W., Chiu, C. Y. et al. Multicultural minds: A dynamic constructivist approach to culture and cognition［J］. *American Psychologist*, 2000, 55(7): 709–720.

［228］Horwitz, E. K. Preliminary evidence for the reliability and validity of a foreign language anxiety scale［J］. *TESOL Quarterly*, 1986, 20 (3): 559–564.

［229］Ito, T. A. & Urland, G. R. The influence of processing objectives on the perception of faces: An ERP study of race and gender perception［J］. *Cognitive, Affective & Behavioral Neuroscience*, 2005, 5 (1): 2–36.

［230］Jack, R. E., Garrod, O. G. B., Yu, H. et al. Facial expressions of emotion are not culturally universal［J］. *Proceedings of the National Academy of Sciences of the United States of America*, 2012, 109 (19): 7241–7244.

［231］Jackson, P. L., Rainville, P. & Decety, J. To what extent do we share the pain of others? Insight from the neural bases of pain empathy［J］. *Pain*, 2006, 125 (1/2): 5–9.

［232］Jing, Z. Foreign language reading anxiety in a Chinese as a foreign language context［J］. *Reading in a Foreign Language*, 2017, 29 (1): 155–173.

［233］Johnson, C., Gadon, O., Carlson, D., et al. Self-reference and group membership: Evidence for a group-reference effect［J］. *European Journal of Social Psychology*, 2002, 32 (2): 261–274.

［234］Kasarda, J. D. & Janowitz, M. Community attachment in mass society［J］. *American Sociological Review*, 1974, 39 (6): 328–339.

［235］Keen, S. A theory of narrative empathy［J］. *Narrative*, 2006, 14 (3): 207–236.

［236］Koster, E. H. W., Crombez, G., Verschuere, B. et al. Components of attentional bias to threat in high trait anxiety: Facilitated engagement, impaired disengagement, and attentional avoidance［J］. *Behaviour Research &*

Therapy, 2006, 44（12）: 1757–1771.

［237］Keysar, B., Hayakawa, S. L. & An, S. G. The foreign-language effect: Thinking in a foreign tongue reduces decision biases ［J］. *Psychological Science*, 2012, 23（6）: 661–668.

［238］Katan, David. *Translating Cultures: An Introduction for Translators, Interpreters and Mediators* ［M］. Shanghai: Shanghai Foreign Language Education Press, 2004.

［239］Lavie, N. "Load theory" of attention ［J］. *Current Biology: CB*, 2011, 21（17）: 645–647.

［240］Liao, C., Wu, H. Y., Guan, Q. et al. Predictability and probability modulate the neural responses to other's pain: An event-related potential investigation ［J］. *Biological Psychology*, 2018, 138: 11–18.

［241］Liberman, N., Sagristano, M. D. & Trope, Y. The effect of temporal distance on level of mental construal ［J］. *Journal of Experimental Social Psychology*, 2002, 38（6）: 523–534.

［242］Liberman, N. & Trope, Y. The psychology of transcending the here and now ［J］. *Science*, 2008, 322（5905）: 1201–1205.

［243］Lin, L., Leung, A. W., Wu, J. et al. Individual differences under acute stress: Higher cortisol responders performs better on n-back task in young men ［J］. *International Journal of Psychophysiology*, 2020（150）: 20–28.

［244］Luo, W. B., Feng, W. F., He, W. Q., et al. Three stages of facial expression processing: ERP study with rapid serial visual presentation ［J］. *NeuroImage*, 2010, 49（2）: 1857–1867.

［245］Lynch, J. J. Attachment theory: Social, developmental and clinical perspectives ［J］. *The Journal of Nervous and Mental Disease*, 1997, 185（2）: 768–769.

［246］Markus, H. R. & Kitayama, S. The cultural construction of self and emotion: Implications for social behavior ［C］// Kitayama, S. & Markus, H. R（Eds.）. *Emotion and culture: Empirical studies of mutual influence*. Washington, DC: American Psychological Asociation, 1994.

［247］Mikulincer, M. & Florian, V. The relationship between adult attachment styles and emotional and cognitive reactions to stressful events ［M］// J. A. Simpson & W. S. Rholes（Eds.）. *Attachment Theory and Close Relationships*. New York: Guilford Press, 1998.

［248］Mikulincer, M., Hirschberger, G., Nachmias, O., et al. The affective component of the secure base schema: Affective priming with representations of attachment security ［J］. *Journal of Personality & Social Psychology*, 2001, 81（2）: 305-321.

［249］Miltner, W. H. R., Krieschel, S., Hecht, H., et al. Eye movements and behavioral responses to threatening and nonthreatening stimuli during visual search in phobic and nonphonic subjects ［J］. *Emotion*, 2004, 4（4）: 323-339.

［250］Montalan, B., Caharel, S., Personnaz, B., et al. Sensitivity of N170 and late positive components to social categorization and emotional valence ［J］. *Brain Research*, 2008, 1233: 120-128.

［251］Murphy, S.T. & Zajonc, R. B. Affect, cognition, and awareness: Affective priming with optimal and suboptimal stimulus exposures ［J］. *Journal of Personality and Social Psychology*, 1993, 64（5）: 723-739.

［252］Pfurtscheller, G. & Da Silva, F. H. L. Event-related EEG/MEG synchronization and desynchronization: Basic principles ［J］. *Clinical Neurophysiology*, 1999, 110（11）: 1842-1857.

［253］Phinney, J. The multigroup ethnic identity measure: A new scale for use with diverse groups ［J］. *Journal of Adolescent Research*, 1992, 7（2）: 156-176.

［254］Polich, J. Updating P300: An integrative theory of P3a and P3b ［J］. *Clinical Neurophysiology*, 2007（118）: 2128-2148.

［255］Schumann, J. Research on the acculturation model for second language acquisition ［J］. *Journal of Multilingual and Multicultural Development*, 1986, 7（5）: 379-392.

［256］Service, E., Simola, M., Metsänheimo, O. et al. Bilingual working memory span is affected by language skill ［J］. *European Journal of Cognitive Psychology*, 2002, 14（3）: 383-408.

［257］Shamay-Tsoory, S. G., Aharon-Peretz, J. & Perry, D. Two systems for empathy: A double dissociation between emotional and cognitive empathy in inferior frontal gyrus versus ventromedial prefrontal lesions ［J］. *Brain*, 2009, 132（3）: 617-627.

［258］Shearer, W. & Sun, H. *An Encyclopedia of the 140 Languages of China: Speakers, Dialects, Linguistic Elements, Script and Distribution* ［M］. New York: Edwin Mellen Press, 2017.

[259] Smith, E.R., Murphy, J. & Coats, S. Attachment to groups: Theory and measurement [J]. *Journal of Personality and Social Psychology*, 1999, 77 (1): 94–110.

[260] Sibel, C. Examining EFL students' foreign language speaking anxiety: The case at a Turkish State University [J]. *Procedia-Social and Behavioral Sciences*, 2015, 199: 648–656.

[261] Simon, K. Digital 2024: Global Overview Report [R]. DataReportal, 2024.

[262] Singer, T., Seymour, B., O'doherty, J. et al. Empathy for pain involves the affective but not sensory components of pain [J]. *Science*, 2004, 303 (5661): 1157–1162.

[263] Sveen, J., Dyster-Aas, J. & Willebrand, M. Attentional bias and symptoms of posttraumatic stress disorder one year after burn injury [J]. *Journal of Nervous & Mental Disease*, 2009, 197 (11): 850–855.

[264] Theeuwes, J. & Burger, R. Attentional control during visual search: The effect of irrelevant singletons [J]. *Journal of Experimental Psychology: Human Perception & Performance*, 1988, 24 (5): 1342–1353.

[265] Thompson, R. A., Simpson, J. A. & Berlin, L. J. Taking perspective on attachment theory and research: Nine fundamental questions [J]. *Attachment & Human Development*, 2022, 24 (5): 543–560.

[266] Trope, Y., Liberman, N. & Wakslak, C. Construal levels and psychological distance: Effects on representation, prediction, evaluation, and behavior [J]. *Journal of Consumer Psychology*, 2007, 17 (2): 83–95.

[267] Underwood, R. L., Klein, N. M. & Burke, R. R. Packaging communication: Attentional effects of product imagery [J]. *Journal of Product & Brand Management*, 2001, 10 (7): 403–422.

[268] Utsey, S. O., Chae, M. H. & Brown, C. F. Effect of ethnic group membership on ethnic identity, race-related stress, and quality of life [J]. *Cultural Diversity and Ethnic Minority Psychology*, 2002, 8 (4): 366–377.

[269] Vallacher R. R., Wegner D. M. What do people think they're doing? Action identification and human behavior [J]. *Psychological Review*, 1987, 94 (1): 3–15.

[270] Van Ijzendoorn, M. H. & Kroonenberg, P. M. Cross-Cultural patterns of attachment: A meta-analysis of the strange situation [J]. *Child Development*, 1988, 59 (1): 147–156.

［271］Wang, X., Yang, J., Shu, H. et al. Left fusiform BOLD responses are inversely related to word-likeness in a one-back task ［J］. *NeuroImage*, 2011, 55（3）: 1346-1356.

［272］Whorf, B. L., Carroll, J. B.（Eds.）. *Language, Thought, and Reality: Selected Writings of Benjamin Lee Whorf* ［C］. Cambridge, Mass.: Technology Press of Massachusetts Institute of Technology, 1956.

［273］Widen, S. C., Russell, J. A. In building a script for an emotion, do preschoolers add its cause before its behavior consequence? ［J］. *Review of Social Development*, 2011, 20（3）: 471-485.

［274］Winkielman, P., Niedenthal, P., Wielgosz, J., et al. Embodiment of cognition and emotion ［M］// M. Mikulincer, P. R. Shaver, E. Borgida et al.（Eds.）. *APA Handbook of Personality and Social Psychology*, *Vol. 1: Attitudes and Social Cognition*. Washington, DC: American Psychological Association, 2015.

［275］Wolff, N., Giller, F., Buse, J. et al. When repetitive mental sets increase cognitive flexibility in adolescent obsessive-compulsive disorder ［J］. *Journal of Child Psychology and Psychiatry*, 2018, 59（9）: 1024-1032.

［276］Wu, Y. J., Liu, Y., Yao, M., et al. Language contexts modulate instant empathic responses to others' pain ［J］. *Psychophysiology*, 2020, 57（8）: e13562.

［277］Xia, R. X., Su, W. R., Wang, F. R., et al. The moderation effect of self-enhancement on the group-reference effect ［J］. *Frontiers in Psychology*, 2020, 10: 1463.

［278］Xu, X., Zuo, X., Wang, X. et al. Do you feel my pain? Racial group membership modulates empathic neural responses ［J］. *Journal of Neuroscience*, 2009, 29（26）: 8525-8529.

［279］Yantis, S. Stimulus-driven attentional capture and attentional control settings ［J］. *Journal Experimental Psychology-Human Perception and Performance*, 1993, 19（3）: 676-681.

［280］Yap, W. J., Chistopoulosg, G. I. & Hong, Y. Y. Physiological responses associated with cultural attachment ［J］. *Behavioral Brain Research*, 2017, 325（Part B）: 214-222.

［281］Zhu, S., Long, Q., Li, X., et al. Self-relevant processing of stranger's name in Chinese society: Surname matter ［J］. *Neuroscience Letters*, 2018, 668（0）: 126-132.